→ Bernhard Setzwein

München

Spaziergänge durch die Geschichte einer Stadt

Klett-Cotta

Inhalt

»... seit alten Zeiten Ackerbauern, städtefeindlich« 7
DIE URSPRÜNGE MÜNCHENS RUND UM DEN MARIENPLATZ

»... gebaut von dem Volke selbst« 21
DER GANZE BÜRGERSTOLZ:
DIE MÜNCHNER FRAUENKIRCHE

»Wer Freising kennt, der hat eine Ahnung, was Altbayern ist« ... 35
EIN EXKURS ZUR WIEGE BAYERISCHER LITERATUR

»Wissenschaft und Kunst uns hier erheitern« 47
KÖNIG LUDWIG I. UND DAS STRAHLENDE »ISAR-ATHEN«

»Das Gesindel mag zusehen, wo es in Zukunft Obdach findet« ... 61
DIE GOLDENE PRINZREGENTENZEIT
ODER AUFBRUCH IN DIE MODERNE?

»... eine der prächtigsten Scenen in der Natur« 75
EXKURS ZUM STARNBERGER SEE

»Seltsame Regionen des Geistes« 89
DAS LEBEN IN »WAHNMOCHING«:
DIE SCHWABINGER BOHÈME

»Heut' kann sich was entscheiden« 103
DIE TOTEN VOM OSTFRIEDHOF:
DIE MÜNCHNER NOVEMBERREVOLUTION UND IHRE FOLGEN

»Der heißt aber nicht Hüttinger. Der heißt Rittler« 117
DER BRAUNE TERROR BEGINNT:
HITLERS UNAUFHALTSAMER AUFSTIEG

»... Moorhaide, Wiesen, Bäche« 129
EXKURS DACHAU:
VON DER KÜNSTLERKOLONIE ZUM ORT DES GRAUENS

»Wie dunkel ist alles vor uns« 143
LEBEN UNTERM HAKENKREUZ:
WIDERSTAND UND INNERE EMIGRATION

»Diese Stadt war keine Stadt mehr« 157
DIE STUNDE NULL:
IN TRÜMMERN REGT SICH NEUES LEBEN

»Sie wollen ein Großstadion bauen« 171
WELTSTADT-FLAIR:
MÜNCHEN WIRD INTERNATIONAL UND OLYMPISCH

»... wenigstens eine gewisse Art Indien« 183
MÜNCHEN IN DEN NEUNZIGERN
UND EIN AUSBLICK AUFS JAHR 2080

Quellennachweis und weiterführendes Literaturverzeichnis . 196
Ortsregister 201
Personenregister 204

→ »... seit alten Zeiten Ackerbauern, städtefeindlich«
Die Ursprünge Münchens rund um den Marienplatz

Erster Spaziergang: rund um den Marienplatz (U- und S-Bahn-Station) – Mariensäule – Altes und neues Rathaus – durch die Burgstraße zum Alten Hof – Münzhof – Residenz – Hofgarten

Am Anfang war das Salz, das weiße Gold des frühen Mittelalters. Und das mußte irgendwie über die Isar kommen, auf seinem Weg von den Abbaustätten Hallein und Reichenhall zum Beispiel nach Augsburg. Also war da auch eine Brücke am Anfang von Münchens Stadtgeschichte, ja genaugenommen ist sie es, mit der alles beginnt: mit der Brücke über die Isar. Daß sie allerdings überhaupt gebaut wurde an der Stelle, an der heute die Ludwigsbrücke steht, verdankt sich wiederum einem Machtwort des Herzogs Heinrich. Ich glaube, jetzt haben wir ihn, den tatsächlichen Ursprung Münchens: Am Anfang war das Machtwort!

Mit ihm befahl Herzog Heinrich in einem ziemlich dreisten Gewaltakt, den Isarübergang in Oberföhring, also auf dem Hoheitsgebiet der Freisinger Bischöfe, zu zerstören und etwas weiter südlich eine neue, nun seiner Herrschaft unterstehende Brücke zu bauen. Wollte einfach die Brücken- und Marktzölle vor allem aus dem ertragreichen Salzhandel selbst einstreichen. So einer war der Welfenherzog aus Braunschweig, der den Beinamen »der Löwe« trug und nebenbei noch Herrscher über die bairischen Lande war. (Mit einem ›hellenistischen‹ Ypsilon schreibt sich Bayern übrigens erst seit den Tagen des griechenbegeisterten Königs Ludwig I., »bairisch« meint seitdem das ältere Bayern und den Stamm in Abgrenzung zum heutigen Freistaat.)

Aber nur bis 1180. Dann erfolgte die Retourkutsche. Der Stauferkaiser Friedrich Barbarossa belehnte den Pfalzgrafen Otto mit dem Herzogtum Baiern, nahm es Heinrich dem Löwen also einfach weg.

Angeblich wegen der Freveltat der Brückenzerstörung, vielleicht aber auch, weil der Welfenherzog den Kaiser bei seinem Feldzug gegen die lombardischen Städte so schmählich im Stich gelassen hatte ... Barbarossa verlor ja auch prompt den Krieg.

Nicht so Pfalzgraf Otto, der war brav mitgezogen in die Schlacht. Zur Belohnung war er jetzt Herzog von Baiern. Er ist es, der die wohl in ganz Europa einzigartige Regentschaft der Wittelsbacher begründete: Über 800 Jahre lang sollten sie nun Bayern regieren. Das Ende kam 1918 mit der Novemberrevolution, angeführt hat sie der Literat (!) Kurt Eisner, und auch sie war, wie könnte es anders sein, ein Ereignis der Münchner Stadtgeschichte.

Erst einmal aber hatten sich die Wittelsbacher aufgeschwungen zu den neuen Herren über das Bauernland Baiern. Und mitten drin lag der Markt München, der nun, mit der neuen Brücke, die weit und breit die einzige Möglichkeit zur Querung der Isar war, schnell aufstieg zur neuen Residenzstadt. Das Bäurische aber verlor sich nie, weder im Umland noch in der Stadt selbst. Bis heute nicht. Noch immer kann man in den Vororten, in Allach und Planegg, in Ismaning und Sauerlach unvermutet einen Bulldog mit Odelfaß sich aus einer Hofeinfahrt heraus in den zur Rush-hour meist stehenden Verkehr der Nobelkarossen einfädeln sehen. Die Stadt verliert ihren Miststattgeruch nicht. Und der Münchner bleibt ein Bauer in seinem Innersten, einer wie aus den Tagen des Pfalzgrafen Otto. Deshalb z. B. auch die vielen g'wappelten Grundstücksspekulanten, die ungebrochene Tradition der Baulandgeschenke, die garantiert, davon darf man ruhig ausgehen, auf Gegenleistung beruhen. Entsprechende Skandale wie der um den Baulöwen Schörghuber erschüttern die Stadt zwar immer wieder einmal ... allerdings nicht sonderlich stark und ohne weitere Folgen.

Der Münchner versteht sich auf ›Bodenvermehrung‹. Und wenn er seinem »Sach'l« wieder ein paar Hektar hinzugefügt hat, setzt er als Duftmarke seine Miststatt darauf. »Die Bayern machen, was sie immer machen, wenn sie auch noch so technisiert sind, nämlich Mist aufla-

← **Es »siegprangt die Krone« (Jakob Balde): die Muttergottes der Mariensäule vor einem der beiden Frauentürme**

den. [...] Sie sind stolz auf ihre Oberarmmuskeln, und sie sind stolz, daß ihre Regierung ihren Stolz auf den Stolz ihrer Oberarmmuskeln vertritt«, schreibt Herbert Achternbusch, der immerhin nun schon seit Jahren im ehemaligen Stadtschreiberhaus gleich ums Eck vom Marienplatz wohnt und sich folglich als der eigentliche *poeta civitatis* fühlen darf.

Ebenfalls mit vollem Recht diesen Titel in Anspruch nehmen können hätte eigentlich Lion Feuchtwanger. 1884 als Sohn eines alteingesessenen jüdischen Magarinefabrikanten in einem der Nobelviertel der Stadt geboren und aufgewachsen, kannte er die Stadt und den Charakter ihrer Bewohner durch und durch. Ehe er 1933 als einer der ersten vor den Nazis ins Exil floh, hatte er noch den breit ausladenden München-Roman *Erfolg* geschrieben, in dem er nicht nur mit hellseherischer Gabe den Aufstieg Hitlers vorhersagte, sondern vor allem eine in vielen Bereichen immer noch gültige Charakterstudie der Stadt gab:

Die Bewohner des Landes waren seit alten Zeiten Ackerbauern, städtefeindlich. Sie liebten ihren Boden. Sie waren zäh und kräftig, scharf im Schauen, schwach im Urteil. Sie brauchten nicht viel; was sie hatten, hielten sie mit Händen, Zähnen, Füßen fest. Langsam, träg im Denken, nicht willens, für die Zukunft zu schuften, hingen sie an behaglich derbem Genuß. Sie liebten das Gestern, waren zufrieden mit dem Heute, haßten das Morgen. Ihren Siedlungen gaben sie gute, anschauliche Namen, sie bauten Häuser, an denen das Aug sich weiden konnte, schmückten sie mit handfester Bildnerei. Sie liebten Gebrauchskunst jeder Art, hatten Sinn für bunte Trachten, für Feste, Komödienspiel, Prunk von Kirchen, Prozessionen, für reichliches Essen und Trinken, für ausgedehnte Raufereien. Auch auf die Berge zu steigen liebten sie und zu jagen. Im übrigen wollten sie in Ruhe gelassen sein, ihr Leben paßte ihnen, wie es war, sie waren mißtrauisch gegen alles Neue.

Das Zentrum dieses Bauernlandes, die Stadt München, war eine dörfliche Stadt mit wenig Industrie. [...] Im übrigen lebte die Stadt sich selber, ein lautes, ungeniertes Leben im Fleisch und im Gemüt. Sie war zufrieden mit sich. Ihr Wahlspruch war: Bauen, brauen, sauen.

Keimzelle und Ursprung dieses bäurisch-münchnerischen Lebens, in dem der Handel natürlich an oberster Stelle steht, war der »Marckt- und Schrannenplatz«, der erst seit 1854 den Namen Marienplatz trägt. Hier, am zentralen Knotenpunkt des Münchner S- und U-Bahnnetzes, wollen wir unseren literarischen Spaziergang durch Münchens Geschichte und Geschichten denn auch beginnen.

Uralte Handelsstraßen kreuzten sich genau an dieser Stelle, die von Hallein und Reichenhall nach Augsburg führende Salzstraße in Ost-West-Richtung und die von Venedig bis an die Ostsee führende Handelsstraße in Süd-Nord-Richtung. Münchens Ursprünge, hier sind sie zu suchen, wenn man auch nicht mit letzter Gewißheit sagen kann, wo genau. Vielleicht an der Stelle, wo der Alte Peter steht, nur wenige Schritte vom Marienplatz entfernt? Bei Grabungen in den fünfziger Jahren jedenfalls entdeckte man hier einen romanischen Vorgängerbau von St. Peter, der weit hinter das offizielle Stadt-Gründungsdatum 1158 zu verlegen ist. Haben hier Mönche aus Schäftlarn oder Tegernsee eine Siedlung gegründet, die schließlich zum Ortsnamen »Munichen« führte? Neuere Forschungen lassen Zweifel aufkommen. Fest steht, daß die Mönche nicht die ersten waren, die sich in der Münchner Schotterebene niederließen, Siedlungen wie Föhring, Bogenhausen, Sendling oder Allach, heute alles Münchner Stadtteile, sind teilweise 400 Jahre früher bereits urkundlich belegt. Wie gesagt: Da gibt es noch manche ungeklärte Frage, über die nachzusinnen Gelegenheit ist beim Gang durch Münchens erste und älteste Pfarrkirche, die über Gotik und Renaissance, Barock und Rokoko bei ihren verschiedenen Umgestaltungen so ziemlich alle Kunstepochen mitmachte. Den Aufstieg auf den Turm des Alten Peter sollte man nicht versäumen, einen wie guten Blick über die Stadt man von dort oben hat, beweist schon die Tatsache, daß bis ins 19. Jahrhundert die Feuerwächter ihren Beobachtungsposten auf der Turmspitze hatten.

Steht man auf der luftig-windigen Galerie des mit einem Renaissance-Helm gekrönten Turmes, sieht man auch bestens auf den Marienplatz hinunter. Optisch dominiert wird der Platz seit 1638 von der Mariensäule, die man aufstellte als Dank dafür, daß der Allermächtigste München und Landshut, die beiden Hauptstädte des bairischen Kurfürstentums, in den Wirren des Dreißigjährigen Krieges von Verwüstung verschont hatte. Nicht nur Münchner verabreden sich gerne an diesem markanten Treffpunkt. Etwas präzisieren sollte man es aber vielleicht schon, wo genau man auf sein Rendez-vous wartet, zumal zu den Zeiten, zu denen es rund um die Mariensäule von Schaulustigen nur so wimmelt, wenn nämlich das Glockenspiel im Rathaus seine Mechnik und damit die Figuren eines Reiterturniers und des Schäfflertanzes in Bewegung setzt (täglich um 11, 12 und 21 Uhr). An welchem Eck des quadratischen Grundrisses der Mariensäule also trifft man sich: an dem mit dem Basilisken, dem Drachen, der Schlange oder dem Löwen? Alle vier Darstellungen sind Allegorien, und zwar für die Pest, den Hunger, den Unglauben und den Krieg, und alle vier werden sie besiegt von Puttihelden, die zwar nicht gerade wie Arnold Schwarzenegger aussehen, aber dennoch siegreich sind.

Jakob Balde, der neulateinisch dichtende Jesuit aus dem Elsaß, den Kurfürst Maximilian I. als Hofprediger und Hofhistoriograph nach München holte, schrieb für die feierliche Einweihung der Mariensäule am 7. November 1638 eine weit ausgreifende Ode. Zelte für die Hofgesellschaft und für den Bischof von Freising waren aufgestellt worden auf dem Schrannenplatz sowie eine Bretterbühne für die Musikkapelle. Ob der als dürrer, kränkelnder Gelehrte beschriebene Dichter sein Werk selbst vortrug? Über die »seligste Jungfrau« Maria, die Beschützerin Bayerns, heißt es darin (in der Übersetzung aus dem Lateinischen von Johann Baptist Neubig, 1829):

Sie half uns; Sie entfernte den Feind, den Brand.
   Lobpreist sie, Mädchen und ihr Frauen!
      Singet in Chören ob Bayerns Rettung.
Sey hold gegrüßt du Fürstin des Himmels, die
Voll Milde schirmt die sanften Gebieter. Jetzt
   Glückhuldin, du der Lager Mutter,
      Bist du uns theuerer. Sieh, es raget
Aus Marmor (flehend weiht ihn der Herzog dir)
Sein Dankaltar. Wie Rom's Obelisken mit
   Dem Haupt an Sterne ragen; tiefauf

Schneidet auch dieser die Lüfte mächtig.
Auf glattem Mamor stehest du hier; es strahlt
Dein golden Kleid, es wallet dein golden Haar.

Von der Mariensäule aus fällt der Blick auf das mächtige, langgestreckte Rathaus, das fast die ganze Nordseite des Platzes einnimmt. 24 Altmünchner Häuser mußten für das flandrische Gotik nachahmende Gebäude weichen. Wirkliche Gotik ist es natürlich nicht, nur nachgemachte, das Gebäude wurde 1867 bis 1909 nach Plänen von Georg von Haubenrisser erbaut. Eigentlich paßt es gar nicht hierher, viel zu übertrieben ist dieser Baukörper in seinen Dimensionen, stilistisch paßt es auch nicht zur übrigen Bebauung, aber was paßt schon in Münchens gute Stube, etwa der noch viel häßlichere Kaufhof gegenüber? Es konnte nicht ausbleiben, daß sich Münchner Autoren mit diesem Rathauskoloß kritisch auseinandersetzten. In Wolfgang Dietrichs bösem, aber auch ungemein poetischem Langgedicht *Schlötelburgs Testament* heißt es: »'s wär Zeit, das Rathaus / und seine gotischen Sandsteinknochen / mit Plastik auszuschäumen – / ein riesiger Skistiefel / über der Innenstadt«. Und Herbert Achternbusch sagt in dem Film *Mixwix*, in dem er seinem Mäzen, dem Kaufhaus *Beck am Rathauseck*, wortwörtlich aufs Dach steigt, um von dort oben seine stets anarchisch geführte Kamera auf Marienplatz und München draufzuhalten: »Das nahe Rathaus strahlte mit seinen Schnörkeln Hinterhältigkeit aus.«

Natürlich haben sich die Münchner längst an ihr Rathaus gewöhnt. Niemand wird es mehr als störend empfinden, daß ausgerechnet hier die Höhepunkte des Jahres gefeiert werden. Zum Beispiel wenn der FC Bayern München wieder einmal deutscher Fußballmeister geworden ist, dann zeigen sich die Stars oben auf dem Rathausbalkon mit dem Oberbürgermeister. Der wird übrigens von einem literarisch durchaus satisfaktionsfähigen Mann gestellt: Christian Ude. Lästernde Zungen behaupten ja, München sei die einzige Stadt, die sich einen Kabarettisten als OB leiste. Ude gefällt solche Apostrophierung natürlich. Ähnlich milde ironisch – und vor allem selbstironisch – ist ja sein eigener Stil, etwa in dem Satirenband *Chefsache*, in dem Ude die angstschweißtreibenden Prüfungen eines Münchner OBs beschreibt. Zum

Beispiel, beim traditionellen O-zapf'n des ersten Banzens auf dem Oktoberfest nur ja kein Tröpferl Bier nebenhinaus zu verspritzen oder eben die Rathausbalkonreden, wenn »König Fußball« regiert. Größtmöglicher Faux-pas dabei ist in München, die verfeindeten »Blauen« (TSV 1860 München) mit den »Roten« (FC Bayern München) durcheinanderzuschmeißen.

Die »Löwen« feierten nach entsagungsreichen Jahren in der Bayernliga ihren kometenhaften Aufstieg durch die 2. Bundesliga zum Erstligisten: mit 20 000 Fans auf dem Marienplatz. Die jubelnde, fahnenschwenkende Masse schwappte hinüber bis zum Kaufhof und umspülte auf der anderen Seite auch noch den Alten Peter. [...] Wie ich inzwischen weiß, darf bei einer Fußballfeier kein Satz mehr als fünf Silben haben und vor allem keinen geistigen Widerhaken. [...] Es muß kurz und bündig heißen: »Hier sind die Löwen« (5 Minuten Beifall, Jubel und Gesang). »Willkommen« (5 Minuten Beifall, Jubel und Gesang). »Ich sage: Bravo!« (5 Minuten Beifall, Jubel und Gesang). [...]
So, wie gesagt, hätte es sich gehört. Aber mich hatte irgendein Teufel geritten und mir eingeflößt, ich solle in diesem blauen Fahnenmeer ein Signal meiner vereinsübergreifenden Überparteilichkeit setzen und zum Ruhme der Fußballstadt München auch an die Roten erinnern, die eben erst ... Kaum hatte ich die unaussprechliche Farbe ausgesprochen, brach ein Protestgeheul aus Buh- und Pfuirufen, lautstark untermalt von Hunderten Trillerpfeifen, wie ein Sturm los.

Nun wollen wir aber den Marienplatz verlassen, indem wir auf das Alte Rathaus zugehen, durch dessen Tor hindurch man ins »Tal« kommt und schließlich zum Isartor, dem großen, bollwerkartigen Stadttor im Osten. Dieser Straßenzug, nach Westen hin verlängert über die Kaufinger bis zum Karlstor, war einst die Zentralachse Münchens. Und auf dieser Achse stand am Marienplatz symbolträchtig das Alte Rathaus. Hier wurden fast 500 Jahre lang die Geschicke Münchens gelenkt, von 1392 bis 1669 tagte hier auch das erste bayerische Parlament, die Bayerischen Landtage.

Vor dem Alten Rathaus noch biegen wir links in die Burgstraße ein und nähern uns nun jenen Bezirken im ältesten München, die mit den Wittelsbachern zu tun haben. Nach wenigen Metern gelangen wir zum Alten Hof. Durch einen mit dem wittelsbachischen Rautenmuster bemalten Torturm betreten wir einen Ort, der immerhin Verbindung hat mit dem Heiligen Römischen Reich. Ludwig der Bayer hat hier gewohnt, als erster deutscher Kaiser mit einer festen Residenz!, in den Jahren zwischen 1325 und 1347. In der 1816 abgerissenen Lorenzkirche wurden während dieser Jahre die Reichsinsignien – Krone, Zepter, Reichsapfel, Lanze – aufbewahrt und Tag und Nacht von vier betenden Zisterziensermönchen bewacht. Da war das gerne als »heimliche Hauptstadt« titulierte München wirklich einmal Zentrum einer heilig-römischen deutschen Nation.

Bereits Heinrich der Löwe soll an genau derselben Stelle des Alten Hofes einen Verwaltungsbau errichtet haben, also Mitte des 12. Jahrhunderts, und zwar mit Bedacht an der äußersten Nordostecke der damaligen Munichen-Siedlung ... man wollte gegebenenfalls vor einer aufgebrachten Bürgerschaft, die die Wittelsbacher Residenzherren stets mißtrauisch beäugte, schnell das Weite suchen und auch finden können! Angeblich soll es sogar Geheimgänge unter der gleich hier am Alten Hof verlaufenden Stadtmauer gegeben haben als Fluchtweg für die Burgbewohner.

Man sollte dieses einzige aus dem Mittelalter komplett erhaltene Bauensemble schon eingehend auf sich wirken lassen, im autofreien Innenhof stehen ja Sitzbänke dafür parat. Es wird einem dann schnell der walzenförmige Erker auffallen, der an dem Burgstock neben dem Torturm angebaut ist. »Affenturm« heißt er, und natürlich verbindet sich mit dem ungewöhnlichen Namen ein Geschichte. Elke Barten und Peter Zimmer teilen die Sage, die sich in den Kindertagen Ludwigs des Bayern zugetragen haben soll, in ihren *Münchner Spaziergängen* mit:

Am Hofe lebte, was damals üblich war, ein kleiner, zahmer Affe, der in der ganzen Burg frei herumlaufen durfte. Er war bei den Bewohnern der Burg sehr beliebt, denn er erfreute alle mit seinen komischen Späßen. So hatte das Äffchen oft zugesehen, wie die Amme den kleinen Ludwig auf dem Arm hielt und hin und her schaukelte. Eines Tages verließ die Amme für kurze Zeit das Zimmer. Sogleich hob der Affe das Baby aus seinem Bettchen, warf es in die Luft und fing es wieder auf. Als die Amme ins Zimmer zurückkam und sah, was das Äffchen mit dem Baby anstellte, schrie sie vor Entsetzen. Darüber erschrak nun wieder der Affe so sehr, daß er das Kind ganz fest an sich drückte und davonraste, die Amme und andere Bedienstete hinterher. Die Jagd ging durch die ganze Burg bis hinauf auf den Dachboden. Dort war unglücklicherweise eine Luke offen. Durch diese schlüpfte das Äffchen mit dem Kind hindurch und kletterte auf die Turmspitze. Jetzt liefen sämtliche Burgbewohner in den Hof, holten Decken und Kissen und breiteten sie auf dem Boden unter dem Türmchen aus. Auch der Herzog und die Herzogin standen schreckensbleich dabei. Weil nun aber alle vor lauter Angst ganz still geworden waren, beruhigte sich das Äffchen wieder, schlüpfte durch die Dachluke zurück ins Haus und legte den kleinen Prinzen wieder in sein Bettchen. Da lachten und weinten alle vor Freude.

Schon vor etlichen Jahren kam ein Schauspieler auf die Idee, Franz Kafkas *Bericht an eine Akademie* genau unter dem »Affenturm« aufzuführen ... wie er da in seinem Affenkostüm herumturnte, mußte man fast damit rechnen, er würde gleich den Erker hochklettern. Viel öfter sollte man eigentlich den stimmungsvollen Alten Hof für solche Veranstaltungen nutzen, etwa auch zu Aufführungen der Musik von Orlando di Lasso, Hofkapellmeister der Wittelsbacher in der zweite Hälfte des 16. Jahrhunderts und einer der bedeutendsten Komponisten seiner Zeit. Doch momentan hat man andere Sorgen, was den Alten Hof betrifft: Er soll teilweise an private Investoren verkauft werden.

1385 gab es dann wirklich den Bürgeraufstand, vor dem sich die Wittelsbacher immer gefürchtet hatten. Auf dem Marienplatz köpfte man einen reichen Patrizier, den Johann Impler, weil er angeblich mit den Herzögen paktiert hatte. Denen wurde das Pflaster in München zu heiß, und sie verzogen sich nach Dachau. Mittlerweile nämlich war die

Stadt so sehr gewachsen, daß der Alte Hof nicht mehr am Rande, sondern mittendrin lag: Flucht erschwert, wenn nicht gar ausgeschlossen! Nachdem die Bürgerschaft in einem ausgesprochen demütigenden Akt – der Bürgermeister mußte statt mit der Goldkette mit einem Strick um den Hals nach Dachau fahren – darum gebettelt hatte, die Hofgesellschaft möge ihre Huld doch wieder München zuwenden, kehrten die Wittelsbacher zurück, begannen aber sogleich ihre Neue Veste zu bauen, wieder an den Rand der Stadt, direkt angrenzend an die wildreichen Isarauen. Georg Hoefnagel schrieb 1588 über das Gartenschlößchen im Hofgarten, der direkt an die neue Residenz angrenzte: »Gegen Abend, wans dunckel wird, begibt sich eine große Herde von hundert oder mehr Hirschen selbst bis schier an die Fenster deß Haus.«

Die »neue« Residenz ist von der alten fünf Gehminuten entfernt. Verläßt man den Alten Hof Richtung Norden, stößt man auf den Münzhof, in dessen Innenhof man unbedingt einmal kurz hineinschauen sollte. Man wird unvermutet in einem italienischen Arkadenhof stehen, den Herzog Albrecht V. Mitte des 16. Jahrhunderts bauen ließ. Der große Kunstsammler richtete hier eines der ersten Museen nördlich der Alpen ein.

Wir überqueren den weiten Max-Joseph-Platz, der das Säulenportal des Nationaltheaters erst so richtig zur Geltung bringt, und gelangen durch die Residenzstraße zum Odeonsplatz. Hinter der langgestreckten Fassade rechterhand befindet sich die Residenz mit ihren in fünf Bauperioden nach und nach um Grotten-, Brunnen-, Kaiser- und Apothekerhof gruppierten Gebäudeteilen. Mindestens einen Tag lang könnte man sich dort umtun ... und hätte wahrscheinlich immer noch nicht alles gesehen: die Gemächer der Wittelsbacher, das Tonnengewölbe des Antiquariums, wo alljährlich der Neujahrsempfang des Ministerpräsidenten stattfindet, das im Rokokostil gehaltene Cuvilliéstheater, den Herkulessaal, Münchens vielleicht wichtigster Konzertsaal, und und und. Übrigens hat auch die Bayerische Akademie der Schönen Künste hier ihren Sitz, und alle zwei Jahre vergibt am prunkvollsten Ort, den München bieten kann, das Bayerische Kultusministerium ihren nach Jean Paul benannten großen Bayerischen Literaturpreis. Bekommen haben ihn bisher allerdings vorrangig Nicht-Bayern wie Botho Strauß, Siegfried Lenz oder Günter de Bruyn.

Doch unser Ziel soll der Hofgarten sein, einst das unumstrittene Prunkstück der Residenz und der ganze Stolz der Wittelsbacher Herrscher. Welche Pracht dieser nach italienischem Vorbild angelegte Ziergarten einst entfaltet haben muß, kann man heute kaum mehr ahnen. Der Hofgarten hat in seiner 500jährigen Geschichte allerhand mitgemacht, und nicht immer zu seinem Vorteil. Vor dem Ersten Weltkrieg wurde er sogar zu Kaserne und Exerzierplatz umgestaltet, das nach 1945 jahrzehntelang als Ruine verbliebene Armeemuseum geht auf diese Zeit zurück. Heute schmückt ausgerechnet seine Kuppel den Neubau der Bayerischen Staatskanzlei, um den es ein jahrelanges Gerangel unter Stadtplanern, Architekten und Bürgerinitiativen gab.

Ob die Lösung, die man nun für den Hofgarten gefunden hat, tatsächlich die beste ist ... man kann ja darüber nachsinnieren, während man sich auf eine der Parkbänke setzt und nachliest, was einer der vielen Autoren schreibt, die während dieser 500 Jahre das »Gartenwunder« bei der Residenz überschwenglich priesen. Lassen wir den Hofdichter Baldassare Pistorini zu Wort kommen, der um die Mitte des 17. Jahrhunderts, als der Park in höchster barocker Blüte stand, über die Anlage mit dem künstlichen Teich schwärmte:

Schliesslich gelange ich an ein liebliches Ufer, das sanft geneigt war, und mit Heckenwänden von schöner Form bestanden, dem Auge den Anblick von Hügeln bietet, die nicht weniger von den Grazien, als von den Oreaden bewohnt werden. Sie umgeben einen grossen Fischteich, oder vielmehr einen grossen See, da er so gross ist, daß man ihn eher einen See als einen Teich nennen muss. An diesem schönen Strande grünt der Wein, sprossen Rebengehänge, strotzen in Fülle honigträufelnde Feigen, und lächeln in verschiedenen Scharen geordnet die Heere der Blumen. [...] Ringsherum sieht man Wasser von Schildkröten und Schwämmen fliessen, die als Klippen Einfassung und Schmuck davon bilden. [...]
Überall herrscht Entzücken, wenn man durch das Grün geht, und das Auge umfasst noch deutlicher das Ganze. [...] Es ist wirklich sehr

ergötzlich, in diesem Grün die wachsenden Metamorphosen der Pflanzen zu betrachten, wo im Gegensatz zu den antiken Fabeln, in denen Menschen in Bäume verwandelt worden sind, die Bäume nicht in Menschen, aber in verschiedene andere ergötzliche und erstaunliche Dinge verwandelt sind. [...]
Aber was sage ich, er ist wirklich ein Himmel auf Erden, denn vom reinen Himmel sind in diesem Garten alle 48 Sternbilder herabgestiegen; Nummern, Linien und Parallelen, und was sich alles in dieser höchsten Sphäre befindet, ist hier darstellt im Grünen, treulich nach der Astrologie. [...]
Klare Brunnen, 32 an der Zahl, von verschiedener Gestalt sind in diesem grossen Garten verteilt. Jederzeit blühende Gärten, in denen hinter Schranken aus schönem Buchsbaum, seinem grünen Wächter, der Frühling ständig gefangen gehalten wird, aber mit freundlicher Fahrlässigkeit und duftender Freiheit. Und am Ende Labyrinthe, die das des Dädalus übertreffen; wo unter Schatten, und im Grünen an Stelle von Ungeheuern die Schönheit eingeschlossen ist.

Diesen ersten Rundgang durch das älteste und das innerste München sollte man vielleicht ausklingen lassen im *Café Annast*, das direkt an den Arkadengang angebaut ist, der den Hofgarten umgrenzt. In dieser umlaufenden offenen Galerie mit Fresken zur Geschichte des Hauses Wittelsbach fand auch T. S. Eliot Schutz vor einem sommerlichen Wolkenbruch. Der englische Dichter hielt sich 1911 für kurze Zeit in München auf, er logierte damals in der *Pension Bürger* in der Luisenstraße. Der Hofgarten schien es ihm angetan zu haben, immerhin ließ er sein zehn Jahre später erschienenes Langgedicht *The Waste Land* mit einer Reminiszenz an diesen Ort beginnen.

Sommer überfiel uns, kam über den Starnbergersee
Mit Regenschauer; wir rasteten im Säulengang
Und schritten weiter im Sonnenlicht in den Hofgarten,
Tranken Kaffee und plauderten eine Stunde.

→ »... gebaut von dem Volke selbst«
DER GANZE BÜRGERSTOLZ:
DIE MÜNCHNER FRAUENKIRCHE

Zweiter Spaziergang: Frauenplatz (Liebfrauendom) – Augustiner- und Kaufingerstraße – Michaelskirche (ehemaliges Jesuitenkolleg) – Stachus (U- und S-Bahn-Station)

Es war der 6. September 1786, ein kalter, grauer Tag eines früh anbrechenden Herbstes, als ein gewisser Kaufmann Jean Philipp Möller aus Leipzig im Gasthof *Schwarzer Adler* in der Kaufingerstraße für zwei Nächte Quartier bezog. Der Mann reiste unter falschem Namen. Er war auf der Flucht: vor seinem früheren Leben, vor seinen zahlreichen beruflichen und gesellschaftlichen Verpflichtungen, vor dem öden Einerlei im naß-kalten deutschen Herbst. Ihn zog es in das Land, wo die Zitronen blühen. Der Fremde, der in der Stadt seinen wahren Namen nicht preisgab, stand am Anfang einer italienischen Reise, die über eineinhalb Jahre dauern sollte. München war nur kurze Durchgangsstation. Vom Fenster seines rückwärtig gelegenen Zimmers im *Schwarzen Adler* aus konnte der Logiergast die beiden Türme der Frauenkirche sehen. Ob ihn da bereits ein mulmiges Gefühl beschlich? Auch er mußte doch die Nachricht gehört haben, die das Jahr zuvor wie ein Lauffeuer durch ganz Deutschland gegangen war: Vom Turm der Frauenkirche habe sich eine junge Frau in den Tod gestürzt ... aus Liebeskummer und weil sie den *Werther* gelesen und als Vorbild, dem man es nachtun sollte, genommen habe! Unseren Herrn Möller aus Leipzig aber beschäftigte anderes: Bildergalerien, Antikes und das Naturalienkabinett.

Im Naturalienkabinett fand ich schöne Sachen aus Tyrol, die ich aber durch Knebeln schon kannte.

← Monumentale Spätgotik für 13 500 Einwohner: im Jahr 1468 begannen die Münchner ihren Bau der Frauenkirche

Ich wohne auch hier in Knebels Wirtshaus, mag aber nicht nach ihm fragen, aus Furcht Verdacht zu erwecken oder dem Verdacht fortzuhelfen. Niemand hat mich erkannt und ich freue mich so unter ihnen herum zu gehen. [...]
Heute früh fand ich eine Frau die Feigen verkaufte auf einer Gallerie des Schlosses, sogleich wurden ihrer gekauft und obgleich theuer drey Kreutzer das Stück, doch die ersten, denen wills Gott mehr folgen sollen. Das Obst ist doch auch für den 48:en Grad nicht übermäsig gut. Man klagt wie überall über Kälte und Nässe. Ein Nebel, der für einen Regen gelten konnte, empfing mich heute früh vor München, den ganzen Tag blies der Wind sehr kalt vom Tyroler Gebirg, der Himmel war bedeckt. Ich stieg auf den Turm von dem sich das Fräulein herabstürzte und sah mich nach den Tyroler Bergen um. Sie waren bedeckt und der ganze Himmel überzogen. Nun scheint die Sonne im Untergehn noch an den alten Turm, der mir vor dem Fenster steht.

Da fällt es also doch noch, das Wort vom gestürzten Fräulein in Johann Wolfgang Goethes *Italienischer Reise,* das heißt genaugenommen nur in den für Frau von Stein bestimmten Tagebüchern, in der Buchausgabe liest man davon nichts. Es irritiert schon etwas, wie emotionslos der Geheimrat den Fall zu nehmen scheint. Einer von zwei Fällen übrigens, die wirklich belegt sind aus der angeblichen Reihe von Selbstmorden, die Goethes Sturm-und-Drang-Roman *Die Leiden des jungen Werthers* ausgelöst haben soll. Der eine Fall war der der Christine von Laßberg, die man tot aus der Ilm zog, in der Nähe von Goethes Gartenhaus bei Weimar. Und der andere ist der der Fanny von Ickstatt; zugetragen hat er sich am 14. Januar 1785, hier am Liebfrauendom, oder wie die Münchner sagen: an der Frauenkirche.

Unterhalb der Kuppelhaube, aus einem der Fensterchen des nördlichen der beiden Frauentürme soll sie sich herausgestürzt haben, die Siebzehnjährige. Doch obwohl man das Kammermädchen des Fräuleins und den Türmer hochnotpeinlich und sogar bei Androhung der Folter befragte, war der genaue Hergang nicht zu rekonstruieren: War es Selbstmord oder ein besonders tragischer Unglücksfall? Abschiedsbrief fand man keinen, und ob Goethes *Werther*, den Fanny von Ickstatt wahrscheinlich, wie so viele andere jungen Frauen auch, gelesen hatte, eine Rolle bei diesem Unglück spielte, es ließ sich nicht feststellen.

So mancher sensationslüsterne Skribent aber machte sein Publikum glauben, er wüßte um die Hintergründe genauestens Bescheid. Es erschienen Traktätchen und Erbauungsschriften, Polemiken und Rechtfertigungsreden, die Autoren debattierten, ob der Mensch ein Recht habe, an sich selbst Hand anzulegen, und sie nahmen alle Bezug auf den traurigen Fall der Fanny von Ickstatt aus München. Ein gewisser Anton Baumgartner, später Polizeipräsident der Residenzstadt, mischte sich in diesen zur Weltanschauungsfrage ausufernden Streit ein mit seiner Schrift *Des jungen Werthers Zuruf aus der Ewigkeit an die noch lebenden Menschen auf der Erde*. Darin läßt er die tote Fanny noch einmal aus dem Jenseitsreich auftreten und davor warnen, nur ja keine solchen Romane wie die des jungen Goethe zu lesen, sie verwirrten allzu empfindsame Leserinnen nur und brächten sie auf Ideen, die sie später – gewissermaßen post mortem – noch bitter bereuten.

Ebenfalls »romanhaft weiblich wilde Eitelkeit« bescheinigte dem todessehnsüchtigen Mädchen Lorenz Westenrieder in seinem Tagebuch. Er war einer der genauesten Chronisten des Münchner Stadtlebens während des 18. Jahrhunderts. Auf seinem Denkmal am Promenadeplatz heißt die Widmung: »Die Bayern ihrem Geschichtsschreiber«. Doch war er weit mehr als nur das: ein Universalgelehrter im Grunde, der das Klischee vom Bayern als sinnenfrohem Pykniker gründlich korrigiert. Ein hagerer, etwas grämlicher Akten- und Bücherwurm sei er gewesen, sagen die Zeitgenossen, der früh verwaiste Sohn eines Münchner Kornhändlers. Allmorgendlich sei er in die »Historische Klasse« der noch jungen »Bayerischen Akademie der Wissenschaften« marschiert, um dort seinen Pflichten als Sekretär nachzukommen. Nachts aber saß der ewige Junggeselle in seiner kleinen Wohnung in der Kaufingerstraße nicht weit von der Frauenkirche und schrieb als Romanautor und Volkskundler, als Historiker und Kameralist eine kaum mehr zu überblickende Anzahl von Schriften – 32 Bände machen seine postum erschienenen *Sämtlichen Werke* aus.

Der allererste Roman der bayerischen Literaturgeschichte ist darunter, 1781/82 erschienen, mit dem Titel *Das Leben des guten Jünglings*

Engelhof. Interessant daran ist, daß er deutlich Goethes *Werther* zum Vorbild hat, auch wenn sein Held nicht durch Selbstmord endet, sondern an »Auszehrung« stirbt und mutterseelenalleine auf dem Sendlinger Friedhof beigesetzt wird. Aber so unangepaßt und gegen die Ordnung des Ständestaates rebellierend wie Werther ist der junge Jurist Engelhof, der zeitweise im Kerker landet und schließlich als armer Hungerleider endet, allemal. Vielleicht fürchtete Westenrieder sogar Sanktionen wegen seines stürmerischen Jugendromans, jedenfalls ließ er ihn anonym in der Buchdruckerei Strobel in München erscheinen.

Als »Profeßor Westenrieder« indes brachte er ebenfalls im Jahre 1782 seine *Beschreibung der Haupt- und Residenzstadt München im gegenwärtigen Zustande* heraus. Sie ist sein wohl bekanntestes Werk und wurde 1984 sogar noch einmal als originalgetreuer Reprint veröffentlicht. Der mit über 400 Seiten stattliche Quartband war nicht nur die erste umfassende München-Beschreibung, sondern im Grunde eine geradezu moderne soziologische Studie über das Leben in der Stadt. Natürlich beschreibt Westenrieder darin ausführlich die Architektur und die Bauten, aber eben auch das Wesen seiner Bewohner. Im vierzehnten Abschnitt, »Von dem Karakter der Eingebornen«, heißt es:

Der wahre eingeborne Münchner, und Baier ist sehr leicht von einem andern wegzukennen. Er ist männlich höflich, und schämt sich, jemand eine Schmeicheley zu sagen, welche der andere nicht verdient, oder woran sein Herz nicht denkt. Er spricht über seine Angelegenheiten ohne allen Umweg, und setzt durch seine Kühnheit den höfischen Fremden in Erstaunen; denn der Eingeborne heuchelt nicht, und wo ihm etwas mißfällt, und Unrecht däucht, sagt ers geradezu, und beurtheilt öffentlich den Vornehmen, wie den Niedern.

Wie liebevoll Westenrieder seine Münchner, die er ein 81jähriges Leben lang beobachtet hat, darzustellen weiß, liest man in dem Abschnitt, in dem er auf eine ihrer Lieblingsbeschäftigung zu sprechen kommt: die Musik nämlich. Sie rührt ganz besondere Saiten bei den »Eingebornen« an:

Überhaupt sind sie sehr empfindsam, und weinen herzliche Thränen bey einer tragischen Vorstellung, wozu sie mehr, als zu lachenden Scherzen geneigt sind; daher verfehlt eine geistreiche Anstalt nie ihres Zwecks, und sie hangen mit Wärme und edler Unbeugsamkeit an jeder Einrichtung, oder altem Herkommen, wovon sie überzeugt zu seyn glauben, daß selbe sie alle betrift. Sie sprechen bei gemeinschaftlichen Dingen, als gehörten sie alle zu Einer Familie, und der Name Vaterland ist ihnen heilig, und jeder Flecken, der dazu gehört, ist ihnen wichtig. Sie lieben sehr die öffentlichen Feyerlichkeiten, wo sie Gelegenheit finden, sich versammelt zu sehen, und fröhlichen Herzens zu werden. Bey ihren Lustbarkeiten ist aller Zwang, und alle Verstellung entfernet, und die Lebhaftigkeit, und das gesellige Wesen ziehet jeden in den Kreis ihrer Freuden. Der wahre Eingeborne wird nicht erst hier gegen Fremde offen, und vertraut.

Der wahre Eingeborne sagt Ihnen bestimmt auch, wie Sie vom Hofgarten, denn dort hatten wir unseren ersten Spaziergang ja beendet, zur Frauenkirche kommen, dem Ausgangspunkt unseres zweiten Erkundungsganges. Wir wählen die Frauenkirche auch deshalb, weil sie nicht nur das Wahrzeichen Münchens ist, sondern mächtiges, backsteinernes Symbol für jene bürgerliche Stadtgesellschaft, der wir uns nun, nach dem Auftakt im wittelsbachischen München, zuwenden wollen.

Ja, es waren die Münchner Bürger, die die Frauenkirche ermöglicht haben durch ihre Spenden, aber auch die Scharen von Ablaßpilgern, die Mitte des 15. Jahrhunderts nach München kamen, irgendwie mußte Geld in die leere Baukasse kommen, seit 1479 ging nämlich nichts mehr voran! 1468 war der Grundstein gelegt worden für die Frauenkirche, wie sie heute dasteht. Zuvor allerdings hat es einen romanischen Vorgängerbau gegeben, der um 1230 herum erstellt worden sein wird – das weiß man aber auch nur, weil man Reste dieser romanischen Kirche unter den Trümmern des Doms fand, der zu Ende des Zweiten Weltkriegs noch schwere Bombentreffer abbekommen hatte.

Während anderswo, in Regensburg zum Beispiel, die Dombauten eine halbe Ewigkeit dauerten, war man in München nach gut 25 Jahren fertig ... fertig bis auf die Kirchturmspitzen! Die fehlten bei der Einweihung am 14. April 1494 nämlich noch. Aber sollten es überhaupt Spitzen werden, wie üblicherweise bei solchen gotisch himmelwärts strebenden Bauten? Darüber diskutierte man noch einmal gut 25 Jahre. Man entschied sich schließlich für die »welschen« Kuppeln, die den Frauentürmen ihre unverwechselbare Gestalt verleihen und die seither zu allerlei Assoziationen Anlaß gegeben haben. Daß sie die Schaumkronen auf zwei Maßkrügen seien, ist dabei ein noch eher harmlos abwandelndes Bild. Heinrich Heine, der 1827/28 in der Stadt war, sah in der Backsteinarchitektur der Frauenkirche Allgemeineres ausgedrückt:

München nämlich ist eine Stadt, gebaut von dem Volke selbst, und zwar von aufeinander folgenden Generationen, deren Geist noch immer in ihren Bauwerken sichtbar, so daß man dort, wie in der Hexenszene des Macbeth, eine chronologische Geisterreihe erblickt, von dem dunkelrohen Geiste des Mittelalters, der geharnischt aus gotischen Kirchenpforten hervortritt, bis auf den gebildet lichten Geist unserer eignen Zeit, der uns einen Spiegel entgegenhält, worin jeder sich selbst mit Vergnügen anschaut. In dieser Reihenfolge liegt eben das Versöhnende; das Barbarische empört uns nicht mehr und das Abgeschmackte verletzt uns nicht mehr, wenn wir es als Anfänge und notwendige Übergänge betrachten. Wir sind ernst, aber nicht unmutig bei dem Anblick jenes barbarischen Doms, der sich noch immer, in stiefelknechtlicher Gestalt, über die ganze Stadt erhebt und die Schatten und Gespenster des Mittelalters in seinem Schoße verbirgt.

Daß Heinrich Heine mit München gar so ungnädig war, hat seinen Grund vielleicht auch darin, daß man seine angebotenen Dienste verschmähte. Er wäre gerne Professor an der gerade erst nach München verlegten Universität geworden – über 300 Jahre lang war sie in Ingolstadt beheimatet gewesen, wo die akademische Ausbildung ganz unter der Einflußnahme der Jesuiten gestanden hatte. Der aufklärungsfreudige und reformwillige Kurfürst Max Joseph, der 1806 erster bayerischer König werden sollte, befreite die Alma mater aus diesem obskurantistischen Umkreis und verlegte sie nach Landshut, sein Nachfolger auf dem Königsthron, Ludwig I., schließlich 1826 nach München.

»Keine Vakanz« also für Heine, ein Bescheid, den auch Wolfgang Amadeus Mozart zu hören bekommen hatte, allerdings schon 50 Jahre zuvor. Kurfürst Karl Theodor, der nach dem Aussterben der altbairischen Wittelsbacherlinie als wenig freudig erwarteter »Pfälzer« das Regiment in München übernahm, hatte, solange er noch in Mannheim residierte, als großer Freund der Künste und als Mäzen gegolten. Für Mozart aber hatte er in München keinen Bedarf. Die Hofkapellmeisterstelle war schon besetzt. Dem 25jährigen Mozart blieb lediglich übrig, die Oper *Idomeneo* für den Münchner Fasching zu komponieren; am 29. Januar 1781 wurde das Werk im Cuvilliéstheater uraufgeführt, ein einzigartiges Rokoko-Kleinod, das noch heute im Gebäudekomplex der Residenz für (meistenteils) Theater-Aufführungen zur Verfügung steht. Wie wenig den Münchnern damals der Name Mozart sagte, macht die Meldung in den *Münchner Staats-, gelehrten-, und vermischten Nachrichten* deutlich, wo es über die Oper hieß »Verfassung, Musik und Übersetzung« seien »Geburten von Salzburg«. Als ob er keinen Namen gehabt hätte, der Salzburger!

Welchen »Möglichkeitssinn« der Historie, um ein Wort von Robert Musil zu verwenden, hat es da für einen Augenblick gegeben! Doch leider, leider: kein Mozart, der München auf ewig zu einem glanzvollen Platz in der Musikgeschichte verholfen hätte (man stelle sich vor, welche Auftragsarbeiten für den Münchner Hof hätten entstehen können, welche Wasser- und Feuerwerksmusiken beispielsweise für den Hofgarten!), kein Heinrich Heine, der zusammen mit einem um ihn sich versammelnden Studentenkreis vielleicht »Liberalenhäuptling in Bayern« geworden wäre, wie er selbst schreibt.

Nein, in München herrschte allzu lange ein anderer Geist: der scholastisch-spitzfindige Geist der Jesuiten. Wer in München eine weitergehende Ausbildung absolvieren wollte, mußte in ihre Schule gehen. Das Jesuitenkolleg, es lag in unmittelbarer Nähe zur Frauenkirche. 1583 ließ Herzog Wilhelm V. an der Neuhauser Straße ein riesiges Areal durch Abriß Dutzender Bürgerhäuser und zweier Kapellen freilegen, um Platz zu schaffen für eine zweite Residenz in der Stadt, eine

Residenz der geistlichen Macht! Im Zentrum des Gebäudegevierts entstand die Michaelskirche, eine der größten Renaissancekirchen nördlich der Alpen mit dem – nach St. Peter in Rom – zweitgrößten Tonnengewölbe der Welt. Man wollte zeigen, daß man zwar eine Lehre vertritt, die nicht von dieser Welt ist, aber mit einem sehr diesseitigen Prunk, der seine Wirkung nicht verfehlt. Der Augsburger Kunstsammler Philipp Hainhofer jedenfalls hielt in seinen *Reisebeschreibungen* aus dem Jahr 1611 fest: »Es hat vil schöner kirchen inn dieser Stadt, darunder der Jesuiter die schönste und fürnembste, all' Italiana gebawet [...] mit hübschen gemählen, schönen Altären, sonderlich mit aim grossen Altar imm Chor wie Lucifer vom himmel herab gestürtzt wird, den Christoph Schwartz gemalet hat.«

»Trutzburg des Katholizismus« nennt Hans F. Nöhbauer, einer der kundigsten Münchner Stadtgeschichtsschreiber unserer Tage, Jesuitenkolleg und Michaelskirche. Was die »Mitglieder der Gesellschaft Jesu« hier zur Schau stellten, war Gegenreformation pur. Ob in Bußpredigten oder dem Volk gerne vorgesetzten Jesuitendramen (eines dauerte einmal drei Tage lang, unter Beteiligung von 2000 Münchnern auf dem Marienplatz), ob in einer Fülle von Erbauungsschriften oder religiösen Traktätchen, man nutzte alle Propagandamöglichkeiten, um den rechten Glauben kämpferisch zu vertreten. Und man nutzte vor allen Dingen das Monopol in der Schulausbildung. Wer Höheres vorhatte, mußte zu den Jesuiten. Wie bei denen der Unterricht aussah, beschreibt Andreas Dominikus Zaupser: »Sie besitzen die Kunst, die Köpfe der Studirenden mit schweren Schulfratzen zu beschäftigen, und ihnen in einer ganzen Reihe von Jahren ein großes Nichts zu lehren. Der Kopf der Studenten wird ein Gerümpelgemach von unnützem Wissen, von Wörterkrämerey und Vorurtheilen.«

Zaupser gehört wie Westenrieder zu den glänzenden Vertretern der bayerischen Aufklärung, die im katholisch-barocken Süden – fast möchte man sagen: naturgemäß – etwas moderater ausfiel als in Deutschlands Norden (man denke etwa an Friedrich Nicolai aus Berlin, der für Bayern fast nur Spott und Polemik übrig hatte). Und alle waren sie Zöglinge der Jesuiten, die sich, könnte man sagen, ihre schärfsten Kritiker selbst großzogen. So auch Anton von Bucher, Sohn eines Münchner Wappenmalers, der in Ingolstadt Theologie studiert hatte und zum Priester geweiht worden war. Nach dem Verbot der Jesuiten 1773 durch Papst Clemens XIV. – die allerorten geübte Kritik an dem Orden war nicht mehr länger zu ignorieren – wurde Bucher ein paar Jahre später von Kurfürst Max IV. Joseph in eine neu berufene Kommission geholt, die die Schulerziehung von Grund auf reformieren sollte. Außerdem wurde er noch Direktor des Münchner Gymnasiums und plädierte in dieser Rolle für so fortschrittliche Ideen wie allgemein zugängliche, öffentliche Schulen bei Abschaffung des damals weitverbreiteten Privatunterrichts.

Doch Bucher stieß mit seinen Reformvorhaben nicht überall auf Begeisterung. Die Widerstände zermürbten ihn so sehr, daß er schließlich in München alle Ämter niederlegte und sich als Pfarrer nach Engelbrechtsmünster am Rande der Holledau zurückzog. Zum Glück für uns Leser. Dort nämlich hatte er Zeit, ein umfangreiches satirisches Werk zu schreiben, das ihn als einen der witzigsten, sprachmächtigsten Spötter der bayerischen Literatur des 18. Jahrhunderts ausweist. Aufs Korn genommen hat er dabei vor allem auch die Jesuiten, etwa deren Vorliebe für »geistliche Comödien«, die den rechten Glauben in Form meist ellenlanger, theatralisch überfrachteter Laienspiele unters Volk bringen sollten. Besonders beliebt waren – als drohende Botschaft vom nahen Weltenende – Stücke über die Sintflut. Anton von Bucher hat auch ein solches geschrieben, allerdings als »rustikale, teils mit pseudomythologischen Figuren aufgeputzte Travestie« gängiger Jesuitendramen, wie der Wiederentdecker Buchers, Reinhard Wittmann, schreibt. Das *Geistliche Vorspiel zur Passionsaction* beginnt mit einem Monolog des »gutmütig-sackgroben Gottvaters«, in dem sich »bäuerlich-naive Sprache und konsequente ›Vermenschlichung‹« (Wittmann) mischen.

Ich Gott Vater auserkohrn,
Der Himmel und Erden hat geborn,
Geh immer im Himmel so auf und ab,
Und freu mich, daß ich alles hab,
Was ich gemacht, gemacht so gut,
Daß mirs wohl Niemand nachi thut.

Ist immer schönes Wetter hier,
Habn großes Brot, und gutes Bier,
Es zreißt kein Schuh, es zreißt kein G'wand,
Hat jeder fast ein eignes Land.
Man giebt kein Zins, man giebt kein Steuer,
Man arbeit't nit, ist immer Feyer=
Tag. Kein Doctor, und kein Advokat
Bey uns dahier sein Bleibens hat.
Warum? Es giebt halt kein Proceß,
Es zwickt, und grimt nit in dem Gres.
Wohlauf, und lustig, frisch und g'sund,
Ist alles trotz ein Pudlhund.

Weniger die Geschichte eines Bürgersohns, sondern die eines Arme-Leute-Kinds ist die von Mathias Etenhueber, »allerdurchlauchtigsten Herrn Kurfürsten allerunterthänigst privilegierter unbezahlter Hofpoet« – die Betonung liegt übrigens auf unbezahlt! Denn für den schönen Titel, den wahrscheinlich kein zweiter Münchner Autor je getragen haben dürfte, konnte sich Etenhueber nicht das Geringste kaufen. Wir müssen ihn uns ungefähr so vorstellen, wie der Münchner Hofapotheker Carl Spitzweg den *Armen Poeten* gemalt hat: als heruntergekommenen Reimeschmied in seiner Matratzengruft, quer im Mund den Federkiel, der Regenschirm aufgespannt gegen die Tropfen durchs undichte Dach, nicht ablassend von seinen trommelnden Trochäen, seinen hüpfenden Daktylen.

Mitbekommen hat Mathias Etenhueber von seinem Elternhaus außer Zähigkeit kaum etwas. Seine Eltern tauchen in einer Urkunde als die »Wurzengraberseheleut'« auf; mit selbstgesammelten Wurzeln scheinen sie die Kräuter- und Gewürzhändler Münchens versorgt zu haben (Kräuterweiberl mit ihrer »Kirm«, dem Rückenkorb, stehen übrigens heute noch beim Kaufhof am Marienplatz). Wäre da nicht ein Mäzen gewesen, Etenhueber hätte bestimmt nie ... ja, welche Schule wohl besuchen können? Das Jesuitenkolleg natürlich. Früh schon fiel er mit seiner »Poeterey« auf, als neunjähriger Schulbub bedichtete er den Brand der Münchner Residenz im Jahre 1729 in lateinischen Versen.

Genaugenommen hat Etenhueber nie etwas anderes gemacht als eben Reime. Fast 20 Jahre lang hat er Woche für Woche eine Zeitung herausgegeben, die alle »remarquablen Weltvorfallenheiten« erzählt und kommentiert hat – und zwar ausschließlich in Gedichtform. Sein *Münchnerisches Wochenblatt in Versen* hat er – wie gut 150 Jahre später Karl Kraus seine *Fackel* – ganz im Alleingang produziert: als Herausgeber, Verleger, Redakteur, Autor und Austräger in einer Person. Mit seinem Blättchen unterm Arm war er unterwegs treppauf, treppab in den Patrizierhäusern rund um die Frauenkirche und in den ärmlichen Wohnherbergen im Lechel, wie der Münchner zum Stadtteil Lehel, östlich des Hofgartens, sagt. Heutzutage findet man dort übrigens die Münchner Noblesse, so zum Beispiel in der schickesten und teuersten Einkaufsmeile der Stadt, der Maximilianstraße.

Bedenkt man, daß Mitte des 18. Jahrhunderts München nur ungefähr 1700 Häuser hatte, ist es gar nicht so abwegig anzunehmen, daß in jedem dieser Haushalte einmal ein Gedicht von Mathias Etenhueber gelesen wurde. Er war also, für eine Zeitlang, der vielleicht berühmteste Dichter Münchens. Als er 1782 im Spital der Barmherzigen Brüder starb – »alt 62 Jahre, ohne Geld, schlechte Kleidung, Zustand Knochenfraß«, heißt es im Krankenbuch –, da kannte ihn schon niemand mehr.

Er hatte oft selbst nicht daran geglaubt, daß er sich in die vorderste Riege der deutschen Gelehrtenrepublik dichten könne. Selbstironisch hat er über seine Abstammung aus einem wenig poesievollen Stamm geschrieben. Er war halt nun mal, so wenigstens sah er es, Sohn einer Stadt, in der man sich allenfalls auf Bräurösser versteht, aber nicht auf den Pegasus. Adressiert an einen österreichischen Feldherrn, bat er einmal in einem Gedicht um Nachsicht, daß er dessen Heldentaten »nicht recht besingen könne«:

Doch gieb nicht mir die Schuld, gieb sie der Himmels-Gegend,
Allwo kein Dichter-Feur das Blute macht bewegend,
Denn, wie ein Wiener sagt, kann es unmöglich seyn,
Dass sich ein dummer Bayr stellt bei der Dicht-Kunst ein,
Nur Sachsen, nur Sachsen ist das Stammhaus der Poeten,

Gnug wenn man am Parnass uns lässt den Blaspalg treten.
Ein Bier-Schlauch ein Poet! Der Bayr ein Musen-Sohn!
O dieses wär zu viel für eine Nation.

Wer auf eine Überprüfung der These vom »dummen Bayrn« mit seinem als Schwimmreifen um die pyknische Statur gelegten »Bier-Schlauch« respektive -Bauch aus ist, der könnte dies im schräg gegenüber der Michaelskirche gelegenen Augustinerbräu tun. So kommt er auch gleich noch in den Genuß des Bieres der urkundlich ältesten Brauerei Münchens, des Augustinerbräus! Außerdem sollte man nicht versäumen, das Ambiente dieser typisch Altmünchner Bierwirtschaft auf sich wirken zu lassen, beispielsweise den »Muschelsaal« von Emanuel von Seidl. Ob der Bruder des vielleicht noch berühmteren Architekten Gabriel von Seidl den Münchner nach der dritten oder vierten Maß vorgaukeln wollte, sie seien bereits über Bord gegangen und befänden sich in einer Unterwasserwelt? Wohin man schaut: nichts als Muschelschalen!

Man kann aber auch noch das letzte Stück unseres zweiten Spaziergangs zu Ende gehen bis zum Karlsplatz. Angelegt wurde das Rondell von Kurfürst Karl Theodor, daher auch der Name, an den sich aber kein anständiger Münchner hält. Er wird stur bei »Stachus« bleiben, jener Namensform, die sich von Anfang an bei den obstinaten Residenzstädtern etabliert hat ... auch um dem aus Mannheim zuag'roastn Kurfürsten zu zeigen, wie unbeliebt er in München war.

Also, Stachus statt Karlsplatz muß es heißen, und zwar nach dem Gastwirt Eustachius Föderl, der seit 1755 hier sein Wirtshaus mit Biergarten betrieb, dort wo jetzt der Kaufhof steht. Daß man bei ihm gut ißt (neben der »Kraftsuppenanstalt in der Dinergasse«), hatte sich schon Friedrich Hebbel ins Tagebuch notiert. Er war 1836 nach München gekommen, hatte hier studiert und unter anderem den Stoff für seine *Maria Magdalene* gefunden, nämlich in einem authentischen Fall, der sich im Vaterhaus seiner Münchner Geliebten, der Beppi Schwarz, zutrug. Außerdem hatte er genügend Zeit, die Münchner und ihre Trinkgewohnheiten zu studieren.

Wer drei Kreuzer in der Tasche trägt, kann eintreten, in welches Kaffeehaus oder in welchen Garten er will; er wird auf's Prompteste bedient und bekommt, als immer schmeckende Zugabe, ein freundliches Gesicht obendrein. Mag über alles dieß hochmüthig witzeln, wem es behagt; es liegt etwas Wohlthuendes darin, daß Menschen der verschiedensten Classen, die anderwärts schneidend-scharf von einander abgesperrt sind, hier ein und dasselbe Bedürfniß haben und es in einem und demselben Local befriedigen. [...]
Eine and're Frage ist es, ob das übermäßige Biertrinken an sich selbst nicht ein Uebel ist, und ob die Bairische Nation, wenn sie nicht seit drei Jahrhunderten Bier getrunken hätte, sich nicht glänzender und selbständiger entwickelt haben würde. Man muß die riesenhaft ungeheuren Fässer in den Bierhäusern und Sommerkellern gesehen haben, um sich einen Begriff davon zu machen, wie viel Bier allein in München ausgetrunken wird; die bis zum Niederbrechen beladenen Wagen der Brauer durchziehen unablässig die Straßen, um den Schenkwirthen die nöthigen Quanta zu bringen, und die Dienstmägde erblickt man fast nicht, außer mit dem Bierkrug am Arm. Der Bierkrug aber ist der Feind des Genies; er rundet die Bäuche, treibt die Gesichter bis zum Zerspringen aus einander, und röthet die Nase; dagegen erstickt er den Geist und löscht sogar das Auge aus. Ich kann mich des Gedankens nicht erwehren, daß die ganz unläugbare Armuth Baierns an Männern, die Kunst und Wissenschaft bedeutend förderten, und manche frostige Erscheinung mit dem Biertrinken in innigem Verhältniß steht.

Die Hebbels dieser Welt (so mancher München besuchende Autor äußerte sich ähnlich) sind einfach nicht eines Besseren zu belehren. Sie wollen partout nur die roten Ballonköpfe sehen, die geblähten Bierwampen. Sie lassen sich nur schwer vom Gegenteil überzeugen. Durch keinen Westenrieder, keinen Zaupser, keinen Etenhueber, der das Bier übrigens gehaßt und ein »mistdickes Gebräu« genannt hat. Und dennoch war er »ein guter Münchener«, wie schon sein Biograph Karl von Reinhardstöttner feststellte. Aber vielleicht läßt sich ja doch noch der ein oder andere finden, der die Kunst im scheinbar so kultur- und geistarmen Bayern bedeutend gefördert hat.

→ »Wer Freising kennt, der hat eine Ahnung,
was Altbayern ist«
Ein Exkurs zur Wiege bayerischer Literatur

Mit der S 1 nach Freising

Die Abneigung des Münchners, nordwärts zu wandern, beginnt beim Aumeister; und umgekehrt wird für den Reisenden, der von Norden kommt, Altbayern erst sehenswürdig mit München. Nur so läßt sich verstehen, daß eine so schöne Stadt wie Freising nicht nur unseren meisten norddeutschen Gästen unbekannt bleibt, sondern auch den meisten Münchnern.

Den Fehler wollen wir denn doch nicht begehen und Freising außer acht lassen. Wo doch Josef Hofmiller – und das völlig zu Recht – bemerkt hat, es gebe neben dem »herzoglichen, kurfürstlichen und königlichen Bayern-München« auch noch das »geistliche, bischöfliche Bayern-Freising«, und die gehören zusammen, untrennbar. »Wer Freising nicht kennt, kennt Altbayern nicht.«
 Es gibt kaum jemand Geeigneteres als den 1872 in Kranzegg Geborenen, um das Lob Freisings zu singen. Josef Hofmiller galt in den zwanziger und dreißiger Jahren als einer der glänzendsten Essayisten, und das nicht nur in Bayern, sondern in ganz Deutschland. Heute ist keins seiner Bücher mehr auf dem Markt, es kennen ihn leider nur noch ein paar Insider. Er war nicht nur ein kenntnisreicher Interpret der Werke Goethes und Nietzsches, ein stupender Kenner und Vermittler der französischen Literatur, er war vor allem auch ein passionierter Wanderer, der zahlreiche Reisebilder von seinen Erkundungsgängen durch Bayern und den Alpenraum mitgebracht hat. *Wanderbilder aus Bayern und Tirol* heißt einer dieser Sammelbände,

← Darstellung eines archaischen Endkampfes: die Bestiensäule in der Krypta des Freisinger Doms

der zum Beispiel auch einen großartigen Aufsatz über die Wieskirch bei Steingaden enthält, der eine Wiederentdeckung dieses Rokokojuwels initiierte.

Zu Freising hatte Hofmiller besondere Beziehung. Er war hier selbst eine Zeitlang zur Schule gegangen, hatte hier seine Lehramtsassessorenzeit verbracht und war schließlich 1907 Kgl. Gymnasialprofessor am humanistischen Gymnasium geworden. Wo sonst als auf dem Domberg konnte es seinen Sitz haben.

Freisings Sehenswürdigkeiten liegen auf dem Domberg, und die größte von ihnen ist der Dom selbst: tausendjährig dem Ursprunge, siebenhundertjährig dem Mauergehäuse nach, romanisch angelegt zur Zeit Friedrich Barbarossas, gotisch überwölbt von Jörg Ganghofer, dem Erbauer der Frauenkirche, festlich aufgehellt durch das frühe, zum großartigen Thronsaal der triumphierenden Kirche neu geschaffen durchs hohe Barock der Brüder Asam. Zwei Rampen führen von der Stadt zu ihm empor: eine steile, von der Einmündung der Münchner Straße her, unter dem hohen Bogen ehemaliger Domherren-Häuser, die unter alten Linden sanft weiterleitet bis zum beschatteten Kruzifix, zu welchem die weniger steile durch die Heiliggeistgasse unter dem Spitzwegtor beim Forstamt mählich hinanbiegt. Wer je einmal an dieser Stelle das vierte Evangelium der Fronleichnamsprozession erlebt hat, die goldbrokatene Herrlichkeit der Dalmatiken der in diesem Jahre zu weihenden jungen Diakone und Subdiakone, die weißen Blüteninseln der kleinen Mädchen, das fröhliche Glänzen der Zunftfahnen, ringsum, tüchergeziert, mit Bildern, Statuen, brennenden Kerzen der steinerne Wall der Gebäude, die lichten Birken davor, die dunklen Wipfel der Linden, die ragende bischöfliche Burg, hinter der weißen Johanniskirche der altersgraue Dom, Teilnehmer und Zuschauer Kopf an Kopf sich stauend die beiden Zufahrten hinab und hinauf bis zu den festlichen Bögen des Fürstengangs zwischen Klerikalseminar und Dom, und dann, nach erteiltem Segen, wie diese tausendköpfige Menge nicht auseinandergeht, eh nicht der letzte Takt der letzten Strophe des »Großer Gott wir loben dich« verbraust ist, – der hat eine Ahnung, was Freising, was Altbayern ist.

»Klerikal bis in die Knochen der alten Bauten« nennt ein anderer Freising-Zögling dies, Carl Amery, von dem gleich noch genauer die Rede sein wird, hat er doch Freising einen der glänzendsten Romane gewidmet, den die bayerische Literatur überhaupt aufzuweisen hat. Egal, wie man zu der stockkatholischen Atmosphäre solcher Orte stehen mag, unbestritten ist nun mal, daß sie die frühesten kulturellen Zentren dieses Landes waren. Und was speziell Freising betrifft mit seiner schon im 8. Jahrhundert weithin bekannten Klosterkultur, wird man staunen, was sich hier alles entdecken läßt.

Vor einigen Jahren konnte man im Biergarten des Weihenstephaner Bräustüberls als Aufdruck auf dem Bierfilzl lesen: Mit Weihenstephan fängt Bier an! Das bezog sich auf den dem »Lehr-Berg« gegenüberliegenden »Nähr-Berg«, auf dem heute Institute der Technischen Universität untergebracht sind und wo man, der Tradition des Ortes entsprechend, über Landwirtschaft und Brauereiwesen etwas lernen kann. Ob das mit dem ältesten Bier der Welt stimmt ... wirklich nachweisen läßt es sich kaum. Ein anderer Spruch aber hat weit mehr Berechtigung, und der läßt sich auch belegen. Nämlich: Mit Freising fängt bairische Literatur an.

Womit wir wieder beim Domberg wären, dem *mons doctus*, wie man ihn auch nennt. Wann hier genau die ersten Mönche auftauchten ... man kann es nur der Legende entnehmen. Der heilige Korbinian, einer der missionarischen Wanderbischöfe, die das Land zwischen Donau und Alpen zu christianisieren versuchten, soll – auf seinem Mantel von Mittenwald auf der Isar hinunterschwimmend – hier in Freising angelandet sein und das Bistum gegründet haben. Die ältesten Teile des frühen Bischofsitzes findet man in der Gruft des Domes.

Mittelpunkt der Krypta ist zweifellos die Bestiensäule, auf der eine Art Endkampf dargestellt ist, mit vier Drachen und vier Kämpfern sowie Hund, Adler und einer Seherin. Der geheimnisvollen, archaischen Aura dieser Steinsäule in der Düsternis der Krypta wird man sich kaum entziehen können. Und dann steht da noch, aus der Wand herausragend, der steinerne Sarkophag des heiligen Nonnosus, unter ihm ist ein enger Durchschlupf frei: Wer sich hier durchzwängt, so heißt es, könne alle seine körperlichen Gebrechen abstreifen.

Der erste, der die Vita des heiligen Korbinian aufnotiert hat, ist Bischof Arbeo, der dem Freisinger *mons doctus* ab 764 vorstand. Mit ihm haben wir den »ersten namentlich bekannten, durch ein hinreichend überliefertes Werk ausgewiesenen, biographisch fest umrissenen Autor des bayerischen Stammes« vor uns (*Handbuch der Literatur in Bayern*). Nicht direkt aus seiner Feder, aber höchstwahrscheinlich in seinem Auftrag entstand im Skriptorium des Klosters ein Schriftstück, das uns die allerersten, schriftlich festgehaltenen Wörter in deutscher ... genauer: althochdeutscher Sprache präsentiert. Also könnte man sich im Grunde noch weiter vorwagen und behaupten, mit Freising beginne die deutsche Literatur.

Es handelt sich um eine Art Glossar, ein Wörterbuch, das für lateinische Ausdrücke und Wendungen althochdeutsche Entsprechungen auflistet, also für *bibliotheca* beispielsweise *poahfaz* (*poah* = ahd. ›Buch‹, *faz* = ›Behältnis‹). Oder für *ubi libri reconduntur* das althochdeutsche *dar man poah pirkit*, also ›wo man Bücher aufbewahrt‹. Benannt ist dieses früheste Denkmal bairischen Schrifttums nach dem allerersten lateinischen Wort der Liste, nach *abrogans*, was eigentlich besonders schön ist, legt uns der Titel doch nahe, wie wir dem gesamten Text begegnen sollten: *dheomodi* nämlich, demütig.

Das ist schon eine literarische Sensation, diese allerersten zu Schrift geronnenen althochdeutschen Wörter, denn zu dieser Zeit war noch alles Schriftliche ausnahmslos auf lateinisch verfaßt. So auch die eindeutig Arbeo zuzuordnenden Werke, die beiden Bischofsviten des heiligen Korbinian und des heiligen Emmeram, letzterer war der Gründer der Benediktinerabtei in Regensburg. *Vita vel passio S. Haimhrammi Martyris* und *Vita S. Corbiniani* lauten die Originaltitel. Und um mit den Superlativen fortzufahren: Die Lebensbeschreibung des heiligen Emmeram eröffnet im »Caput 6« mit einer Panoramaschau auf das damalige Baiern, die als erste Landesbeschreibung der Bajuwarenheimat überhaupt gilt! Von dem aus dem »gallischen Reich« ausgezogenen Emmeram heißt es dort, daß er seine geplante Wanderung bis zu den Völkern der Hunnen, denen er das Christentum bringen wollte, in Baiern unter- und abbrechen mußte.

Er sah jedoch ein, daß es ihm nicht vergönnt sein werde, die vorgenommene Reise auszuführen. Deshalb schaute er das [bairische; Anm. B.S.] Land an: es war sehr gut, lieblich anzusehen, reich an Hainen, wohlversehen mit Wein. Es besaß Eisen in Fülle und Gold, Silber und Purpur im Überfluß; seine Männer waren hochgewachsen und stark, auf Nächstenliebe und Sitte gegründet. Das Erdreich war fruchtbar und brachte üppig Saaten hervor, und der Erdboden schien von Vieh und Herden aller Art fast bedeckt zu sein; Honig und Bienen waren wahrlich in reichlicher Menge vorhanden. In Seen und Flüssen gab es Fische in großer Zahl; das Land war von klaren Quellen und Bächen bewässert und besaß an Salz, soviel es bedurfte. Die Stadt, nämlich Regensburg, war uneinnehmbar, aus Quadern erbaut, mit hochragenden Türmen, und mit Brunnen reichlich versehen; im Norden bespült sie die Donau, die in geradem Lauf gen Osten strömt. Das Bergland war ergiebig an Obst und bot Weiden und saftiges Gras; das Waldgebirge war mit wilden Tieren bevölkert und das Unterholz mit Hirschen, Elchen, Auerochsen, Rehen, Steinböcken und mit Tieren und Wild aller Art.

Nach diesem Lobpreis scheint es verständlich, warum Emmeram in Baiern blieb und in der Agilolfinger-Residenz Regensburg, die aus dem einstigen Römerlager Castra Regina hervorgegangen war, sein Ur-Bistum gründete. (Das Agilolfinger-Geschlecht stellte die frühesten Herzöge Baierns, 500 Jahre vor den Wittelsbachern.) Daß übrigens von München in dieser frühesten Beschreibung bairischer Lande mit keinem Wort die Rede ist, liegt daran, daß dieser Text um das Jahr 760 herum geschrieben wurde und von München zu diesem Zeitpunkt noch überhaupt nicht die Rede sein kann, allenfalls von ein paar winzigen Bajuwaren-Siedlungen, dort auf der Münchner Schotterebene, bei Fröttmaning und Unterföhring, bei Thalkirchen und bei Berg am Laim. Geistig-kulturelles Zentrum war damals noch eindeutig Freising.

Im Zusammenhang mit den Jesuiten in Kapitel zwei war ja schon die Rede davon, daß die Christentumsverbreiter in Baiern sehr schnell merkten, daß es da einen Wesenszug gab bei diesem keltischen Bauernvolk, den man, nur etwas ins Geistlichere gewendet, sich nutzbar machen konnte, nämlich die Lust am ›Komödi-Spieln‹. »Wir haben es stets auf die strotzend-farbige Fülle abgesehen, nicht auf die farblose, ungewisse Tiefe«, schreibt Oskar Maria Graf, einer, der seine Landsleute genau kannte, aber schon ganz genau. Und so brauchen sie eben auch fürs Metaphysische, fürs Transzendente, eine augenfällige Form, die geistliche »Komödi«, wenn man so will. Strotzend-farbig muß es hergehen, wir haben es ja eben gerade gelesen in Hofmillers Beschreibung der Freisinger Fronleichnamsprozession.

Das Blut muß täuschend echt sein, so auch beim Schauspiel vom Kindermord des Herodes, dem *Ordo Rachelis Frisingensis* vom Ende des 11. Jahrhunderts. Es ist der allererste Text dieser Art, ein in die Liturgie eingebautes darstellerisches Spiel, geistliche »Komödi« eben. Und wo taucht der Text auf? Natürlich in Freising! Wenn wundert es da noch, daß auch das früheste althochdeutsche Kirchenlied vom Freisinger *mons doctus* stammt, das »Petruslied«, die Melodie dazu wurde notiert in mittelalterlichen Neumen, und zwar zu Anfang des 10. Jahrhunderts. Darin heißt es über den katholischen Kirchenvater Petrus: »Er hapet ouh mit uuortun / himilriches portun«. Übersetzt würde es lauten: »Seinem Wort ist auch die Gewalt über die Pforte des Himmels anvertraut.«

Die Macht des Wortes auszuüben, versuchten die geistlichen Herren oben auf dem Domberg, von wo aus man einen großartigen Rund- und Weitblick hat, bis an den Rand der Alpen. Dort oben residierend, fällt es leicht, die Position des Überblickers einzunehmen und den Weltenlauf in seiner Gesamtheit zu erörtern. Bischof Otto, ein Enkel Kaiser Heinrichs IV. und ein Onkel Friedrich Barbarossas, unternahm dies zur Mitte des 12. Jahrhunderts in seiner *Chronica*, die von den Anfängen der Weltgeschichte bis in Ottos Gegenwart reichte und sogar noch einen Ausblick auf die letzten Dinge der Menschheit wagte. Als es an die Beschreibung des, wie Otto glaubte, hoffnungsvollen Neubeginns unter der Regentschaft seines Neffen Barbarossa ging, erlahmten seine Kräfte. Er starb 1158, einen Geschichtsschreiber wie ihn gab es in jener Epoche in Baiern keinen zweiten. Dennoch führte sein Vertrauter, Kaplan Rahewin, die abrupt abgebrochene *Chronica* weiter. Für ihn war der Tod Ottos fast ein Weltuntergang ... zumindest ein Freisinguntergang. Im vierten Buch, Kapitel 14, der *Gesta Frederici* schreibt er:

> Wenige Monate nachdem Bischof Otto am 22. September, also um die Zeit der Tag- und Nachtgleiche gestorben war, brannte ungefähr um die Sommersonnenwende am Palmsonntag, dem 5. April, die Stadt Freising zur Zeit der Frühmette vollständig nieder, so daß nicht einmal eine von den kleineren Kirchen und Kapellen erhalten blieb, um ganz zu schweigen von den größeren Kirchen, die mit allem ihrem Schmuck zugrunde gingen, sowie von der Bischofskirche selbst und der Pfalz. Auch die Häuser und Wirtschaftsgebäude der Kanoniker sowie die Häuser der Ritter wurden mit ganz wenigen Ausnahmen eingeäschert. Diese Kirche hatte sich damals eines solchen Wohlstandes erfreut, daß sie an Vermögen, Gebäuden und Reichtümern alle angrenzenden und benachbarten Bistümer übertraf oder ihnen gleichkam; durch die Vortrefflichkeit ihres Klerus zeichnete sie sich in solchem Maße aus, daß diesem an Ehrbarkeit und Zucht, an Freigebigkeit und an wissenschaftlichen Kenntnissen nur wenige gleichkamen, aber im Römischen Reich keine anderen als besser oder überlegen galten.

Man kann sogar noch weitergehen und sagen: Freising war im Grunde ein Ministaat im Staate. Der mächtige Bischof hatte Besitzungen bei Innichen, Maria Wörth, Obervellach und im Werdenfelser Land, also am Oberlauf der Isar. Auch ein schmaler Uferstreifen bis nach Ismaning gehörte zum Freisinger Bistum. Und just dieser schmale Streifen bischöflichen Hoheitsgebietes war der Residenzstadt München jahrhundertelang ein besonderer Stachel im Fleisch. So konnte man zum Beispiel mit Verbauungen und »Fischerzäunen« am rechten, dem freisingischen Ufer, dafür sorgen, daß es denen ›links‹ im Herzog-, später Kurfürstentum naß hineinging. »Sie warfen dadurch den Fluß um so leichter auf die baierische Seite, als er daselbst ohnehin niederes Land hatte. Hieraus entstanden große Zwiste; ja es kam sogar zu Thätlichkeiten«, heißt es in zeitgenössischen Quellen.

Das Kuriose für die Münchner war ja, daß sie gewissermaßen mit einem Sonntagnachmittagsspaziergang von dem einen in das andere Herrschaftsgebiet wechseln konnten. Das nutzten vor allem die Freisinger, um die hohen Herren in München mitunter etwas zu ärgern. Während der Regentschaft des Kurfürsten Karl Theodor, der in Bayern ausgesprochen unbeliebt war, legte man zum Beispiel beim Schloßwirt in Oberföhring – justament, wie der Bayer in solchen Fällen sagt: also mit Fleiß und jetzt erst recht – die als besonders radikal geltende *Oberdeutsche Zeitung* aus ... in München war die nämlich verboten. Ob das in solchen Blättern vertretene Freidenkertum unbedingt mit christkatholischen Glaubensgrundsätzen, wie man sie in Freising hochhielt, zusammenpaßte, war eine untergeordnete Frage, sofern sich die Gelegenheit bot, denen in der Münchner Residenz eins auszuwischen.

Diese Rivalität beendet hat im Grunde erst die Säkularisation. Für Freising natürlich ein schwerer Schlag: über Nacht gewissermaßen degradiert zu werden von der mächtigen Glaubens-Trutzburg zum bedeutungslosen Provinznest. Bezeichnend vielleicht, daß wenige Jahre später, 1824, in direkter Nachbarschaft von Freising eine Armenkolonie entstand ... so weit war man also schon gesunken. Und derjenige, der diese Kolonie initiiert und aufgebaut hatte, tönte sogar noch: »Dereinst wird es heißen: das große Hallbergmoos und das kleine Freising.«

Der das sagte und schrieb, ist eine der kauzigsten und schillerndsten Figuren der an Sonderlingen ja nicht gerade armen bayerischen Kulturgeschichte. Dabei ist er nicht einmal ein gebürtiger Bayer, der Freiherr Theodor Maria Isidor von Hallberg-Broich. 1768 im niederrheinischen Jülich geboren, entwickelte er schon als 10jähriger jenes Fernweh, das ihn ein Leben lang auf immer neue, abenteuerliche Reisen trieb. Damals büxte er, noch Schüler des Kölner Gymnasiums, aus, um als Schiffsjunge auf einem holländischen Rheinschipper anzuheuern.

Wie gesagt, es sollten noch viele Abenteuerfahrten werden, Hallberg-Broich bereiste den gesamten Mittelmeerraum, Tunesien, Spanien, Griechenland sowie Rußland, den Kaukasus und den Vorderen Orient. Seine Stützpunkte, zu denen er immer wieder zurückkehrte, aber lagen in Bayern. Anfänglich war es das Schloß Gauting, südlich von München, später dann ein Jagdschlößchen der Wittelsbacher in Birkeneck – man kann es noch heute zumindest von außen besichtigen. Wie der schrullige Freiherr dort lebte, beschreibt einer seiner Biographen, Wolfgang Krämer. Das Empfangszimmer des Schlößchens war mit Theaterbildern, Festungsplänen, Landkarten und Todesanzeigen tapeziert, Türen und Fensterstöcke hatte er zinnoberrot streichen lassen, seine Familie durfte gnädigerweise in Betten schlafen, er selbst zog eine Matratze auf dem Fußboden vor. Auch was das Essen betraf, hatte er so seine eigenen Diätvorschriften.

Wiewohl man in Birkeneck mit Einladungen in verschwenderischer Weise umging, wurde die äußerst frugale Kost, die der Schloßherr für sich und die Seinigen eingeführt hatte, auch den Gästen zuliebe nicht geändert. Bei Tische, wo stets eine zahme Dohle »Nanino« zwischen den dampfenden Schüsseln einhertänzelte, wurde nur Wasser herumgereicht. Wein und Bier gab es nur an bestimmten Festtagen. Allzeit aber wurden vom Eremiten, der als leidenschaftlicher Raucher vom frühen Morgen bis zum Schlafengehen die Pfeife nicht aus dem Munde brachte, dem Gastfreund die ungebeizten Rippen und Blätter des Bauerntabaks (Nicotiana rustica) angeboten, den er selbst im Burggarten baute.

An Sonn- und Feiertagen las der Freiherr in der Kapelle, die mit allem Zubehör aus der Zeit der schnepfenjagenden Fürstbischöfe erhalten war, die Messe für seine Dienerschaft und die Moorkolonie, und zwar mit aller Salbung eines Popen. Ohne Zweifel glaubte er sich infolge der päpstlichen Auszeichnung dazu wohl berechtigt. Einst lud der Eremit alle Bürger vom nahen Freising ohne Ausnahme, insbesondere »alle schönen Mädchen« zu Musik und Tanz ein. Ein anderes Mal ließ er das »Nationalfest der Gefangennehmung Napoleons« feiern. Schon einige Tage vorher entsandte er vier Trompeter nach Freising, die in den Straßen der Stadt umherblasend die Einladung des Freiherrn verkündeten. Am Tage der Feier selbst trat abermals ein Trompeter vor das Schloß, blies nach den vier Himmelsrichtungen und machte bekannt, daß »heute die ganze Welt« eingeladen sei. Von allen Seiten kamen die Menschen herbei, aus

Freising selbst die Geistlichen und die Schulen mit ihren Lehrern. Es war ein Weltspektakel, der ganze Birkenwald wimmelte von Menschen. Hundert Eimer Bier rannen durch die Kehlen der Festteilnehmer.

Schloß Birkeneck, eine Lehrlingsfortbildungsstätte ist mittlerweile dort eingezogen, gehört heute zur Ortschaft Hallbergmoos ... sie ist, man errät es leicht, nach dem Freiherrn benannt. Hier nämlich entstand jene Armenkolonie durch Trockenlegung des Erdinger Mooses, die der Freiherr König Max I. als seine Idee vorschlug. 20 000 Gulden schoß Hallberg-Broich aus eigener Kasse dem Projekt zu. Doch keineswegs alle fanden die Idee, besitz- und grundlose Taglöhner hier anzusiedeln, großartig. Georg Schnell, Seelsorger der Kolonie, wurde zum schärfsten Kritiker des Freiherrn. »Ein Asyl für solche, die man anderswo zum Gesindel rechnet«, sei die Kolonie bald schon geworden, was »einzig und allein auf die Rechnung des Freiherrn von Hallberg zu setzen« sei. Der Eremit von Gauting, wie man ihn seit seiner Gautinger Zeit gerne nannte, gab schließlich auf und zog sich zurück, wieder auf ein Schloß, diesmal in Hörmannsdorf/Niederbayern.

Genaugenommen also noch einmal eine Verlierer-Geschichte, auf die, so jedenfalls Carl Amery, Freising geradezu abonniert ist. »Insgesamt läßt sich Freisings Geschichte als eine Geschichte konstanten Verlierens dokumentieren – schon seit dem Mittelalter. Die Verlust-Geschichte beginnt etwa mit der Gründung Münchens 1158 und reicht bis zur Aufsaugung durch die Metropole: Endpunkt der S-Bahn-Linie 1, Dependance der Techn. Universität und Opfer des im Bau befindlichen Großflughafens.« Das ist auch der Grund – neben dem, daß Amery seine Kindheit und Jugend in Freising verbrachte –, warum der Autor ökologischer Essays *(Die Botschaft des Jahrtausends)*, zeitgeschichtlicher Satiren *(Die Große Deutsche Tour)* und bayerisch-barocker Science-fiction *(Die Wallfahrer)* ausgerechnet Freising zur Bühne seines großangelegten Endzeit-Romans *Das Geheimnis der Krypta* machte.

Korbinian Irlböck, Zögling des Domgymnasiums und später Doktor der Sprachen und Geschichte, kehrt nach einem beruflich und familiär gescheiterten Intermezzo an einem College im amerikanischen Mittelwesten nach Freising zurück. Er nistet sich in einem

Geheimgewölbe des Domberges ein und treibt seine obskuren Studien voran, die von ihm begründete Geschichtswissenschaft der Verluste und Niederlagen und deren inhärenten »Keimen zukünftiger Erfolge«, genannt »Sphagistik«. Eines Tages wird er von einer nicht minder obskuren internationalen Vereinigung um einen Lösungsvorschlag, die weltweite ökologische Krise betreffend, gebeten. Nicht ganz ernstgemeint, macht Irlböck folgenden Vorschlag: Da mit einer radikalen Ökoperestroijka nicht zu rechnen ist, müsse die Weltbevölkerung mittels eines gezielten Epidemie-Virus drastisch reduziert werden, um Ressourcen zu schonen und eine ökologische ›Verschnaufpause‹ zu gewinnen. Sehr zum Erschrecken Irlböcks beginnt der Balkanstaat Krawonien, einem kryptischen, uralten Vermächtnis folgend (»Perwokraw – Kravonia first«), den Plan in die Wirklichkeit umzusetzen.

Carl Amery, der mit *Der Untergang der Stadt Passau* und *Die Wallfahrer* schon ähnliche ›ökologische‹ Science-fiction-Romane geschrieben hat, ist auch hier wieder ganz in seinem Element. Grotesk und skurril, unterfüttert mit historischen Daten und literarischen Anspielungen en masse, wird Freising zum »Auge des Taifuns«, in dem ein teuflischer Plan ausgeheckt wird, der beinahe zum apokalyptischen Weltuntergang führt (ein paar überleben dann doch). Nur leider wird Freising selbst davon auch nicht verschont. Das Schlußkapitel spielt auf dem Domberg, nach der Katastrophe. Eine krawonische Abordnung wird in das entvölkerte Freising geschickt, um dort eine goldene Erinnerungstafel für den Helden Korbinian Irlböck zu installieren (aus dem Verlierer wird ein zweifelhafter Sieger).

Es war ein ziemlich unglücklicher Rittmeister Petar Stavnic, der an einem heißen Julitag auf dem totenstillen Domplatz zu Freising einfuhr.
Seine Mission gehörte zu den vornehmsten, weil symbolträchtigsten im Rahmen der Großen Krawonischen Erhebung, sie trug den Codenamen *Goldene Tafeln*. [...] Der Auftrag, unmittelbar nach den ersten, siegreichen Vorstößen erteilt: Erkundung der mitteleuropäischen Lage weit über die neuen Grenzen hinaus, in einem stattlichen Geleitzug von Geländefahrzeugen und Spähwagen; Erreichung

des Endpunkts Freising; Abtragung einer Dankesschuld daselbst. [...]
Der Dom stand schweigend und riesig, die große Uhr am Nordturm war stehengeblieben und zeigte nichts mehr an. Der Dom erteilte den Menschen keine Auskunft mehr, auch seine Glocken waren verstummt. Die Hitze war wütend, wurde mit jedem Sommer wütender, durch die Kiesschicht des Platzes drängte Unkraut, es war weißgelb und fasrig. Niemand war zu sehen; das hieß nicht, daß man nicht gesehen werden konnte. Sie fuhren durch bis zur Aussichtsterrasse mit den uralten Kastanienbäumen, sie lehnten die Räder an ihre Grundmauer, nahmen die Taschen ab und sprangen die Mamorstufen hinauf, wo sie keinen Blick auf die Landschaft verschwendeten, keinen auf den sinnlosen Tower des toten Flughafens, keinen auf die leeren oder halbleeren Gebäude unter dem Hang.
Die beiden Männer packten ihre zusammengeklappten Maschinenpistolen aus. »Ihr bleibt in Deckung hinter der Balustrade und haltet die Bögen unter dem Fürstengang da drüben im Auge.« Petar war auf Freising gut vorbereitet. »Ich werde mich umsehen.«
Gleich unterhalb der Terrasse, zwischen ihr und dem Eingangstor zum Kardinal-Döpfner-Haus (alles gründlich memoriert) fand er eine schiefe, teilweise von Schüssen zerspellte Anschlagtafel. Vielleicht bot sie einen brauchbaren Hinweis.
Er las die teils gebleichten, teils frischen Zettel, die da hingen – Such-Bewegungen von Überlebenden, Rufe ins Ungefähr: ›Erwin! Wir sind jetzt Fischergasse 10‹ – ›Mary bei M. in Haimhausen‹ – Tauschgesuche, Tauschangebote, ein computer-gedruckter Prospekt: Einladung zum ›Barmherzigkeits-Basar‹ einer christlichen Gruppe. Jemand hatte mit Filzstift darübergeschrieben: SCHEISS AUF JESUS. Not macht eben nicht jeden fromm.

→ »Wissenschaft und Kunst uns hier erheitern«
KÖNIG LUDWIG I. UND DAS STRAHLENDE »ISAR-ATHEN«

Dritter Spaziergang: Königsplatz (Glyptothek und Propyläen) – Brienner Straße – Ludwigstraße – Siegestor

»Ich will aus München eine Stadt machen, die Teutschland so zur Ehre gereichen soll, daß keiner Teutschland kennt, wenn er nicht München gesehen hat.« Das sagt einer, der in der Tat München seinen städtebaulichen Stempel aufgedrückt hat wie wahrscheinlich kein zweiter. Ludwig I. ist *der* Bauherr unter den sechs bayerischen Königen (ich zähle, was oft nicht getan wird, den geisteskranken Otto, Bruder von Ludwig II., mit, er saß immerhin de jure 30 Jahre auf dem bayerischen Königsthron). Und vor allem: Ludwig schenkte seine Prachtbauten der Stadt München und stellte sie nicht, wie sein Enkel, Ludwig II., irgendwo in Allgäuer Einsamkeiten auf, damit sie nur ja nicht entehrt werden durch die Blicke des einfachen, gemeinen Volkes (was das einfache, gemeine Volk aber mittlerweile ausgiebig nachholt: wohl kein zweites Objekt ist in Bayern so von Touristen umlagert wie Ludwigs Traumschloß Neuschwanstein).

Wir wollen unseren München-Spaziergang wieder aufnehmen am Königsplatz, ist er doch eines der glänzendsten Beispiele dafür, wie Ludwig, zum Zeitpunkt der Planungen noch Kronprinz, München eine klassisch-antike Gestalt zu geben versuchte. Nicht umsonst ist seit ihm von München als einem »Isar-Athen« die Rede. So auch bei dem Berliner Paul Heyse. Der spätere Literatur-Nobelpreisträger war 1854 nach München gezogen, wo er bis zu seinem Tod 1910, von der nachrückenden Generation längst als Goethe-Epigone verspottet, lebte. Die Jahrzehnte zuvor war er bereits besuchsweise in München gewesen und hatte die »zum Teil noch im Werden« begriffenen »künstlerischen Unternehmungen« Ludwigs I. bestaunt.

Noch hatten wir nur erst das Modell der Bavaria in der hohen Bretterhütte auf der Theresienwiese bestaunt, waren in der Basilika auf den Gerüsten herumgeklettert, auf denen Heß und Schraudolph ihre Fresken malten, und in der Ludwigskirche legte Meister Cornelius die letzte Hand an sein großes Jüngstes Gericht. Jetzt, zwölf Jahre später, fand ich die schöne Kunststadt an der Isar in vollem Glanz, freilich noch räumlich weit beschränkter als heutzutage. Das Siegestor und die noch unvollendeten Propyläen begrenzten damals im Norden und Westen, das Hoftheater im Süden die Stadt, die erst durch König Max bis an den schönen, starken Strom fortgeführt wurde, während nach Osten hin die Straßen sich ohne Abschluß bald ins freie Feld verliefen, und die Vorstädte Au, Giesing, Haidhausen und Schwabing sich's noch nicht träumen ließen, daß sie dermaleinst in den Ring der Stadt einbezogen werden sollten. Es lag damals auch noch eine Menge großer Gärten zwischen den Häusermassen verstreut, wenn auch der jetzt so lustig grünende Dultplatz noch eine dürre Wüste war, da man zu gewissen Zeiten dort die Budenstadt hinpflanzte. Den Berliner aber, der diese in fröhlichem Aufschwung begriffene lachende Stadt betrat, heimelte sie im Vergleich zu den endlosen Straßenzügen und schwerfälligen Palästen seiner Vaterstadt fast mit ländlichem Reize an, während doch wieder die vielen neuen und alten Kirchen und die drei großen Museen dem Ganzen ein vornehmes Gepräge gaben und die malerischen, altertümlichen Stadtteile daran erinnerten, eine wie lange, merkwürdige Geschichte dies Isar-Athen zu erzählen hatte.

Der Königsplatz ist letzten Endes ein Ergebnis der »Entfestigung«, die München im Übergang vom 18. aufs 19. Jahrhundert erfuhr. Unseren zweiten Spaziergang hatten wir am Stachus beendet ... der ja nur deshalb entstehen konnte, weil Kurfürst Karl Theodor die Befestigungswälle im Westen abtragen und die Gräben zuschütten ließ und so der Stadt neue Bauplätze eröffnete. Sein Nachfolger Max IV. Joseph setzte das fort. In den ersten Jahren des 19. Jahrhunderts öffnete sich die Stadt nach

← In der Theatinerkirche neben der Feldherrnhalle befinden sich die Grabstätten mehrerer Wittelsbacher Herrscher

allen Himmelsrichtungen hin, im Südosten entstand das Gärtnerplatzviertel, im Südwesten die Ludwigsvorstadt und im Nordwesten die Max-Vorstadt. Plötzlich war Platz für eine ungehemmte Expansion. Und der wurde auch genutzt. 1829, kurz nach Beginn von Ludwigs Regentschaft, führte man eine Volkszählung durch und kam auf 74 667 Einwohner (50 Jahre zuvor waren es noch halb so viele). 25 Jahre später hatte sich die Zahl bereits verdoppelt, und noch einmal 25 Jahre darauf waren es eine Viertel Million. München war somit, wie Ernst von Wolzogen spöttelte, ein »Mittelding zwischen Großstadt und Gebirgsdorf«. Wenn der Föhn »wachelt« und die Alpen gleich hinter Grünwald zu stehen scheinen, meint man in München ja eh, man lebt im Gebirg.

So gesehen wurde München unter Ludwig I. ein ins (oder zumindest ans) oberbayerische Gebirge versetztes Athen. Und besonders attisch wurde es eben am Königsplatz (sicher ein Grund, warum der Platz in den letzten Jahren mehr und mehr als Bühne für groß aufgezogene Open-air-Konzerte genutzt wird, etwa Orffs *Carmina burana* mit Feuerwerk). Mit den ›dorischen‹ Propyläen im Westen, der ›ionischen‹ Glyptothek im Norden und der ›korinthischen‹ Antikensammlung im Süden verfolgte Ludwig ein umfassendes Raumkonzept für den rechteckigen Platz: die drei entscheidenden Gebiete klassischer Bildung – Religion, Geschichte, Kunst – sollten durch die drei Gebäude versinnbildlicht werden. Und vor allem die Glyptothek, das erste, eigens für antike Plastiken erbaute Museum Deutschlands, sollte ein Ruhmestempel der griechischen Kultur werden. Einen Besuch der Sammlung sollte man keineswegs versäumen, die fragmentarische Figurengruppe aus dem Giebel des Aphaia-Tempels in Ägina wird man dort ebenso finden wie einen Saal frühgriechischer Jünglingsstatuen oder einen, der den römischen Bildnissen vorbehalten ist.

Welch hehres Menschenideal sollte sich in diesem Platz widerspiegeln, und wie pervertiert wurden doch diese Ideen hundert Jahre später durch die Nationalsozialisten! Sie funktionierten den Platz in ihrem Sinne um, machten ihn zu einem Aufmarschareal und sinistren Weiheplatz ihrer Bewegung. Die Grünflächen zwischen den Griechentempeln ließen sie unter Granitplatten verschwinden (»Plattensee« nannten seitdem die Münchner ihren Königsplatz), im Osten errichteten sie zwei ›Ehrentempel‹ für die 16 ›gefallenen Helden der Bewegung‹, jene Putschisten, die 1923 mit Hitler Richtung Feldherrnhalle marschiert und von der bayerischen Landespolizei am Odeonsplatz niedergeschossen worden waren. Die Unterminierung der ludovicianischen Königsplatz-Idee geschah nicht nur im übertragenen Sinne, sondern ganz real: Die Nazis unterwühlten den Königsplatz mit einem Labyrinth von Gängen und Katakomben, die alle um den Platz herum versammelten Schaltzentralen der Macht unterirdisch verbanden – Führer- und Verwaltungsbau der NSDAP in der Arcisstraße, »Braunes Haus« in der Brienner und Reichspropagandazentrale in der Karlstraße, um nur einige zu nennen.

Bis in die allerjüngste Gegenwart hinein tat man sich verständlicherweise schwer, wie mit diesem entweihten Platz umzugehen sei. Nach längerer Debatte hat man Ende der achtziger Jahre die Granitplatten entfernt und den Platz wieder so hergestellt, wie ihn Baumeister Leo von Klenze geplant hatte: zur Mitte hin abgesenkt und mit Rasen überwachsen. Künstler wie etwa Wolfram Kastner fanden, daß damit zuviel Gras über die Sache wächst. Mit seiner Kunstaktion *Brandfleck* erinnerte er 1996 daran, daß es der Königsplatz war, wo man am 10. Mai 1933, von 50 000 Münchnern angefeuert, unliebsame Bücher auf einem Scheiterhaufen verbrannte.

Wie gesagt: lang und kontrovers waren die Debatten. Es gab eigens eine Ausstellung zur Geschichte des Königsplatzes unter den Nazis und einen dicken Katalog dazu. Was dort der Münchner Autor und Journalist Richard Chaim Schneider in seinem Beitrag *ISAR 12 oder warum es egal ist, wo ich ein Mädchen küsse* schrieb, macht aber auch deutlich, daß die Geschichte eines solchen Platzes nicht irgendwo abrupt endet und daß sich mit ihm heute schon wieder andere Geschichten verbinden. Schneider wehrt sich gegen die Zumutung, daß gerade er, der mit dem Königsplatz auch angenehme Erinnerungen verbinde, gemäß einer political correctness aus »jüdischer Sicht« auf die historische Kontaminierung des Ortes hinweisen müsse.

Und so hätte ich dann wohl darüber schreiben sollen, wie das angeblich so war als Kind von Shoah-Überlebenden, wenn ich mit meinem

Papa im Auto über den Platz fuhr und er tief seufzte und hinüber guckte zu diesem »griechischen Tempel«, wo Hitler gestanden hatte. [...] Und ich hätte weiter schreiben müssen, wie mein Papa dann den Tränen nah gewesen und mir als sieben- oder achtjähriger Junge ganz schlecht geworden sei, wie ich dann an all meine vergasten Großeltern, Onkeln und Tanten gedacht hätte. [...]
Oder ich hätte schreiben sollen, daß ich es kaum fertig gebracht hatte, damals, zusammen mit Maxim [Biller; Anm. B.S.], der ja auch Jude ist, dieses entsetzliche Gebäude der Musikhochschule [früher Führerbau; Anm. B.S.] zu betreten. Und wie wir mit wankenden Schritten in die Kantine geschlichen seien, beide mit einem Kloß im Hals, der es gar nicht zugelassen hatte, diese herrliche, aber doch profane Pasta an diesem unheiligen, tödlichen Orte zu essen. Ich hätte dann also weiter schreiben müssen, wie Maxim und ich still, gedankenverloren und trauernd über einer Tasse Kaffee gesessen hätten, immerzu mit dem Löffel in ihm rührend, während uns die unerträglichen Bilder der Nazis vor Augen gestanden und wir somit die schönen aber eben arischen Mädels um uns herum einfach ignoriert hätten [...].
So war es nicht und konnte es auch gar nicht sein. Was an diesem Königsplatz ist schon so besonders oder anders als an irgendeinem anderen Platz oder irgendeiner Straße in dieser Stadt? [...]
Was gehen mich all diese Geschichten an? Was die ewige Verdrängung sovieler Deutscher? Was geht mich vor allem der Königsplatz an? Denke ich an dieses sonderbare Ungetüm, dann fallen mir zwei Institutionen ein, die in seiner unmittelbaren Nähe liegen. Das Amerikahaus und das Lenbachhaus. Das eine erinnert an die Freiheit von heute, das andere an die Freiheit von einst. In der Kultur der Neuen Welt und der Kultur einer untergegangenen Welt, hier repräsentiert durch den Blauen Reiter, fühle ich mich wohl und zuhause.

Wenn wir uns nun auf den Weg machen Richtung Ludwigstraße, wo das Bauprogramm des bayerischen Königs in einer Geschlossenheit zu bestaunen ist, wie sonst nirgends in der Stadt, kommen wir zuerst noch an einem Platz vorbei, wo 1997 ein Haus seine Pforten öffnete, das München – immerhin zweitgrößte Verlagsstadt der Welt – eigentlich längst gut zu Gesicht gestanden hätte: das Münchner Literaturhaus. Man muß von der Briennerstraße (direkte, schnurgerade Verbindung zwischen Königs- und Odeonsplatz) nur ein paar Schritte rechts in die Kardinal-Faulhaber-Straße gehen, und schon steht man vor dem vierstöckigen Neo-Renaissancebau, in dem früher einmal die Salvatorschule untergebracht war. Mit dem beträchtlichen Finanzaufwand von 20 Millionen Mark hat man das Haus saniert und umgebaut, aus der früher einmal als Markthalle genutzten Pfeilerhalle wurde ein Ausstellungsraum, im rundherum verglasten Obergeschoß hat man nun einen Panoramablick über die Stadt, die Türme der Theatinerkirche sind zum Greifen nahe.

Paul Wühr, der vielleicht münchnerischste aller Münchner Autoren, Verfasser des experimentellen Stadtbuches *Gegenmünchen* und des aus Hunderten von O-Tönen zusammenkomponierten Hörspiels *Soundseeing Metropolis München*, war einer der ersten, der mit Ausstellung und Veranstaltungen im Literaturhaus gewürdigt wurde (zu seinem 70. Geburtstag am 10. Juli 1997). Aus diesem Anlaß hat Wühr einen ganzen Gedichtzyklus geschrieben, *Am Salvatorplatz:* »Wenn // man hier um die / Ecke in der Kuh // weitergeht vorbei / an der Schweige // ist man auf dem / Weg zur // Literatur es muß / aber // nicht immer der / Thoma oder // der Ganghofer / sein.«

Und tatsächlich wählte man quasi zum Hauspatron nicht die volkstümlichen Ludwigs, den Ganghofer oder den Thoma, sondern einen aus München und Bayern vor den Nazis geflohenen Autor, der den Rest seines Lebens in New York verbrachte: Oskar Maria Graf. An ihn durfte die amerikanische Installationskünstlerin Jenny Holzer erinnern, allerdings in einer Art und Weise, die wochenlang für Diskussion in der Stadt sorgte. Für das bei einigen sicher Neid erweckende Honorar von 150 000 Mark ließ sie Graf-Sprüche aus seiner Bohèmezeit wie »Mehr Erotik, bitte« auf den Boden der Kaffeetassen drucken, andere Zitate stehen auf den Lederrücken der Sitzbänke und sind in die Steintische im Freien, die im Sommer das hauseigene *Café Dukatz* nutzt, eingraviert. Über ein senkrechtes Display neben der Bar laufen Graf-Texte in einem solchen Tempo ab, daß sich ein Münchner Kultur-

Journalist zu dem Kommentar veranlaßt sah: »Endlich wird ganz klar, was man schon immer ahnte: Literatur ist nicht zum Lesen da.«

Auch wenn man mitunter angesichts des stets mit den Geschäftsleuten der Umgebung vollbesetzten Edelcafés der Meinung sein kann, im Münchner Literaturhaus gehe es um das für diese Stadt typische Sehen-und-gesehen-Werden der Schickimickis ... dem ist natürlich nicht so. Jede Woche finden hier Lesungen und Vorträge statt, Schriftsteller aus aller Welt stellen ihre Neuerscheinungen vor, und in der Halle im Erdgeschoß würdigt man Autoren mit aufwendigen Ausstellungen (u.a. Michael Ende, Max Frisch, Thomas Mann). Wer Literatur in der Stadt sucht, der sollte hier unbedingt einmal vorbeischauen.

»Palazzo Prozzo« haben übelwollende Kommentatoren das Literaturhaus nach seiner Fertigstellung genannt. Warum aber eigentlich sollte unsere Epoche nicht auch einmal protzen? Ohne das Protzen vergangener Zeiten, was wäre München da heute? Wenn wir die wenigen Meter vom Salvator- zum Odeonsplatz spaziert sind, was erwartet uns da anderes als ebenfalls ein »Palazzo Prozzo«? Die dortige Feldherrnhalle, eine Kopie der Loggia dei Lanzi in Florenz, wurde von Ludwig I. als krönender Abschluß »seiner« Ludwigstraße konzipiert. Leo von Klenze und Friedrich Gärtner konkurrierten darum, wer die dreibogige Halle bauen dürfe. Gärtner wurde schließlich der neue Favorit Ludwigs, er war es dann auch, der den Bau der »monumentalsten Straße Europas« zu Ende führte, nachdem Klenze sie geplant hatte.

Sie führt von der Feldherrnhalle bis zum Siegestor. Aufgereiht stehen hier unter anderem: die Landeszentralbank, das ehemalige Kriegsministerium (heute Bayerisches Hauptstaatsarchiv), die Bayerische Staatsbibliothek mit ihren rund sechs Millionen Bänden (darunter wertvolle Handschriften und Wiegendrucke), aber wahrscheinlich sind es schon längst weit mehr, kommen doch jährlich 200 000 neue Bücher dazu! Weiter geht es mit der St.-Ludwig-Kirche und den Universitätsgebäuden. Denn auch dafür ist Ludwig I. verantwortlich, daß 1826 die Universität, die 350 Jahre lang in Ingolstadt beheimatet war, nach einem kurzen Intermezzo in Landshut nach München kam. »Ich will aus München eine Stadt machen ...«, wir haben es ja schon gehört, welch hochfliegende Pläne Ludwig hatte.

Der kunstsinnige Monarch, der unter anderem auch eine Galerie mit Porträtgemälden der schönsten Münchnerinnen anlegen ließ, hat seinen kühnen Plänen in eigenen Gedichten Ausdruck verliehen. Er dichtete überhaupt gerne und kommentierte auch, wenn's sein mußte, trockene Akten mit an den Rand geschriebenen Distichen. In seinem Gedicht *In München* heißt es:

Wissenschaft und Kunst uns hier erheitern,
Wüsten machen sie zum Paradies,
Und das enge Leben sie erweitern,
Das die Blüthe ohne sie verließ.

Freundschaft, Liebe seelenvoll begeistern,
Und im Winter selbst der Frühling lacht,
Das Gefühl wird Irdisches bemeistern,
Ohne das nichts Schönes wird vollbracht.

Sicher war Ludwig ein größerer Bauherr als Lyriker. Man kann es auch so sehen wie der spöttische Heinrich Heine: »Herr Ludwig ist ein großer Poet, / Und singt er, so stürzt Apollo / Vor ihm auf die Knie und bittet und fleht: / Halt ein! ich werde sonst toll, oh!«

Aber kehren wir noch einmal zurück zur Staatsbibliothek und ihrer imposanten Freitreppe mit den vier sitzenden Steinfiguren, die Aristoteles, Hippokrates, Homer und Thukydides darstellen und von den (älteren) Münchnern gern die »vier Heiligen Drei Könige« genannt werden. In diesem Gebäude arbeitete zu Zeiten der Regentschaft Ludwigs I. als Kustos der Bibliothek ein Mann, der wieder einmal ein Beispiel dafür ist, wie man sich in den Bayern täuschen kann. Von der Gestalt her hager, vom Charakter leise und bescheiden, will er so gar nicht in das Klischeebild des sinnenfrohen, radaumachenden Pyknikers passen, als den sich viele den typischen Bayern anscheinend vorstellen.

Johann Andreas Schmeller wurde 1785 im oberpfälzischen Tirschenreuth als Sohn eines ärmlichen Korbflechters geboren. Er hat es nie leicht gehabt in seinem Leben, mußte sich alles hart erarbeiten. Zwei Dutzend Sprachen soll er schließlich beherrscht haben, und als der polyglotte Sprachenforscher, der er war, war er natürlich für eine Arbeit geradezu prädestiniert, die ihm der Direktor der königlichen Hofbibliothek vorschlug, nämlich eine Sammlung des bayerischen Wortschatzes zu erstellen. Weil Schmeller ein gewissenhafter Mann war, hat er zwanzig Jahre lang an diesem Werk gearbeitet. Zur Zeit entsteht ein zweites, neues *Bayerisches Wörterbuch* an der Akademie der Wissenschaften, die direkt am Hofgarten in einem Trakt der Residenz untergebracht ist. Wenn man hört, daß dort ein vierköpfiges Redaktionsteam arbeitet, dem Dutzende von Zulieferern draußen im Land Wortlisten zuschicken, und wenn man hört, daß dieses neue Wörterbuch in zirka 50 Jahren fertig sein wird, dann kann man vielleicht ermessen, was Schmeller geleistet hat. Er hat sein *Bayerisches Wörterbuch* – eine einzigartige Fundgrube bayerischer Sitten, Bräuche, ja Weltvorstellungen im Grunde – nämlich völlig allein erstellt. Er ist jahrelang die bayerischen Lande auf- und abgewandert, hat die Bauern befragt, hat Wörterverzeichnisse angelegt. Und war nicht einmal rundherum zufrieden, als er fertig war mit dieser gigantischen Lebensarbeit. »Nicht umsonst hab ich gelebt, wenngleich aus dem Gesetzgeber, Weltverbesserer, Dichter etc. der Jünglingsträume nur ein Wortklauber, ein Pedant geworden ist.«

So steht es, reichlich bitter formuliert, in Schmellers Tagebuch. Dieses Diarium, von seinem gewissenhaften Chronisten ein halbes Jahrhundert lang von 1801 bis 1852 »in literarischer und moralischer Rüksicht«, wie er auf dem Deckblatt vermerkt, geführt, ist ein aufschlußreiches Dokument nicht nur über die Regentschaftszeit Ludwigs I., sondern auch seines Nachfolgers, Max II. Selbstverständlich findet man hier auch Notate zu jenen Ereignissen, die 1848 München über Wochen hinweg in Aufruhr hielten und die zur Abdankung des Königs führten.

Zur allgemein revolutionären Umbruchstimmung dieses '48er Jahres kam in Bayern und speziell München ein Skandal hinzu, der die Bevölkerung mehr erregte als irgendwelche politischen Mißstände: die Affäre Ludwigs I. mit der Tänzerin Lola Montez. Eine schillernde Person war sie schon, diese wahrscheinlich 1820 in Irland geborene Eliza Gilbert. Mit ihrem ersten Mann wanderte sie nach Indien aus, ließ ihn dort sitzen und flüchtete allein wieder nach Europa. In Spanien übte sie sich in dem gerade aufkommenden Modetanz »Chachucha« und zog fortan als Tanzkünstlerin Lola Montez durch Europas Hauptstädte. Sie war eine von Warschau bis Paris bekannte *femme scandaleuse*, als sie 1847 bei Ludwig I. um Audienz bat: sie 27, er 61 Jahre alt. Ludwig, der für sich das gute, alte Recht des Monarchen auf Mätressen reklamierte, entflammte sofort. Es wurde eine richtig hitzige Affäre, die sich unter anderem in einer 350 Briefe umfassenden Korrespondenz niederschlug ... einem teilweise recht pikanten Liebesgeflüster. Die Briefe lagen rund 100 Jahre lang in der Bayerischen Staatsbibliothek, niemand schien sich so recht dafür zu interessieren. 1995 wurden sie erstmals veröffentlicht. Leichtes Entsetzen war bei den versprengt in Bayern immer noch anzutreffenden Königstreuen schon zu verspüren über ihren Ludwig, der alle Contenance zu verlieren schien angesichts dieser hergelaufenen Tänzerin. Er wünsche, ihr die Füße zu küssen, und ohne eine Art heimliches Schnüffeltuch in der Tasche, das die Montez auf sein Bitten hin an ihren intimsten Stellen hatte tragen müssen, ging er schon gar nicht mehr ans Regieren. Alles war ihm fad. Am 7. März 1848 schrieb er ihr:

Wenn Du »Deinen Ludwig« liebst ..., wenn Du mit mir leben und Dein Leben mir widmen willst, dann ist das der Beweis dafür, daß Du nicht den König, sondern Ludwig liebst. Das ist ein Sonnenstrahl in der Nacht, in der ich mich jetzt befinde. Die Kammern [des Bayer. Landtages, Anm. B.S.] so schnell einzuberufen, war sehr gegen meinen Wunsch. Ich wollte zuerst in Deinen Armen sein. Ich weiß nicht, ob es möglich ist, die Kammern zu vertagen, und ob es zwischenzeitlich für mich möglich ist, zu kommen. Aber ich habe eine große Sehnsucht, bei meiner Lolitta zu sein. [...]
Gestern nacht war die ganze Stadt erleuchtet, und ich hatte Migräne. So schlimm in diesen Tagen auch die Lage gewesen ist, so waren die Leute doch sehr höflich zu mir. Heute vor 49 Jahren bin ich nach München gekommen, ebenfalls im Schnee. Wie haben sich die Einwohner dieser Stadt geändert, die es mir verdankt, was sie ist. Dankbarkeit! Aber ich weiß, daß es ein Herz von allergrößter Schönheit gibt.

Es hat den Anschein, als hätte Ludwig überhaupt nichts verstanden von dem, was da vor sich ging in den Märztagen des Jahres 1848. Er glaubte, ihm sei alles erlaubt, einschließlich Mätresse, einschließlich diktatorischer Machtausübung (er wollte kurzerhand die Universität schließen, weil ihm die protestierenden Studenten mißfielen). Das Volk aber hatte nichts anderes zu sein als dankbar, hatte er ihm doch so ein schönes München hingebaut.

Das Volk indes stürmte am 4. März das Zeughaus und zog mit den geraubten Waffen zum Promenadeplatz. Prinz Carl, Bruder des Königs, war mutiger als Ludwig, der nur noch eins im Sinn hatte, nämlich bei seiner Lolitta zu sein. Prinz Carl schritt den Aufständischen entgegen und beruhigte sie mit mannhaften Worten und dem Versprechen, daß eine Ständeversammlung einberufen werde. Die Volksmenge zog wieder ab. Was blieb, war der ungeheure Haß auf die spanische Weibsperson, die schon Ende Februar die Stadt fluchtartig verlassen hatte, und der eher unterdrückte Groll gegen Ludwig, der aber seinerseits nach etlichen Verfassungsänderungen tief gekränkt abdankte. »Soll ich jetzt ein bloßer Unterschreibkönig sein, gebunden und gefesselt an beiden Händen, nein, das kann ich nicht«, schrieb er an einen seiner Vertrauten.

In Johann Andreas Schmellers Tagebuch erlebt man diese aufregende Zeit nach einmal ganz hautnah mit. Schon ein Jahr zuvor, 1847, künden seine Eintragungen von dem tiefen Mißtrauen und der Ablehnung gegenüber Lola Montez.

10. Febr. [1847]
Als ich Samstags (6t.) Abends auf dem Heimwege von der akademischen Sitzung über den Frauenfreithof gieng (mit mir der alte Wismayr) war ein ganzer Janhagel allerley Volkes groß und klein [...] vor dem Hause des Goldarbeiters Maierhofer versammelt in Erwartung der jetzt viel Genannten, die man darin befindlich glaubte. Es galt hier wahrlich nicht, ihr eine Bittschrift zu übergeben. Ich höre diese Art Belagerung habe bis tief in die Nacht angedauert; und vergebens, denn die Andalusin habe sich aus dem innern Hofe mittels Leitern in das Gasthaus des weißen Lammes steigend, unbemerkt der Volksdemonstration zu entziehen gewußt.

28. Febr.
Sonntag. Grimmig kalter Wind, der mit Staubwolken auf den nackten Straßen und Plätzen sein Spiel treibt. Ähnlich ist die Stimmung des Vaterlandsfreundes, der sich betrachtet was für Wirbel das nächste politische Leben bewegen. Manchem wird so trostlos zu Muthe, daß er denken darf: Lola Montez finis Bavariae.

Die eigentlichen Revolutionstage erlebte Schmeller daheim ... er hatte sich im Oktober 1847 bei einer Bergtour in Südtirol den Oberschenkel gebrochen. Seine Begeisterung jedoch war nicht minder groß.

[2. März 1848]
In der Nacht Straßentumult. Dem Ministerverweser Berks (Lolomanen) in seiner Wohnung (dem Damenstift) in meiner Nähe die Fenster eingeworfen. Dasselben mehrern andern Häusern in der Stadt wiederfahren.

6.
Daß ich gerade auch in diesen Tagen noch ein Gefangener seyn muß! Das für München, Bayern Unerhörte, was auf dem Rathhaus gesprochen, was am 4ten gethan worden weiß ich nur aus Martius', Stölzl's, Neumanns, Rockinger's, Tutscheks Berichten.

21. März 1848
Beim Erwachen vernehme ich aus der Mutter Munde, die da kommt mir wieder ein Bad zu bereiten:
König Ludwig hat wirklich noch gestern dem Throne entsagt.

30. März
Noch weiter hab ich mich diesen Mittag an Maxens Arm mit Franz und Emma gewagt, bis zur Ecke am Odeonsplatz. Ein Fiaker brachte uns vollends bis unter die Tausende, die da stunden vor der Feldherrnhalle, auf deren Plattform die schwarzrothgoldne Fahne, das Symbol und Verbrüderungszeichen aller Deutschen, unter Absingung von Liedern und Hochrufen feierlich aufgezogen wurde.

→ »Das Gesindel mag zusehen, wo es in Zukunft Obdach findet«

DIE GOLDENE PRINZREGENTENZEIT
ODER AUFBRUCH IN DIE MODERNE?

Vierter Spaziergang: Ludwigsbrücke und Museumsinsel (Deutsches Museum) – Steinsdorfstraße – Maximiliansbrücke – Praterinsel

Ihn hatten die Tage, wo die Münchener es wagten, den Begriff des Allerheiligsten anzutasten, aus allen Geleisen gebracht. Das Unmögliche schien möglich geworden zu sein, es stemmte sich als unüberwindbare Trutzburg gegen den erhabenen Willen des Monarchen.

Josef Ruederer, aus dessen Roman *Das Erwachen* dieses kurze Zitat über die Abdankung König Ludwigs I. stammt, ist ein echtes Münchner G'wachs. In seiner Familiengeschichte spiegeln sich beispielhaft die weichenstellenden Epochen der Stadtgeschichte. Sein Großvater, Gastwirt und Ökonom aus Odelzhausen westlich von München, kam wie so viele in der Phase der Stadterweiterung, wie sie unter Ludwig I. stattfand, nach München. Er pachtete eine Wirtschaft in der Nähe der alten Schießstätte, und das war genau das Gelände, auf dem wenig später der Hauptbahnhof gebaut wurde. Da kam man natürlich bald zu viel Geld. Im Schatten des Alten Peter am Rindermarkt konnte man sich wenige Jahre später ein nobles Bürgerhaus leisten, Ruederers Vater führte im Erdgeschoß eine Spezereiwarenhandlung, und am Marienplatz hatte er sein Bankgeschäft.

Im Wohnhaus am Rindermarkt ist Josef Ruederer zur Welt gekommen, am 15. Oktober 1861. Zwar beugte er sich anfänglich noch dem Willen des Vaters, der aus ihm – was anderes war in dieser Familie ja nicht denkbar – einen Kaufmann machen wollte, schließlich aber setzte er seinen Kopf durch und wurde Schriftsteller. Er schrieb das Skan-

← Die Villa des Malerfürsten Franz von Lenbach ist heute Städtische Galerie

dalstück *Die Fahnenweihe*, in dem er sich schon sehr früh, 1895, mit der für bayerische Verhältnisse typischen Spezlwirtschaft befaßte. (Spätestens seit den Tagen Franz Josef Strauß' und Max Streibls nennt man das auch Amigo-Geschäfte.)

Sein ambitioniertestes und größtes Vorhaben aber war eine Roman-Tetralogie über Münchens Stadtgeschichte seit den Tagen Ludwigs I. – natürlich unter besonderer Berücksichtigung seiner eigenen Familienchronik. Fertig wurde davon leider nur der erste Teil, *Das Erwachen*, in dem die Geschichte des Großvaters und seines Grundstückcoups am Hauptbahnhof eine wichtige Rolle spielt. Schade, schade, kann man nur sagen, denn was hätte uns dieser Meister satirischer Breitwand-Prosafresken alles noch erzählen können ... aus den Tagen des wahnsinnig gewordenen Ludwigs II. beispielsweise oder auch über die grundlegende Wandlung der Stadt durch den Einbruch der Moderne in der zweiten Hälfte des 19. Jahrhunderts.

Statt der monumentalen Roman-Tetralogie haben wir so leider nur ein paar kleinere Stücke von Ruederer, etwa die »Satiren und Erzählungen« aus dem Band *München. Bierheim und Isar-Athen*. Darin findet sich auch ein Porträt der besseren Gesellschaft, wie sie in den Jahrzehnten vor und nach 1900 in München tonangebend war. Zu ihnen gehörten die berühmten Malerfürsten, die hier wirklich wie Fürsten lebten. Zum Beispiel der aus Schrobenhausen stammende Franz Lenbach, Sohn eines Maurermeisters, der einer der begehrtesten Porträtmaler seiner Zeit wurde. Er, der sich von Gabriel von Seidl eine noble Villa im Neo-Renaissancestil bauen ließ (heute städtische Galerie im Lenbachhaus in der Schwabinger Luisenstraße), ließ seine Umgebung durch autokratisches Auftreten spüren, welch ungeheures Selbstbewußtsein er hatte.

Ein Renaissancemensch. So hat ihn einmal in öffentlicher Verhandlung Münchens bekanntester Verteidiger, der ebenso geschickte wie witzige Max Bernstein, genannt. Das Wort war schon damals ziemlich verbraucht, weil es jeder Kaffeehausliterat auf sich selber bezog oder auf den, der ihn zu einem solchen machte. Auf Lenbach paßte es trotzdem. Weniger auf die Art seiner nicht sehr selbständigen Malweise, sicher aber auf seine Persönlichkeit. Wie ein Mann, der sich aus dem Niedersten emporgearbeitet hatte, kannte er einzig sich selber, wie ein Kondottiere schlug er alles tot, was sich ihm in den Weg stellte, wie ein Großer hat er gelebt, und wie ein ganz Großer ist er gestorben.

Die Münchner Gesellschaft aber ist die in tiefster Trauer Hinterbliebene. Drei Jahre kaum ist der Meister tot, und schon weiß kein Mensch mehr, wer schön ist, und wer nicht. Unetikettiert ziehen die Damen einher, niemand kümmert sich um sie, niemand rubriziert sie, niemand sagt ihnen, wie sie sich anziehen sollen.

Fritz August von Kaulbach malt zwar auch schöne Frauen. Er hat Aufträge, daß er sie kaum bewältigen kann, er hat auch eine Villa im römischen Stil. Nicht gerade vor den Propyläen, doch in einem nicht minder klassischen Viertel, gegenüber dem Atelier seines Onkels, des einst so gefeierten Wilhelm von Kaulbach. Auch macht er großes Haus, wie's die Gesellschaft verlangt. Trotzdem trennt ihn von Lenbach eine weite Kluft. In der Malerei sowohl wie in der diktatorischen Gewalt des Oberbayern.

Also vielleicht Franz von Stuck? Der wäre bei Passau geboren, gibt noch berühmtere Festlichkeiten und hat ein Haus, das, wenn auch nicht römisch, an Geschmack und Eigenart wohl rivalisieren könnte. Aber auch er dürfte der Rechte nicht sein. Zu unbeweglich im Ausdruck, gesichtlich wie sprachlich. Zu viel niederbayrischer Moltke im Gegensatz zur dreinfahrenden Bismarcknatur des Schrobenhausener Meisters. So etwas vererbt sich eben nicht von heute auf morgen. Das fühlt die Münchner Gesellschaft am besten. Sie tastet, sie sucht; am liebsten ließe sie inserieren. Denn einen Führer braucht sie nun mal. Und kann's ein Maler nicht sein, dann ein anderer.

Das ist um 1900 herum geschrieben und liest sich wie eine visionäre Vorausschau auf einen verkrachten Kunstmaler, der im Mai 1913 mit dem Zug aus Wien am Münchner Hauptbahnhof eintreffen wird. Als ob er ein Inserat gelesen hätte, das nie veröffentlicht wurde: München sucht Führer. Alle einflußreichen Kreise der Stadt, vom Polizeipräsidium über die Justiz bis hin zu den vermögenden Verlegersfamilien Bruckmann und Lehmann, halfen ja dann auch tatkräftig mit, ihn genau zu dem zu machen ... zum Führer ins unermeßliche Unheil. »Hittler« schrieb man seinerzeit als angegebenen Namen in den Meldezettel ...

Aber ich greife etwas weit voraus. Noch ist München nicht Hauptstadt der Bewegung, sondern in der Tat eine Mischung aus Bierheim und Isar-Athen. Wir befinden uns in »Münchens goldenen Jahren«, so die gern gebrauchte Apostrophierung für die Prinzregentenzeit 1886 bis 1912, etwa als Buchtitel von Siegfried Obermeier für eine Veröffentlichung aus dem Jahr 1976. Ganz anders der Geschichtsprofessor Friedrich Prinz. Er nannte den von ihm mitherausgegebenen, sehr lesenswerten Sammelband *Musenstadt mit Hinterhöfen*. Das trifft die Ambivalenz dieser Jahrzehnte weit besser.

Den Namen gab der Epoche Prinzregent Luitpold, der ab 1886 die Geschicke Bayerns lenkte, nachdem der geistig umnachtete König Ludwig II. auf rätselhafte Weise im Starnberger See umgekommen war. Nach dem Gesetz war Ludwigs Bruder Otto nun König von Bayern, aber den sperrte man 30 Jahre lang im Schloß Fürstenried weg, der war nämlich ebenfalls wahnsinnig. Wahrscheinlich alles eine Folge der fortgesetzten Inzucht innerhalb der europäischen Dynastien.

Der Prinzregent war ein leutseliger Mensch und Liebhaber der Hirschjagd, was in Bayern immer gut ankommt (und wenn einer gar noch bei der Hirschjagd stirbt, wie Franz Josef Strauß, ist ihm ewiges Andenken sicher). Sparsam war er auch, was positiv auffiel nach der ungeheuren Verschwendungssucht Ludwigs II., auch wenn Franz Blei über die Knausrigkeit des Prinzregenten spöttelte, »seine Zigarren waren bei allen, die er damit beschenkte, gefürchtet«. Hauptsache, das Volk fühlte sich nicht groß gestört bei seiner Gemütlichkeitsorgie. Zumindest nicht von der Obrigkeitsseite her. Wenn Bewegung und Turbulenz in die Zeitläufte kamen, dann aufgrund des massiven Einbruchs der technischen Moderne.

Es gibt in München dafür ein steingewordenes Symbol, das Deutsche Museum auf der im Isarbett gelegenen Insel bei der Ludwigsbrücke. Hier wäre denn auch ein möglicher Einstieg in jenen vierten Spaziergang, der durch ein sich rapide verwandelndes München führt, auch wenn das Klischee von der guten, alten Prinzregentenzeit es gerne anders hätte.

1903 auf einer Versammlung des Vereins der Deutschen Ingenieure VDI präsentierte Oskar von Miller seinen Plan für das weltweit erste Museum, das allein den Errungenschaften der Technik gewidmet sein sollte. Neue Technologien hatten gerade in den zurückliegenden zwei Jahrzehnten mächtig Einzug gehalten in der Stadt, und zwar nicht museal, sondern im praktischen Leben. 1893 wurden die ersten Straßen um den Marienplatz herum von elektrischem Licht beleuchtet und nicht mehr von Gaslaternen. 10 Jahre zuvor führte man die ersten Telefongespräche in der Stadt – 145 Teilnehmer hatte das Telefonnetz gerade einmal. Und bevor die Datumsanzeige auf die ominöse Zahl 1900 umsprang, führte man noch schnell eine Zählung aller in der Residenzstadt zugelassenen »Einspänner-Chaischen ohne Pferd und Deichsel« durch, das Gerase der Automobile mit satten 12 km/h nahm für manchen anscheinend schon bedrohliche Ausmaße an. Man zählte genau 26 Fahrzeuge.

All diesen menschheitsbeglückenden Erfindungen wollte man also ein Museum errichten (wer heute die Technikschau des Deutschen Museums besucht, kann Pionierleistungen der Luft-, Schiff- und Raumfahrt ebenso bewundern wie Phänomene der Elektrizität, Lokomotiven aus der Frühzeit der Eisenbahn und sonstige Kraftmaschinen). Man suchte sich dafür einen Bereich der Stadt aus, der seit den 1880er Jahren ein heftig umkämpfter war: die beiden Isarufer. Vor allem die Steinsdorfstraße, die am linken Ufer von der Ludwigs- zur Maximiliansbrücke führt, war begehrtes Objekt verschiedener Bauspekulanten. Michael Georg Conrad kann ein Lied davon singen. Ein rauschendes Lied!

Sage und schreibe 10 Bände sollte sein monumentaler Münchenroman mit dem wunderbaren Titel *Was die Isar rauscht* umfassen. In der Manier Emil Zolas, den sich Conrad bei einem Paris-Aufenthalt zum Vorbild genommen hatte, wollte er das große, naturalistische Bild Münchens im Umbruch zeichnen. Wie schon Freund Ruederer mußte auch Conrad mittendrin passen; nach Band drei war Schluß. Und dennoch ist dieses Torso gebliebene Prosa-Monument mit Interesse zu lesen, und zwar wegen seiner Zeitkritik.

Im Grunde ist *Was die Isar rauscht* ein früher Vorläufer von Münchner Sittengemälden, wie sie später Lion Feuchtwanger in seinem zweibändigen Roman *Erfolg* gibt oder noch später, medial gewandelt, wie es unsere Zeit verlangt, Helmut Dietl und Patrick Süskind mit ihrer so erfolgreichen Fernsehserie *Kir Royal* (aus der das BR-Fernsehen – Stichwort Amigo-Geschäfte – eine offenbar für bayerische Zuschauer unzumutbare Szene herausschnitt). Schon bei Conrad ist von Wohnraumspekulation die Rede, und in einer Art Bürgerversammlung läßt er in seinem Roman einen Redner dagegen wettern:

»Unser Volksverein hat vernommen, daß nächstens der Ausbau der Quaistraße, d. h. die vollständige Umgestaltung und Neubebauung des linken Isarufers in München, in großem Stile durchgeführt werden soll; das halbe Lehel, die Ländstraße, die Wasser- und Auenstraße werden diesem Plane zum Opfer fallen. Hunderte von armen Familien, die seit undenklichen Zeiten still und zufrieden da gewohnt, werden von den Isarufern vertrieben oder in ungesunde Kellerwohnungen oder in entlegenere Pesthöhlen des Proletariats gedrängt werden. Der Grund und Boden, an den uns so viele Familienerinnerungen knüpfen, der uns gewissermaßen heilig ist, wird uns von der Bauspekulation entrissen, um ihn mit glänzenden Straßen, mit Villen und Zinspalästen zu bedecken. Uns einen Ersatz dafür zu bieten durch die Anlage von gesunden und billigen Arbeiterwohnungen in nicht zu großer Entfernung von dem Weichbilde der Stadt und dem uns liebgewordenen Flusse, daran scheint keiner der Herren Spekulanten, die doch auch unsere Mitbürger sind, zu denken. Dabei wäre ja wenig oder nichts zu verdienen! Das Gesindel mag zusehen, wo es in Zukunft Obdach findet! Es kann ja in irgend einer Arbeiterkaserne Unterschlupf suchen! Luxuriöse Herrschaftswohnungen herzustellen, das verspricht diesen Herren vom Raubbauwesen ein besseres Geschäft, als das Erbauen von zweckmäßigen Wohnungen für Arbeiter, kleine Beamte und andere Angehörige unserer weißen Kultursklaverei. Was brauchen diese armen Schlucker überhaupt zu wohnen und Familienwohnungsbedürfnisse zu entwickeln? Es ist auch weit sicherer und angenehmer, eine Wohnung um 1200 Mark zu vermieten an eine sogenannte feine Partei, als drei Wohnungen zu 400 Mark an Leute, die es trotz aller Anstrengung nicht weiter bringen, als von der Hand in den Mund zu leben.«

Die als Spekulanten von Conrad dargestellten Baulöwen haben letzten Endes den Konflikt gewonnen. Man kann sich noch heute davon überzeugen, wenn man die Steinsdorfstraße hinunterflaniert und zwischen neueren Bauten auch noch einige dieser heute sündteuren Gründerzeit-Villen findet. Wer sich dort eine Wohnung leisten kann, hat natürlich einen herrlichen Blick, unter anderem auf die Praterinsel (wo früher eine Likörfabrik war, heute Räume für allerlei Kunstveranstaltungen), auf das Müllersche Volksbad (eines der letzten original erhaltenen öffentlichen Hallenbäder Europas aus der Zeit um 1900) und auf den Friedensengel und das Maximilianeum, den Sitz des Bayerischen Landtags.

All die genannten Baulichkeiten wurden während der Regierungszeit von Prinzregent Luitpold vollendet. Und dazu kamen noch jede Menge Mietskasernen und Nobelvillen ... die enorme Bevölkerungszunahme machte es nötig (im Jahre 1900 erreichte München als dritte deutsche Stadt nach Berlin und Hamburg die Marke von 500 000 Einwohnern). Es gibt viele wortreiche Beschreibungen dieser Bauten ... kaum jemand aber hat einmal beschrieben, *wie* sie errichtet wurden, unter welcher Plackerei und welchem Elend. Doch, eine Autorin, eine sehr bemerkenswerte, leider aber in der bayerischen Literaturgeschichte völlig vergessene. Sie kommt in keiner der einschlägigen Anthologien und Literaturgeschichten vor: Anna Croissant-Rust.

Fast drei Jahrzehnte lebte die 1860 im rheinpfälzischen Bad Dürkheim geborene Autorin in einem schmucken Biedermeierhäuschen in der Pasinger Gartenkolonie. Also nicht mitten in Schwabing, aber dennoch hatte sie mit den dortigen Künstlerkreisen rege Verbindung. Bei der gänzlich uneitlen, still und zurückgezogen lebenden Autorin trafen sich unter anderem regelmäßig: Oskar Panizza, Otto Julius Bierbaum, Detlev von Liliencron, Ruederer und auch Michael Georg Conrad. Er war es, der Anna Croissant-Rust das allererste Mal veröffentlichte, in seiner Zeitschrift *Die Gesellschaft*. Sie sollte *das* Forum der neuen Literaturbewegung des Naturalismus werden. Alle wichtigen Autoren veröffentlichen hier Texte der unterschiedlichsten Art und Güte. Den naturalistischsten Text über München aber schrieb die kleine, zierliche, unauffällige Anna Croissant-Rust. Ein Text von kompromißloser Härte.

Feierabend spielt im Milieu der Mörtelweiber, die auf den Baustellen als Lastenträgerinnen unglaubliche Knochenarbeit zu leisten hatten. Die Kathl und die jüngere, vitalere Marie rivalisieren um den Maurer Peter, der zwar der Kathl ein uneheliches Kind anhängt, letzten Endes aber mit der Marie davonzieht. Besonders eindrücklich sind vor allem die Schilderungen, wie es auf einer solchen Baustelle, die es damals an allen Ecken und Enden in München gab, zuging. Die Erzählung spielt in Schwabing, damals noch ein Proletarierviertel mit mehrstöckigen, einfachen Mietshäusern.

Der Bauplatz ist groß, von den Hintergebäuden und Höfen der Heßstraße begrenzt, alles grau und öde. Wäsche hängt von den eisernen Balkonen, die Vorhänge der großen Atelierfenster sehen schmutzig und farblos aus, Ruß und Schmutz liegt auf den Dächern der Waschküchen. [...] Eine Katze schleicht tappend über die Dächer, Qualm dringt aus den Schornsteinen, bald drückt ihn der Wind nieder, bald führt er ihn stoßweise fort. Ein harter eisiger Nordost, der den Schnee vor sich hertreibt und durch den fertigen Rohbau am Ende des Platzes saust.
Dort wird eine Ladung Backsteine abgeladen. Oben darauf, neben dem Knechte, hockt ein junges Weib, das ihm zuerst die Steine abnimmt und sie dann weiter gibt. Ein kräftiges Weib. In dem abgetragenen Leibchen steckt ein breiter Rücken, eine feste, entwickelte Brust. Sie sieht gesund und wetterfest aus mit ihren krausen Haaren, die sich aus dem rückwärts geschlungenen Kopftuch vordrängen, arbeitet ohne Anstrengung und lacht und schreit dabei, weil der Knecht versucht, ihr näher zu rücken und mit tappenden Händen nach ihr greift. Sie wird von zwei Seiten beobachtet. Das Weib drunten, das ihr die Steine abnimmt, horcht auf jedes Wort, und nebenan in der Grube der junge Kerl läßt sie nicht aus dem Auge. [...]
»No Kathl, wos is, wos schaugst mi allweil so an? und 's Oarwed'n geht a nimmer, geh hoam, leg di ins Bett, schaugst a so aus zun Umfai'n«, höhnt die Robuste droben auf dem Wagen.
»Dös tauget halt dir, wenn i gang«, erwidert verbissen die Andere, »grad nöt, i wart'n Petern ab, hob a Wörtl mit eahm z'dischkrier'n.«

»Is a so bald Feierabend«, schreit ein etwa fünfzehnjähriger Maurersbub, in seine blauroten Hände blasend. Dicht neben Kathl steht er, sie frech anlachend.
Dann spuckt er in die Hände und alle drei arbeiten wortlos weiter im Zwielicht und der wachsenden Kälte des Februarabends. –
Vom Turm der Ludwigskirche schlägt es sechs Uhr.

Anna Croissant-Rust ist eines von vielen Beispielen für Literat(inn)en, die diese Stadt unwiderstehlich anzog, die sich hier niederließen und heimisch wurden. Doch nicht immer endete dieses verheißungsvolle »Auf nach München« mit einem beschaulich-glücklichen Leben in einem Biedermeierhäuschen am Stadtrand. Für wie viele mag München nicht Aufbruch, sondern Endstation gewesen sein? Die unglückliche Lena Christ steht mit ihrem Schicksal als exemplarischer »Fall« für die dunklen, abgründigen Seiten der eben nicht nur golden glänzenden Prinzregentenzeit. Sie hat ihr bitteres Leben in einem Buchtitel zum Ausdruck gebracht, wie er nüchterner nicht sein könnte: *Erinnerungen einer Überflüssigen.*

Geboren wurde Lena Christ 1881 als uneheliches Kind im östlich von München gelegenen Glonn. Anfänglich wuchs sie beim Großvater auf. Als die Mutter sie zu sich nach München holte und zu einem ihr fremden Stiefvater, war sie sieben Jahre alt. Sie hatte von nun an mitzuhelfen in der Gaststätte der Eltern, erlebte zwei Jahre lang das rigide Erziehungssystem einer katholischen Klosterschule und litt vor allem und immer wieder unter ihrer tyrannischen Mutter. Deren Bestrafungen kamen, schreibt Lena-Christ-Biograph Günter Goepfert, »Folterungen gleich«. Um all diese schlimmen Erfahrungen zu verarbeiten, schrieb Lena Christ ihre *Erinnerungen* – ein ungewöhnliches Debüt, mit dem sie 1912 die Literaturbühne betrat. Wer beginnt seine Schriftstellerinnenkarriere schon mit Erinnungen (es folgten dann noch zwei Romane sowie etliche kürzere Prosaarbeiten)? Wahrscheinlich nur jemand, der all das erlebt hat, was Lena Christ mitmachte ... einschließlich des Selbstmordversuches als Neunzehnjährige. Wieder einmal war es zu einem fürchterlichen Streit zwischen Mutter und Tochter gekommen, im Grunde einer Bagatelle wegen.

Ich [...] ergriff das große Tranchiermesser, legte erst die eine und dann die andere Hand auf den Hackstock und schnitt mir an beiden Armen die Pulsadern durch. Dann lief ich zum Schlüsselbrett, nahm die Kellerschlüssel, rannte die Stiege hinab, schloß mich in den Weinkeller ein und kauerte mich in einen Winkel und hoffte stumpfsinnig auf den Tod.

Nur weil zufällig eine Nachbarin die Szene von der Durchreiche der Gassenschenke aus beobachtete, wurde Lena Christ überhaupt noch vom Stiefvater und einem Bekannten rechtzeitig entdeckt.

Sie hoben mich auf und brachten mich zum nächsten Bader, der mir einen Notverband anlegte und mich dann zu einem Arzt fahren ließ. Dort wurden die Wunden genäht, wobei es der Doktor nicht an anzüglichen Reden fehlen ließ, da ja gemeiniglich nur nach der Tat, selten aber nach Grund und Ursach geforscht wird.
Darauf brachte man mich wieder nach Hause, und meine Mutter empfing mich sofort mit den Worten: »Hat di jatz der Teufi no net gholt! Bist no net hin?«

Solche Worte müssen ja ein ganzes Leben vergiften und als böses Omen über ihm stehen bleiben. Lena Christ endete 1920 tatsächlich durch Selbstmord ... sie hatte, heillos verschuldet, die Signaturen wertloser Gemälde gefälscht. Als die Sache aufflog, vergiftete sie sich auf dem Waldfriedhof, nachdem ihr Ehemann Peter Benedix, selbst Schriftsteller und Förderer der Christ, ein Fläschchen Zyankali gebracht hatte.

Für Lena Christ war das Isar-Athen der Jahrhundertwende nicht die Stadt, die Thomas Mann 1902 mit dem berühmten Anfangssatz seiner Erzählung *Gladius Dei* meinte: »München leuchtete«. Gleichwohl sahen das viele ähnlich wie der Lübecker, der 1894 an die Isar gekommen war, hier seine Ehefrau Katia kennenlernte, Tochter des jüdischen Mathematikprofessors Pringsheim. Thomas Mann schrieb hier einige seiner großen Werke, *Buddenbrooks, Tonio Kröger, Der Tod in Venedig, Der Zauberberg*, und wurde weltberühmt. Es ist gar nicht mehr weit bis in die Poschingerstraße, wo die herrschaftliche Villa der Familie Mann stand. Wir brauchen nur die Maximiliansbrücke überqueren und uns hinauf ans rechtsisarische Hochufer begeben. Hinter dem Bayerischen Landtag ist am Max-Weber-Platz eine Haltestelle der Trambahnlinie 18, sie wird uns dann an den Ausgangspunkt des nächsten Spazierganges bringen (an den Herkomerplatz).

Das Maximilianeum, von König Max II. als Erziehungsinstitut für Hochbegabte geplant (seit 1949 Sitz des Bayerischen Landtags), kann auch als Symbol für ein München stehen, das um 1900 im Ruf stand, wenn nicht politische, so doch kulturelle Hauptstadt Deutschlands zu sein. Außer Berlin gab es keine Konkurrenz. Was München für viele so anziehend machte, war die legere südliche Lebensart, der sinnenfrohe bayerische Barock. Der Hannoveraner Jude Theodor Lessing, streitbarer Publizist und Verkünder einer *Philosophie-als-Tat*-Lehre, hat das sehr schön, wenn auch mit einigen literarischen Übertreibungen, beschrieben. In seiner Autobiographie *Einmal und nie wieder* blickt er auf seine Studentenjahre an die Isar zurück:

Uns norddeutsche Studenten, Saupreußen benannt, gefiel die sinnenfrohe Schlamperei einer Bevölkerung, so bärenhaft dumpf im Gehirn, wie hochgewachsen in den Hüften. Dieses Volk wusch sich nicht und badete nicht und war doch kunstnäher, als die gewaschene Menschheit des Nordens, wo der Spießbürger die erste Geige spielt. [...] Katholischer Himmel goß Süßigkeit über die Grobiane. Himmelblaue Madönnchen am Wiesenrain, Zwiebeltürme, Kapellen und die Marterln, die Heiligen, die Fahnen der Prozession erzogen die Lackeln und damischen Schlampen zu Grazie und zarterem Gefühl, und es war rührend zu schaun, wenn so ein Rohling, den Schlagring am dicken Daumen und barbarische Blechringe im Ohrläppchen, vor seinem Namenspatron a Glockenbleamerl niederlegt und ein derbes Marktweib zwischen zwei Halunkereien schnell in Sankt Peter einen Rosenkranz betet »für die armen Seelen im Fegfeuer«. [...]
In unserm geliebten Bier-Kulturdorf brauste Jugend: Schüler, Studenten, Akademiker. In jedem dritten Hause winkte ein Café. In jedem Café tirilierte eine reizende Kellnerin. Jede Kellnerin war umblüht von einem himmelblauen Blumenkranze süßer Wasser-

madel. Ihnen schenkte man statt fünf Pfennig ein Isarveilchen, ein Busserl. Alle Geschäfts- und Büroangestellte waren weiblich und wie weiblich! Sie waren nicht abweisend, wie unsre nordischen Albino, die strohblonden, schellfischäugigen. Sie waren kätzchenhaft, eidechsenhaft, schlangenhaft, schon fast lateinisch, romanisch, italisch. Bauernmadel, die zum Dienst in die Hauptstadt geschickt, wie in Japan die holden Geishas in die Liebesschule, mit uns und von uns ihre Heiratskenntnisse erwarben und so Gott will einen stattlichen Schüler, Studenten, Akademiker. Duljöh!

Schlagartig bekannt, und zwar in ganz Deutschland wurde der damals noch junge Publizist Theodor Lessing durch seine kämpferische Parteinahme für einen Schriftstellerkollegen, der wie kein zweiter im wilhelminischen Deutschland gehaßt und verfolgt wurde: Oskar Panizza. Dessen Theaterstück *Das Liebeskonzil* hatte 1895 am Königlichen Landgericht München ein Verfahren wegen »Vergehens gegen die Religion« nach sich gezogen – Lessing nahm für den Autor Partei in seiner Schrift *Der Fall Panizza* und verwahrte sich gegen die Einmischung von Schwurgerichten in künstlerische Dinge, übrigens ohne das Stück überhaupt zu kennen.

Lessing war da ziemlich der einzige. Die Münchner Presse, Staatsanwälte und Gutachter, sie alle erklärten Oskar Panizza für bösartig und verrückt aufgrund seines Stückes, in dem ein alter, trotteliger Gottvater auftritt und der päpstliche Hof in Rom als ein einziger lasterhafter Orgien-Pfuhl dargestellt wird. Man verurteilte Panizza zu einem Jahr Gefängnis, eine Strafe, die er im oberpfälzischen Amberg absaß. In der dortigen Strafanstalt schrieb er seine *Dialoge im Geiste Huttens*, ein bitterböses Pamphlet, in dem er unter anderem auch mit der Stadt München abrechnete. Er läßt dort einen Einheimischen sich mit einem Fremden unterhalten. Der Einheimische, leidend an seiner Stadt, vor allem an deren katholischem Obskurantismus, wünscht sich eine Welle von Zuwanderern, wie sie ja um die Jahrhundertwende wirklich über München hereinschwappte. Er erhofft sich davon ein anderes Geistklima in der Stadt.

Einheimischer.

Wenn nur ein großer Rutsch aus dem Norden hereinbräche, eine kaltsinnige, fischartige, protestantische Einwanderung statthätte, um diese versumpfte, romanische, mariologische Bevölkerung aufzufrischen, um diesen Jesuitenstil umzubiegen, die allzu lauen Herzen kräftiger schlagen zu laßen ...

Fremder.

Das hilft Nichts. Das fand schon unter Ihrem König Max statt. Abgesehen davon, daß die Stok-Münchener dafür ihren König fast vergifteten, wurden die Ankömlinge bald überwältigt, zahm, matsch – das liegt hier in der Luft – der genius loci heißt hier: Quietismus, In-Sich-Selbst-Versenkung, eine Art oberbairischer Buddhismus, wie ihn die Bauern von Feldmoching ausgebrütet haben – hier unterliegt Alles, Friese, Pommer, Däne; nach einem Viertel Jahr sind sie bojfizirt; eine Verzückung ergreift sie, die Augäpfel treten heraus, werden leuchtend, die Herzmuskelfaser wird zart und biegsam, sie begreifen nicht, wie man Norddeutscher sein kann ... nein, nein, laßen Sie diese Stadt, dieses Eldorado der sinlichen Büßer, dieses Capua der Gefühle; ein Gretna-Green muß es in Deutschland geben, wo man, entfernt von den Kämpfen abendländischer Geister, sich mit dem All, dem Brahma des Hopfen-Himmels, dem lallenden Gebetszustand nach oberbairischer Vorstellung vereinigen kann.

→ »... eine der prächtigsten Scenen in der Natur«
EXKURS ZUM STARNBERGER SEE

Mit der S 6 nach Starnberg

»Fünf mäßige Stunden«, so lang dauere die »vergnügte Reise« von München an den Starnberger See ... behauptet jedenfalls Lorenz von Westenrieder in seiner 1784 erschienenen *Beschreibung des Wurm= und Starenbergersees*, mit der er endlich eine ›Marktlücke‹ schließen wollte. Ihm war nämlich aufgefallen, daß außer einigen »meist magern« Beschreibungen noch niemand die überaus reizvollen Seen, mit denen das Vaterland reichlich gesegnet sei, gebührend gepriesen habe. Der Polyhistor und unermüdliche Landesbeschreiber Bayerns machte den Anfang. Und zwar gleich mit einem 160seitigen Büchlein, denn: »alles, was in seiner Art gesehn zu werden verdient, so gering es seyn mag«, Westenrieder gelobte, es penibel zu vermerken und aufzuschreiben.

Und da gibt es in der Tat rund um den Starnberger See jede Menge zu vermerken, ob das die Schlösser im Ort Starnberg, in Ammerland und Berg sind, ob das die Rottmannshöhe ist oder die am Rande des Sees gelegene Roseninsel, wo sich die spätere österreichische Kaiserin Elisabeth so gerne aufhielt und Gedichte schrieb. Die Sisi ist nämlich ein Kind des Starnberger Sees.

Um diesem besonderen genius loci nachzuspüren, hat es viele Künstler und Schriftsteller an den Starnberger See gezogen. Wer etwas auf sich hält, hat hier ein Domizil ... und sei es nur fürs Wochenende. Vicco von Bülow alias Loriot lebt hier, dem Dramatiker Tankred Dorst gefällt es ebenso am Seeufer wie dem Schriftsteller und Hanser-Verlagsleiter Michael Krüger oder dem Romancier und *Kursbuch*-Her-

← Was geschah hier wirklich? Die Stelle am Ufer des Starnberger Sees, wo König Ludwig II. ertrank

ausgeber Tilman Spengler. Der erste aber, wie gesagt, der den Reiz des Starnberger Sees auch reiseliterarisch festzuhalten versucht hat, war Lorenz von Westenrieder.

Sein Wasser ist von schöner hellblauer Farbe, frisch und durchsichtig, und in steter Bewegung. [...] Er hat fünf Stunden in der Länge, anderthalb Stunden in seiner größten Breite, und eilf Stunden im Umkreis. Seine größte Tiefe (bey Allmanshausen) ist 140, und noch mehrere Klafter. [...]
Die sanften Berge, welche sich zu beyden Seiten längst dem See hinabziehen, sind größtentheils mit anmuthigen Waldungen, zwischen welchen schöne, frische Felder und Wiesen innen liegen, wie mit einer Tapete, geziert. Am Fusse der Hügeln liegen, im romantischen Reitz, einsame und ärmliche Schifferhütten, aber auf den ofnen Anhöhen erblickt man, fast immer in Entfernungen von weniger als einer Stunde, ansehnliche Schlösser mit Thürmen, und Mauern, und darunter einzelne Kirchen, beyderseits den ganzen See hinunter, an dessen Ende die, wiewohl noch weit entfernten bairischen Alpen, und hinter diesen, die himmelhohen Felsen, und Schneegebirge sich aufthürmen. Gewiß eine der prächtigsten Scenen in der Natur.

Wie wahr! Und die sollte man sich, wenn möglich, nicht entgehen lassen. Darum sei allen Münchenbesuchern wärmstens empfohlen, den Starnberger See bei ihrer Reiseplanung nicht zu vergessen. Auch braucht man ja keine fünf mäßigen Stunden mehr, um dort hinzugelangen. Mit der S-Bahn Linie 6 ist man vom Marienplatz aus in 35 Minuten in Starnberg. Und als Vorbereitung auf die Ankunft liest man am besten Karl Valentins Monolog *Neues vom Starnberger See*, danach ist man restlos aufgeklärt ... über die Untiefen des Sees genauso wie die der Sprache.

Der Starnberger See selbst ist melancholisch, was bei anderen Seen stets meistens auch immer hie und da sehr oft der Fall ist. Einer alten Sage nach aus dem Jahre 1925 sollen sich vom Undosabad aus vorigen Sommer aus unbekannten Ursachen Tausende von Menschen in den See gestürzt haben; dieselben konnten sich aber Dank ihrer guten Schwimmkenntnisse alle selbst aus den Wellen befreien. Im selben Jahre ereignete sich auch noch ein anderer bedauernswerter Unfall. Ein Mann stieß mit dem Ruderboot, ungefähr 50 Meter vom Ufer entfernt, an eine grüne Schlingpflanze, sogenannte Wasserrose, an, das Schiff kippte um und im Handumdrehen fiel der Mann in das in der Nähe befindliche Wasser. Breit und weit kein Mensch, der dem Ärmsten Hilfe bringen konnte, trotzdem er fortwährend um Hilfe schrie. Zufälligerweise kam ein Briefbote daher und bemerkte die Hilferufe des um Hilfe Schreienden. Statt nun wacker (nicht identisch mit Fußballklub Wacker) ans Rettungswerk zu schreiten, rief der hartherzige Briefträger dem Ertrinkenden die nicht minder harten Worte zu: »Ich kann Ihnen leider nicht helfen, da ich selbst nicht schwimmen kann, aber ich kann Ihnen die Adresse eines guten Schwimmlehrers mitteilen!«

Das schöne alte Starnberger Undosa-Strandbad, direkt am S-Bahnhof gelegen, wäre in der Tat der ideale Ort, gleich mit dem anzufangen, was Valentin im Anschluß an die Schilderung dieses bedauernswerten Unfalls rät: daß nämlich »ohne Ausnahme« in der heutigen Zeit jeder schwimmen lernen sollte, um »nicht Schwimmenkönnende« retten zu können. Wenn aber, denkt es im Valentin sofort weiter, erst einmal alle schwimmen können, wird es ja niemand mehr geben, den man retten muß. »Es wäre also angebracht, daß jeder, der schwimmen kann, dasselbe sofort wieder verlernen soll.«

Lassen wir das mit dem Undosabad also und wenden wir uns lieber einer Vergnügung zu, der man am Starnberger See ausgiebig frönen kann: dem »Schifferl fahren«. Es gibt am Starnberger See nämlich Schiffrundfahrten (eine nördliche und eine südliche), bei denen man den See, vor der Kulisse der bayerischen Voralpen, von seiner schönsten Seite her kennenlernen kann: auf dem Wasser dahingleitend, in einem der Dampfschiffe. Die nördliche Rundfahrt geht von Starnberg über Berg und Leoni nach Possenhofen und zurück an den Ausgangspunkt. Wir machen gleich in Berg Zwischenstation, um uns auf die Suche nach den Spuren von Oskar Maria Graf zu begeben.

Er ist unter den vielen Literaten, die rund um den See gewohnt haben und immer noch wohnen, einer der ganz wenigen, die hier auch geboren wurden. Während es alle anderen unwiderstehlich hierher zog, hatte Graf nur eines im Sinn: von hier wegzukommen. Er ist schließlich ausgerissen, einfach von daheim weggelaufen, gerade einmal 17 Jahre alt. ›Von daheim weggelaufen‹ kann man in dem Fall eigentlich gar nicht sagen, denn die elterliche Konditorei und Bäckerei in Berg war für den jungen Graf alles andere als ein Daheim. (Sein Geburtshaus findet man in der Dorfmitte am Oskar-Maria-Graf-Platz.) Es war eine weiße Hölle aus Mehlstaub und Backofenhitze. Seit der Vater gestorben war, mußte der zehnjährige Oskar in der Backstube mitarbeiten unter der Fuchtel des ungemein brutalen Bruders Max, der seine jüngeren Geschwister bis aufs Blut schikanierte: Wenn sie, völlig übermüdet, um vier Uhr früh, bevor es zur Schule ging, in der Backstube nicht so schufteten, wie er sich das einbildete, setzte es Prügel.

Graf hat seinen Bruder gehaßt und als den überall herrschenden Typus des Leuteschinders dargestellt. Um seinem Tyrannentum zu entkommen, nahm er beinahe alles in Kauf. Er stahl seiner geliebten Mutter das für ihn angelegte Sparkassenbuch aus einem Madonnen-Wandschränkchen, um Geld für die Flucht zu haben. Er wußte, wenn er entdeckt würde, würde ihn Max halbtot schlagen. Doch die Flucht gelang (erste Etappe war die Dampferfahrt nach Starnberg). All seine Hoffnungen konzentrierten sich auf München. Dorthin trieb es ihn. Als erstes ließ er sich Visitenkarten drucken, auf denen er angab, Schriftsteller zu sein. Veröffentlicht hatte er zu diesem Zeitpunkt noch nichts.

11 Jahre sollte es noch dauern, bis Graf seine erste kleine Prosaveröffentlichung in Händen hielt, *Frühzeit* hieß das Bändchen im Malik Verlag. Dann aber ging es rasch voran mit dem Aufstieg des Schriftstellers Oskar Maria Graf, der laut seinem eigenen Briefkopf »Spezialist für ländliche Sachen« war. Doch das ist auch nur wieder ein Teil jener Maskerade, die Graf ein Leben lang liebte, etwa bei seinen legendären Auftritten mit Lederhose und Trachtenjanker. Richtig ist, daß er seiner Herkunftslandschaft ein Schriftstellerleben lang verbunden

blieb. Keiner hat das Bauernleben um den Starnberger See herum so beschrieben wie er, ob in seinen *Kalendergeschichten*, im *Großen Bauernspiegel* oder den Kindheits- und Jugenderinnerungen *Er nannte sich Banscho* sowie *Größtenteils schimpflich*. Zweifellos sein Meisterwerk aber ist *Das Leben meiner Mutter*, ein grandioses Sitten- und Zeitbild der Jahrzehnte vor und nach 1900. Das im amerikanischen Exil geschriebene Epos zeigt anhand von Aufhausen und Berg den Wandel, den bäuerliche Dorfgemeinschaften um die Jahrhundertwende durchmachten. Und das überall, weshalb das Buch so exemplarisch ist. Graf schreibt selbst im Epilog, ihm sei während einer Reise in den sowjetrussischen Süden klar geworden, daß die Bauern seiner Heimat sich in ihren Hoffnungen, Ängsten, Gefühlen kaum von der russischen Landbevölkerung unterschieden. »Ich glaubte daheim zu sein.«

Zu all dem kommt hinzu, daß *Das Leben meiner Mutter* auch noch bayerische Geschichtsschreibung ist, allerdings eine Geschichtsschreibung ›von unten‹. Wie die Bewohner von Berg jenes Ereignis erlebten, das zum Mythos weiß-blauer Historie schlechthin wurde, der Tod des Märchenkönigs Ludwig II. im Starnberger See nämlich, auch das ist beschrieben in Grafs monumentalem Geschichts- und Geschichtenbuch:

Im Dorf wurde getuschelt, daß im Schloß drunten Gitter vor den Fenstern der königlichen Gemächer angeschraubt worden wären. Der Schmied Leibfinger war eines Tages von einem Herrn geholt worden und hatte verschiedene Türklinken abmachen müssen. »Und in die schönen, weißlackierten Türen haben sie Löcher gebohrt«, erzählte der Schmied kopfschüttelnd und dämpfte seine Stimme, »aber um Gottes willen, Maxl, verrat mich nicht! Es ist mir auf'bunden worden, daß ich kein Sterbenswort sag' ...« [...] »Sie wollen ihn einfach absetzen, unseren Ludwig! Eine Schand'! Aber da, glaub' ich, verrechnen sich die Herren, da geht das ganze Bayernvolk los«, schimpfte der Mehlreisende, aber, meinte er des weiteren, es sei schon wieder eine Kommission nach Neuschwanstein gereist, und was jetzt mit dem armen König passiert, das wisse kein ehrlicher Mensch.

In Gewahrsam genommen hat man König Ludwig auf seinem Einödschloß Neuschwanstein, wo er keine Menschenseele mehr sehen wollte ... er wird schon gewußt haben, warum. In Schloß Berg hielt man ihn gut vier Wochen fest, dann geschah das Unglück, von dem bis heute ein paar wenige behaupten, es war Mord und kein Unfall.

Ja, am andern Tag erfuhr man allerhand: gegen fünf oder sechs Uhr war der König mit dem ihm zugeteilten Leib-Irrenarzt von Gudden zu einem Spaziergang im Park aufgebrochen. Wachen waren nicht gefolgt, weil der Kranke zu irgendwelchen Besorgnissen keinen Anlaß gegeben hatte. In einem unerwarteten Augenblick aber war der riesenhafte König, nachdem er rasch Mantel und Jacke abgerissen hatte, auf den See zugeeilt, um – wie man später mutmaßte – schwimmend das andere Ufer zu erreichen und zu entfliehen. Der Irrenarzt war ihm gefolgt und hatte sich im Wasser an ihn geklammert. Der König hatte sich zu erwehren versucht und den Mann aller Wahrscheinlichkeit nach dabei niedergeschlagen, gewürgt und ertränkt. Jedenfalls zeigten sich an dem leblosen Arzt Spuren eines solchen Kampfes. Der König selber aber war sonderbarerweise zusammengekauert als Leiche in der Nähe aus dem Wasser gezogen worden. Ob ihn ein Herzschlag getroffen oder ob er aus Überdruß auf die Weise, daß er sich einfach nicht mehr aus der Tiefe erhob, seinem Leben ein Ende gemacht hatte, konnte nie aufgeklärt werden.

Heute steht ein Kreuz nahe dem Ufer im Wasser und zeigt, wo das vielfach beschriebene und auch verfilmte Drama seinen Lauf nahm. Was ein wahrer bayerischer Patriot ist, der wird sagen: Man kann nicht am Starnberger See gewesen sein, ohne dem Märchenkönig, wie er trotz oder wegen dieses grausamen Endes seitdem gern genannt wird, seine Reverenz an eben diesem Ort erwiesen zu haben.

Wie kommen wir jetzt vom ›bayerischen Patrioten‹ zu einem Mann, der geschrieben hat, dieses Land habe ihn kaputt gemacht, und er bleibe so lange hier, bis man ihm das ansehe ... dem Land wohlgemerkt! Ganz scheint Herbert Achternbusch seine Vergeltungstat noch nicht gelungen zu sein. Er ist noch immer hier, und das Land macht noch immer den Eindruck, als sei es aus einer Postkarte ausgeschnitten. Aber immerhin ist es ihm gelungen, einige Orte künstlerisch so zu okkupieren, daß sie mittlerweile regelrechte Achternbusch-Orte geworden sind, zumindest für die Fans seiner Bücher und Filme. Der *Wienerwald* in Gauting ist ein solcher Ort oder das Undosabad in Starnberg oder auch das Wirtshaus des Schauspielerfreundes Sepp Bierbichler in Ambach. All diese Orte spielen, könnte man sagen, die tragenden Rollen in Achternbuschs chaotisch-wilden Filmen der siebziger und achtziger Jahre. Sie haben sich ins Gedächtnis eingebrannt, unauslöschlich: der *Letzte Komantsche* »Herbert«, wie er im Rollstuhl sitzt, auf dem Holzsteg des Undosabades, auf dem Kopf seinen bayerischen Trachtenhut mit der einsamen Komantschenfeder, den Blick auf den Starnberger See gerichtet. Oder die irrwitzigen Dialoge mit den Polizisten im Gautinger *Wienerwald*, oder die Szenen aus *Servus Bayern* im Amberger Wirtshaus, wo »Annamirl« dem in Weiß gewandeten Dichter »Herbert« die Leviten liest: »Und du saufst wieder den ganzen Tag in der Wirtschaft umeinander, damit dir was einfällt zum Dichten.«

Herbert Achternbusch hat wirklich einmal eine Zeitlang im Ambacher Wirtshaus gelebt, und er war wirklich mit Sepp Bierbichlers Schwester Annamirl liiert. Seine Filme schauen nur so aus, als ob sie völlig losgelöst wären von allen Realitäten. Im Grunde machen sie zusammen mit seinen Büchern, Bildern, Theaterstücken ein einziges, großes Gesamtkunstwerk aus, das nichts anderes zum Gegenstand hat als die unergründlichen Obsessionen des »HinundHerbert«. Die sind manchmal gar nicht nur privater Art und so verstörend, daß sie große Skandale auslösen. Wie der Film *Das Gespenst*, in dem Jesus, natürlich dargestellt von »Herbert«, die Hauptrolle spielt. Auch dieser Film ist am Starnberger See gedreht. Im Buch *Das Ambacher Exil* heißt es:

Wenn ich schreibe, bin ich der Kaiser von China. Ansonsten sitze ich im Gefängnis. [...] Ich schreibe hier Buch um Buch. Die erste Erzählung, die ich hier geschrieben habe, Chinchinsinn, habe ich nie mehr gelesen. Während des Kapitels Wellen zog ich um, anders schaff ich einen Ortswechsel nicht. Wenn ich so weitermache, bin ich bald hin. Ich freu mich schon. Ich bin eine fleißige Biene, wegen ihrer Bestandteile Honig und Stachel. Es regnet in Strömen. Einmal erst schlief ich hier selig, das war zu Anfang während eines Sturmes, aber Annamirl weckte mich aus Furcht, so schrieb ich Wind. Einmal haben wir den Bürgermeister betrogen. Wir brauchten eine Drehgenehmigung für einen öffentlichen Strand. Er wollte Einsicht in das Drehbuch haben, denn, sagte er, man muß jetzt bei den Filmern aufpassen, denn es gibt auch solche wie der, der den Film Das Gespenst gemacht hat, wie heißt die Firma? Robespierre log der Aufnahmeleiter Robert, der in meinem Stück Gust die sterbende Frau spielt. Sepp spielt den Gust. [...] Ohne das Bierbichlerhaus hätte ich Heilt Hitler! nicht drehen können. Es wurde 1840 gebaut, 1860 aufgestockt. Ich bin im 2. Stock auf Zimmer 18, Luisas Tochter hat eine Null dazugemacht. Vom Atlantik zum Starnberger See, könnte man sagen.

Doch langsam sollten wir auch an das Westufer des Starnberger Sees denken (von Leoni aus verkehren Schiffslinien nach Possenhofen oder gleich nach dem weiter im Süden gelegenen Tutzing). Dort gibt es nämlich mindestens genauso viele literarische Spuren zu entdecken wie am Ostufer. Zum Beispiel die von Maximilian Schmidt, genannt Waldschmidt. Geboren wurde Schmidt 1832 im Bayerischen Wald, in einem kleinen Grenzort nach Böhmen hin, in Eschlkam. Für seine vielen volkskundlichen Romane, Erzählungen und »Kulturbilder«, die den Bayerwald beschreiben, erhielt er vom bayerischen König den vererbbaren Titel »Waldschmidt« verliehen. Aber eigentlich war er genauso sehr auch ein Starnberger-See-Schmidt. Etliche seiner Bücher spielen hier, an den Ufern des Sees. Das Manuskript der *Fischerrosl von St. Heinrich* ließ Schmidt kapitelweise in das Schloß von Berg bringen, dort saß nämlich einer seiner begeisterten Anhänger. Noch am Vorabend seiner Todes im See, heißt es, soll Ludwig II. in einer Erzählung des Waldschmidts gelesen haben.

Schon als junger Mann war Maximilian Schmidt zum erstenmal an den Starnberger See gekommen. In seiner Autobiographie *Meine Wanderung durch 70 Jahre* beschreibt er, wie überwältigend der Eindruck war, den die Landschaft auf ihn machte. Vor allem eine kleine Landzunge bei Tutzing hatte es ihm angetan.

Ich kam an die nahe Landspitze, auf welcher jetzt die Villa Ebers steht. Damals war es nur eine Feldfläche ohne jeden Baum. Die Aussicht von hier übertraf alles, was ich seit gestern geschaut, es war ein wunderbar abgeschlossenes Bild mit dem Dorfe im Vordergrunde, hinter welchem sich die Zugspitze majestätisch aufbaute. Ich warf mich am Ufer ins Gras und schwärmte. Ich wünschte mir, an dieser Stelle ein Schlößchen zu haben mit hübschen Anlagen und herrlichen Blumenbosquets, natürlich mit einem geliebten Wesen, und so den Himmel auf Erden zu besitzen. Ich nahm mir vor, ein Buch zu schreiben und durch dasselbe so reich zu werden, daß sich mein Wunsch realisieren ließe. Schon betrachtete ich mich in meinem wachen Traume als Herr dieses Edens trotz der wenigen Sechser, die sich in meinem Geldbeutelchen befanden und gerade noch ausreichten zur Heimfahrt. Es war ein süßer Traum.

Sollte aber keiner bleiben, sondern Wirklichkeit werden. Gut zehn Jahre später kaufte Maximilian Schmidt, mittlerweile ein berühmter Erfolgsschriftsteller und verheiratet mit einer vermögenden Goldbortenfabrikanten-Tochter aus München, jene Villa im italienischen Stil, die der Graf Karl Theodor von Vieregg auf eben jener Landzunge bei Tutzing gebaut hatte.

Das berühmte »Midgard-Haus« war nach dem Waldschmidt noch im Besitz dreier anderer Schriftsteller, einmal des Ägyptologen Georg Ebers, dann von Ina Seidel und ihrem Ehemann Heinrich sowie schließlich des Dramatikers Georg Kaiser. Um die Jahrhundertwende herum wurden nun rund um den See überall solche prachtvollen Villen gebaut, das Idyll im Süden Münchens war endgültig entdeckt und geriet nach und nach in die Hand ›besserer Kreise‹. Das ist bis heute so geblieben. Die Gegend um den Starnberger See herum dürfte die mit der höchsten Pro-Kopf-Einkommensteuer in ganz Deutschland sein.

Gleich eine ganze Villenkolonie baute man auf einer Anhöhe bei Feldafing nördlich von Tutzing, eines der Häuser, besonders prachtvoll und von einem herrlichen Park umgeben, kam schließlich in den Besitz eines deutschen Ehepaares in New York, Dr. Franz und Bertha Koempel. Nachdem das Haus nach '45 erst amerikanischen Besatzungsoffizieren, dann jüdischen »displaced persons« aus dem KZ Dachau als Unterkunft gedient hatte, vereinbarte das Ehepaar Koempel einen Stiftungsvertrag mit der Stadt München. So kommt es, daß seit 1982 Literaten und bildende Künstler mit einem Stipendium des Münchner Kulturreferats in diesem wunderbaren Ambiente und bei einem großartigen Ausblick auf den See und die Alpenkette ein paar Wochen in Ruhe arbeiten können. Zu den Stipendiaten der *Villa Waldberta* gehörten unter anderem Imre Kertész, Margriet de Moor, Fritz Rudolf Fries, Ludvík Vaculík, Sarah Kirsch, Vladimir Sorokin. Der englische Autor James Hamilton-Paterson hielt sich in der Gäste-Villa im April/Mai 1999 auf. Über seine Eindrücke schrieb er eigens ein *Feldafinger Tagebuch*.

An diesem Seeufer wimmelt es von Autoren, toten und lebenden. Der Holländer Albertus Willem Sythoff, der die Villa Waldberta fast gleich nach ihrer Fertigstellung kaufte und dessen Familien-Wahlspruch an die Wand gemalt steht, war selbst Schriftsteller und Verleger. Keine halbe Meile von hier schrieb Thomas Mann seinen *Zauberberg*. Sogar das Haus, in dem er schrieb, gibt es noch, allerdings ohne allzuviel von dem Zauber, denn es steht nun mitten in einem etwas finsteren militärischen Komplex, der, glaube ich, der Bundeswehr gehört und irgendwelche Fernmeldeeinrichtungen enthält. Von Zeit zu Zeit landen dort Hubschrauber. Wie ich höre, hat einmal ein literarischer Stoßtrupp von Waldberta-Insassen es sich nicht verwehren lassen, in diese geheime Bastion vorzudringen und dort Mann und seinen vier Wänden zu huldigen; aber sie fanden das Haus gründlich militarisiert und entzaubert: »Die Atmosphäre war futsch.« Dann gibt es hier noch den angeblich »schwierigen« Lothar-Günther Buchheim, der den ungemein erfolgreichen Roman *Das Boot* geschrieben hat. Dieser berühmte Feldafinger, heute schon über achtzig, sieht mit seiner schwarzen Augenklappe ziemlich abenteuerlich aus. Zu einer Hochzeitsfeier im Kaiserin-Elisabeth-Hotel ist er einmal im Hawaiihemd erschienen. Es wurde ihm als Greisenschrulle nachgesehen, aber ich glaube keine Sekunde, daß es das war. Es war sicherlich die kalkulierte Nachlässigkeit eines Mannes, der auf manches pfeift, und zielte wohl nicht zuletzt darauf ab, eine pompöse Feierlichkeit zu veralbern. Buchheims Verhältnis zu Feldafing ist offenbar gespannt, besonders seitdem die Stadt in Kunstkreisen zum Gespött wurde, weil sie sein Angebot ablehnte, ihr seine erstaunliche Sammlung expressionistischer Gemälde zu vererben – sie soll eine der größten Privatsammlungen dieser Art überhaupt sein –, unter der Bedingung, daß man zu ihrer Unterbringung eine Galerie erbaute. Ich glaube, eine andere Stadt in der Gegend hat sich die Chance nicht entgehen lassen. Aber hinter all dem steckt mehr, als der Augenschein verrät. Buchheims Bruder, erzählt man mir, war zu der Zeit hier Bürgermeister, und weil die beiden sich wechselseitig von Herzen verabscheuen sollen, spaltete sich Feldafing in zwei verfeindete Lager. Wenn das stimmt, wäre es ein exzellenter Stoff zu einem bajuwarischen Drama für das Volkstheater des Bayerischen Rundfunks.

James Hamilton-Paterson erwähnt es bereits: Nicht weit entfernt von der *Villa Waldberta* lebte und arbeitete eine Zeitlang kein Geringerer als Thomas Mann. In den Jahren 1919 bis 1923 schrieb er hier beträchtliche Teile seines berühmten Romans *Der Zauberberg*, und zwar in einem kleinen, *Villino* genannten Häuschen, das noch heute existiert. Das *Villino* lag bis vor kurzem ungenutzt auf dem Gelände der Bundeswehr-Fernmeldeschule. Bis der literarische Rechercheur Dirk Heißerer kam, der schon seit Jahren bestens vorbereitete Erkundungsspaziergänge auf den Spuren der Dichter am Starnberger See, aber auch an ausgewählten Plätzen in München anbietet. Er hat das *Villino* und die Zusammenhänge mit Thomas Mann gewissermaßen wieder ausgegraben (nachzulesen in seinem Buch *Wellen, Wind und Dorfbanditen*), und seit 1999 ist das Haus nun sogar ein kleines Literaturmuseum des neu gegründeten Thomas-Mann-Förderkreises.

In seinem Tagebuch beschreibt Thomas Mann unter den Einträgen vom 17. und 18. Mai 1919, wie er von München aus zu seinem neuerworbenen »Absteigequartier zur Erholung und zum Arbeiten« hinaus an den Starnberger See reist. Erst wenige Wochen zuvor hatte er sich für das *Villino* entschieden, und zwar auf Zureden seines Freundes Georg Martin Richter, einem Kunstsammler und Kunsthändler. Der hatte Thomas Mann eindringlich geraten, seine mittlerweile beträchtlichen Honorare aus der Schriftstellerei – noch dazu in diesen unsicheren Zeiten nach dem Ende des Weltkrieges – in einer Immobilie anzulegen.

Schon die Anreise war ein kleines Abenteuer. Wie es Thomas Manns Tagebuchart war, beschreibt er alles en detail. Zuerst einmal ging es mit dem Zug vom Münchner Bahnhof hinaus nach Starnberg.

Sonnabend den 17. V. (Vormittags)
[...] Überfüllter Vorortzug mit Schuljungen auf den Trittbrettern. Stand bis Starnberg mit meinem Koffer auf der Plattform; unangenehm war nur der Kohlenrauch. Traf in St. Mit R. J. Hoffmann zusammen, der mich sehr bat, ihn in Ambach zu besuchen. Auf dem Dampfer begrüßte mich Frl. Marx aus Starnberg, mit der ich, einen Alten mit meinen Sachen auf einem Schubkarrn hinter uns, den Weg nach Feldafing und hierher zum Villino zurücklegte. Wir erwarteten Richter vorm Hause auf Korbsesseln. Er kam dann, und wir tranken Thee zu dritt. Die Wirtschafterin, eine Kleine mit goldenem Klemmer, die aber Stiefel zu putzen bereit sein soll, nicht unangenehm. Nur fehlt es vorläufig an Lebensmitteln. Werde mittags im Hotel essen müssen. Das Häuschen kalt, sodaß Erkältung, namentlich der Zähne, fürchte. Aber meine beiden Zimmerchen sehr friedlich-wohnlich, die Ruhe vollkommen. Habe die Absicht, es mit der Einsamkeit wohl eine Woche zu wagen; hoffe zu arbeiten.

Feldafing, Sonntag den 18. V. (10 Uhr vorm.)
Gestern bis zum Abendessen machte ich allein einen Schlenderspaziergang. Aß dann mit Richter in dem, wie das ganze Häuschen, kajütenartigen Speisezimmer Brotsuppe, Gulasch und Kompott, bedient von der methodistisch wirkenden Wirtschafterin, Frl. Stehle. Nachher geraucht und geplaudert, immer im Paletot, da empfindlich kalt. [...]

Etwas Bettruhe. Dann im Garten [...] Thee mit R. und gemeinsamer Spaziergang, Besichtigen zunächst die zum Hause gehörige Bootshütte. Der See herrlich meerartig. Gingen dann ein Stück Richtung Tutzing, den schönen Waldweg am See entlang. Schloß des Fürsten Thurn u. Taxis, Luxusbesitzung mit vielen Baulichkeiten. Die Lage ist wundervoll.

→ »Seltsame Regionen des Geistes«
Das Leben in »Wahnmoching«:
die Schwabinger Bohème

Fünfter Spaziergang: Poschingerstraße/Thomas-Mann-Allee – mit der Buslinie 154 durch den Englischen Garten (Haltestelle Chinesischer Turm) – Leopoldstraße – Münchener Freiheit

»Buchstäblich das letzte Haus von München«, schreibt Peter de Mendelssohn in seiner Thomas-Mann-Biographie, sei die *Poschi*, die großzügige, repräsentative Villa in der Poschingerstraße 1, die Thomas Mann nach Plänen von Alois Ludwig bauen ließ und 1914 mit seiner vielköpfigen Familie bezog. Vom Maximilianeum fahren wir mit der Trambahnlinie 18 bis zum Herkomerplatz, dann sind wir gleich da. (Dazwischen bestünde bei der Haltestelle Holbeinstraße die Möglichkeit, einen kurzen Abstecher in die *Monacensia* in der Maria-Theresia-Straße zu machen, eine Außenstelle der Münchner Stadtbibliothek; in der prächtigen Hildebrandt-Villa untergebracht, kann man hier alle nur erdenkliche München-Literatur finden sowie interessante, wechselnde Ausstellungen besuchen). Die *Poschi* selbst ist nicht mehr zu sehen, auf ihrem Fundament wurde 1957 ein neues Haus erbaut. Aber die Umgebung kann man ja etwas erkunden, zum Beispiel den Herzogpark, in dem Thomas Mann seine »Idylle« *Herr und Hund* spielen läßt.

Thomas Mann, Dichterfürst mit entsprechendem Lebensstil, hielt sich also schon räumlich entfernt von jener Schwabinger Bohème, deren Treiben er distanziert beobachtete, seit er sich 1894 als junger Mann in München niedergelassen hatte (da lebte er allerdings noch als Junggeselle mitten in Schwabing, nahe dem heutigen Wedekindplatz). Von seinem Bogenhausener Isar-Hochufer aus sah er, über den Englischen Garten hinweg, direkt hinunter auf jenen Stadtteil, den man

← Franziska Gräfin von Reventlow schrieb einen Schlüsselroman über die Schwabinger Bohème

nach einem Wort der Gräfin Franziska von Reventlow auch »Wahnmoching« nennt: ein Sammelbecken für all die »Enormen«, für unverstandene Dichter und ihre sie tröstenden Hetären, für abgerissene, heruntergekommen Malergenies und alle Arten von Bürgerschrecks, die sich gerne die Maske des Scharfrichters überzogen. Hingerichtet wurde auf alle Fälle jegliche bürgerliche Konvention.

Doch nicht nur was die Stadttopographie betrifft, wohnte Thomas Mann ›höher‹, auch in seiner Literatur schwang er sich über die »seltsamen Gehirne« auf, die in den »seltsamen Regionen des Geistes« dort unten hausten. Besonders schön ist das nachzulesen in der Erzählung *Beim Propheten*, wo mit typisch thomasmannscher Ironie eine weihevolle Dichterstunde beschrieben wird.

Seltsame Orte gibt es, seltsame Gehirne, seltsame Regionen des Geistes, hoch und ärmlich. An den Peripherien der Großstädte, dort, wo die Laternen spärlicher werden und die Gendarmen zu zweien gehen, muß man in den Häusern emporsteigen, bis es nicht weiter geht, bis in schräge Dachkammern, wo junge, bleiche Genies, Verbrecher des Traumes, mit verschränkten Armen vor sich hinbrüten, bis in billig und bedeutungsvoll geschmückte Ateliers, wo einsame, empörte und von innen verzehrte Künstler, hungrig und stolz, im Zigarettenqualm mit letzten und wüsten Idealen ringen. Hier ist das Ende, das Eis, die Reinheit und das Nichts. Hier gilt kein Vertrag, kein Zugeständnis, keine Nachsicht, kein Maß und kein Wert. Hier ist die Luft so dünn und keusch, daß die Miasmen des Lebens nicht mehr gedeihen. Hier herrscht der Trotz, die äußerste Konsequenz, das verzweifelt thronende Ich, die Freiheit, der Wahnsinn und der Tod ...

Die Dachstube, in die da hinaufgestiegen wurde und in der dann eine proklamatorische Lesung stattfand, die in dem Aufruf gipfelte: »Ich überliefere euch zur Plünderung *die Welt!*«, bewohnte in Wirklichkeit der Dichter Ludwig Derleth. Der Abend, wie ihn Thomas Mann beschreibt, fand tatsächlich statt, in der Destouchesstraße 1, vierter Stock, und zwar am Karfreitag 1904. Derleth war einer aus dem »Kosmiker«-Kreis, der sich um den Lyriker Stefan George formiert hatte.

George hatte ein außerordentliches Talent, sich als Meister zu stilisieren, und scharte auch einen entsprechenden Kreis von Jüngern um sich. Karl Wolfskehl, Dichter und Essayist, gehörte dazu, der Philosoph und Graphologe Ludwig Klages, der Privatgelehrte und Archäologe Alfred Schuler und, schon etwas weniger »enorm« und eher zu den »Belanglosen« gehörend, noch manch anderer im weiteren Dunstkreis. Man lebte von ererbtem Vermögen, man zelebrierte die klassische Antike (Schuler meinte allen Ernstes, er sei ein wiedergeborener Römer), man ›engagierte‹ quasi von der Straße weg einen 13jährigen Buben als idealen Jünglingsdarsteller, den Maxl Kronberger, von George und den anderen allerdings nur Maximin genannt. Er mußte in hohen roten Strümpfen und rotem Umhang als Page bei jenen Faschings-Dichterfesten auftreten, bei denen es im Kern gar nicht g'schbaßig zuging, sondern tiefernst. Wenn Stefan George bei solcher Gelegenheit ›verkleidet‹ als der florentinische Dichter Dante auftrat, dann glaubte er wohl, daß das mehr als Verkleidung sei, nämlich sein wahres Wesen.

So wie Dante die italienische Literatursprache schuf, meinte George dazu berufen zu sein, die deutsche Dichtung von Grund auf zu erneuern, und zwar als eine rein »geistige Kunst«, als l'art pour l'art. Seine Lyrikbände erschienen in edelster Ausstattung und geringster Auflage, das Schriftbild war reduziert aufs Minimum (ein befreundeter Künstler kreierte eine eigene Schrift für George), die Großschreibung der Substantive wurde abgeschafft. Vielleicht ist gerade jetzt der richtige Zeitpunkt, sein berühmtes Gedicht *komm in den totgesagten park* einzurücken, denn langsam sollten wir uns auf den Weg machen, die Thomas-Mann-Allee hinunter bis zur Max-Joseph-Brücke, um an der Haltestelle Mauerkircherstraße auf den 154er Bus zu warten, der uns nach Schwabing bringen wird ... und zwar mitten durch den Englischen Garten.

Komm in den totgesagten park und schau:
Der schimmer ferner lächelnder gestade ·
Der reinen wolken unverhofftes blau
Erhellt die weiher und die bunten pfade.

Dort nimm das tiefe gelb · das weiche grau
Von birken und von buchs · der wind ist lau ·
Die späten rosen welkten noch nicht ganz ·
Erlese küsse sie und flicht den kranz ·

Vergiss auch diese letzten astern nicht ·
Den purpur um die ranken wilder reben
Und auch was übrig blieb von grünem leben
Verwinde leicht im herbstlichen gesicht.

Gar nicht totgesagt ist der Englische Garten, er erfreut sich immer noch allergrößter Beliebtheit bei den Münchner als ein weitläufiger Park, in dem jeder nach seiner Façon glücklich werden kann. Die einen joggen, die anderen führen ihren Hund aus, Fußball wird hier gespielt auf den Wiesen und nackt gesonnt am Eisbach, um den Monopteros herum lagern die Musiker und um den Chinesischen Turm die Biertrinker.

Dabei war das Ganze gedacht als eine Art verordnete Freizeitbeschäftigung für die Soldaten des Kurfürsten Karl Theodor. Mit der Schaufel in der Hand sollten sie sich diesen Militärschrebergarten selbst anlegen ... bei aufmunternd klingendem Spiel der danebenstehenden Militärkapelle sowie unter fachlicher Begutachtung des Münchner Volks als ›Zaungäste‹. Statt einer Revolution wie im benachbarten Frankreich fand in München 1792 aus Anlaß der Eröffnung des Parks eine ständeübergreifende ›Gartenparty‹ statt, einzige Verhaltensregel, an die sich bitte alle halten sollten, war die Verlautbarung auf der ›Gesetzestafel‹, die Franz Schwanthaler einem fast nackten Mamorjüngling in die Hand drückte: »Harmlos wandelt hier, dann kehret neu gestaerkt zu jeder Pflicht zurük.« (Der »Harmlos«, wie die Münchner sagen, steht mittlerweile an der nordöstlichen Ecke des Hofgartens, dort, wo man zum Haus der Kunst gelangt.)

Sicher dürfte Gräfin Franziska von Reventlow auch oft im Englischen Garten spazieren gegangen sein, sie wohnte ja ganz in der Nähe in der Kaulbachstraße mit ihrem sechsjährigen Sohn Rolf. Das Eckhaus mit Atelier und einem verwilderten Garten sollte legendär werden, die

Gräfin praktizierte hier nämlich mit ihren Freunden, dem Maler Bogdan von Suchocki und dem Schriftsteller Franz Hessel, das, wovon so viele Bohémiens in Schwabing meist nur theoretisch redeten: eine in Wohngemeinschaft lebende ménage à trois. Freie Liebe, wilde Ehe, Promiskuität, das alles forderte die Bohème für den neuen, emanzipierten Menschen, wirklich gelebt haben es indes wahrscheinlich nur wenige. Die 1871 in Husum geborene Franziska von Reventlow war so jemand. Schon als junges Mädchen lehnte sie sich gegen bürgerliche und in ihrem Fall auch adelige Konventionen auf; ihre Eltern wußten sich nicht anders zu helfen, als sie in ein Erziehungsheim für höhere Töchter zu stecken.

Kaum volljährig floh sie nach München. Sie schrieb sich in eine der privaten Malschulen ein, die damals deshalb von so auffällig vielen Frauen – »Malweiber« sagten die Münchner – besucht wurden, weil weiblichen Aspiranten der Zugang zur Kunstakademie untersagt war (das änderte sich erst unter den Novemberrevolutionären 1918). Geld hatte die Gräfin selten. Man warf sie immer wieder aus einer ihrer schäbigen Schwabinger Wohnungen hinaus, versteigerte ihr spärliches Mobiliar. Sie mußte für den Verlag von Albert Langen Übersetzungen machen, und wenn es gar nicht mehr reichte für sie und den kleinen Rolf (dessen Vater sie nie öffentlich bekannt gab), dann nahm sie schon auch einmal Geld für eine Nacht mit einem ihrer vielen Liebhaber, die sie – hier stimmt das Wort – wie Motten das Licht umschwirrten.

Sie liebte Ludwig Klages und Karl Wolfskehl. Rilke steckte ihr eine Zeitlang täglich ein Gedicht in den Briefkasten. Und dann die beiden Männer im »Eckhaus« und und und. In ihrem Schwabinger Schlüsselroman *Herrn Dames Aufzeichnungen oder Begebenheiten aus einem merkwürdigen Stadtteil* treten die meisten der Genannten auf ... unter anderem Namen allerdings. Und wie es bei ihr im »Eckhaus« zuging, beschreibt sie auch. Hinter Herrn Dame verbirgt sich der aus Berlin kommende Franz Hessel, der später in die ›Wohngemeinschaft‹ der Reventlow, die sich in zwei Figuren aufgespalten darstellt, als Maria und Susanna, miteinzog. Dame alias Hessel ist im folgenden Ausschnitt zum erstenmal im »Eckhaus« zu Gast, nachdem er zuvor mit

Maria eines der berüchtigten Schwabinger Künstler-Faschingsfeste besucht hatte.

Als ich das erstemal dort schlief, wurde mitten in der Nacht das Fenster von außen geöffnet, und jemand rief ein paarmal leise: Maria – Dann stieg er hinein. Es war eine Mondnacht, und ich sah einen jungen Mann in Frack und Zylinder vor mir stehen, seinen Mantel trug er über dem Arm. Ich hielt es für angemessen, ihm zu sagen, Maria sei nicht hier.
»Entschuldigen Sie, mit wem habe ich das Vergnügen?«
»Dame – ich heiße Dame.«
Darauf stellte er sich ebenfalls vor und sagte, es freue ihn ungemein, mich kennen zu lernen – er hätte Maria zum *bal-paré* abholen wollen. [...]
»Wissen Sie, wo Maria heute ist?« fragte er dann.
»Mit Herrn Konstantin auf einem Atelierfest.«
»O – gewiß wieder so eine bacchantische Wahnmochingerei«, sagte er bedauernd – »da kann ich im Frack nicht hingehen. Im Frack kann man nicht dionysisch taumeln, – sehen Sie, Herr Dame, deshalb paßt das auch nicht in unsere Zeit. – Was hab' ich davon, wenn ich abends dionysisch herumrase – mir wie ein Halbgott vorkomme und am nächsten Morgen doch wieder mit der Trambahn in mein Bureau fahren muß? Ich bin nämlich Rechtspraktikant.« [...]
Ich könne ihm doch nicht ganz beistimmen – sagte ich nun – im Gegenteil, was man hier unter dem Begriff Wahnmoching zusammenfasse, habe mich wohl zuerst befremdet, aber jetzt hätte ich doch das Gefühl, daß sich mir hier allmählich eine neue und wunderbare Welt erschließe. Und ich fühlte eine große Bewunderung für diese geistig hervorragenden Menschen.
»Pardon, wen finden Sie geistig hervorragend?«
»Ich kenne die Herren leider erst ziemlich flüchtig – aber ich habe schon viel von ihnen gehört – und zum Beispiel Maria – –«
»Ja, da haben wir's – Maria und soundso viel andere. Da laufen die dummen Mädel hin und lassen sich erzähln, daß das Hetärentum bei den Alten etwas Fabelhaftes gewesen sei. Und nun wollen sie

auch Hetären sein. – Da war eine – unter uns gesagt – sie stand mir eine Zeitlang sehr nahe – aber eines schönen Tages erklärte sie mir, sie habe eingesehen, daß sie nicht *einem* Manne angehören könne, sondern sie müsse sich frei verschenken – an viele –. Es war nichts dabei zu machen, – sie hat sich dann auch verschenkt und verschenkt und ist elend dabei hereingefallen.«

An Schicksale wie das der Franziska von Reventlow sollte man denken, wenn man allzu überschwengliche Elogen auf das einstige Schwabinger Leben liest. Denn da war auch viel Elend und Armut ... und viel Scheitern. Wahrlich nicht jede und jeder schaffte es, in der Stadt Fuß zu fassen – auch die Reventlow verließ München völlig verarmt, um in Ascona mehr oder minder pro forma einen baltischen Baron zu heiraten: eine beträchtliche Erbschaft stand in Aussicht.

Der Reventlow (und manch anderem) hat es nichts geholfen, daß München und speziell Schwabing längst als ein Eldorado für Kunstschaffende galt: Hier erschienen die deutschlandweit bekannten Zeitschriften *Simplicissimus* und *Jugend*. *Die Insel*, erst Zeitschrift, später Verlag, wurde mit Hilfe des steinreichen Mäzens Alfred Walter Heymel ins Leben gerufen, mit nobelsten Redaktionsräumen gleich am Siegestor. Wer glaubt, von den etablierten Zeitschriften boykottiert zu werden, gründet seine eigene, wie Erich Mühsam zum Beispiel mit seinem *Kain. Zeitschrift für Menschlichkeit*. Das Kabarett *Die Elf Scharfrichter*, aus Protest gegen ein Zensurgesetz, die »Lex Heinze«, gegründet, hatte in der Türkenstraße sein Domizil. Da man die dort gebotenen Freizügigkeiten nur in »geschlossener Gesellschaft« aufführen durfte, ein Eintrittgeld aber darauf hingewiesen hätte, daß die Angelegenheit öffentlich ist, war der Eintritt umsonst ... und man zahlte für die Garderobe. Ja, und dann gab es ja noch die vielen Künstlertreffs, die Cafés und Kneipen, das *Café Stefanie* und das *Noris*, das *Luitpold* und der noch heute bestehenden *Schelling-Salon* in der Schellingstraße, der mit seinem nach wie vor sehr gemischten Publikum vielleicht noch am ehesten einen Nachklang bietet vom einstigen Leben in Schwabing.

Der Würzburger Leonhard Frank kam 1904 nach München, um Malerei zu studieren, wurde dann aber ein vielgelesener Autor der

Weimarer Republik, ehe er 1933 vor den Nazis nach Amerika floh. In seinem Roman *Links wo das Herz ist* beschreibt er ein zwar nicht so prominentes, aber für Schwabing bestimmt typisches Publikum im berühmten *Café Stefanie*, auch genannt *Café Größenwahn*, in der Amalienstraße:

> Im Café Stefanie gab es Kreise. Der Magnet eines Kreises war Johannes Wohl, ein innerlich wohlig ausgeglichener Oscar Wilde mit blauen Plüschaugen, der immer einen Strichjungen und einen Band Stefan George bei sich hatte und um seiner kantenlos warmen Liebenswürdigkeit und weichen Schönheit willen von wohlhabenden älteren Damen verehrt und hin und wieder auch gepflegt wurde, wenn er es sich gönnte, ein wenig krank zu sein. [...]
> Hugo Lück [...] duldete nur differenzierte Anhänger, die wußten, daß ihre Bibel, »Die Blumen des Bösen« von Baudelaire, nur von den Gedichten übertroffen werden würde, die Hugo Lück demnächst schreiben werde. [...]
> Auch Doktor Otto Kreuz hatte einen Kreis von Anhängern. An seinem Tische saßen ein knochen-magerer zwei Meter langer Russe mit einem winzigen Knabenköpfchen, Fritz, ein verbummelter Student aus Karlsruhe, der einen mißglückten Selbstmordversuch hinter sich hatte und seitdem fröhlich trank, ein junger Schweizer Anarchist, hager, mit Schweizer Gebirgsnase, der zwei Jahre im Gefängnis gewesen war, wegen eines Raubüberfalles, begangen im Dienste der anarchistischen Weltanschauung, und die Malerin Sophie Benz, eine zwanzigjährige primitive Madonna aus dem dreizehnten Jahrhundert, mit Stupsnase und einfach geschnittenen Augen im milden Jungfraugesicht.

Aus den Cafés sind Bistros, aus den Hinterzimmer-Kneipen schicke Szene-Lokale geworden, man muß es leider unumwunden sagen: Schwabing ist nicht mehr, was es einmal war. Der Stadtteil ist mittlerweile einer der geldigsten Münchens. Maler und Schriftsteller, denen es ungefähr so geht wie der Gräfin Reventlow, fänden hier kaum mehr eine billige Bleibe, ob in der Kaulbach-, der Herzog- oder der Leopoldstraße.

Einer der wenigen, die Schwabing nach dem Zweiten Weltkrieg noch einmal das Flair eines Bohèmeviertels verliehen, war Peter Paul Althaus. Bezeichnenderweise sprach der gebürtige Münsteraner, der 1921 nach München gekommen war, denn auch eher von einer Traumstadt als von einer realen. Seine unter dem Titel *In der Traumstadt* veröffentlichten Gedichte beschreiben ein von dem Mansardenbewohner Althaus imaginiertes Schwabing. Und dennoch gab es einen Kreis, der das Spiel mitmachte.

Zum Beispiel im Hinterzimmer des Lokals *Zur Seerose* in der Feilitzschstraße gleich um die Ecke von der Münchener Freiheit, wo auch der 154er Bus aus Bogenhausen hält. Hier zelebrierte die *Traumstadt*-Gemeinde ihre literarische Kleinkunst, und Althaus selbst heckte mit verschmitzter Ironie immer neue Kapriolen aus. Er verteilte Ernennungsurkunden, machte einen seiner Freunde zum »Oberobdachlosen-Hausvater« (ein Treffpunkt der Münchner Berber ist die »Freiheit«) und den damaligen Oberbürgermeister Hans-Jochen Vogel zum »Obertrambahnschaffner« der Traumstadt. Und selbstverständlich las er auch immer wieder seine Gedichte im *Seerosenkreis*, der bis auf den heutigen Tag noch eine Rolle im literarischen Leben der Stadt spielt.

> In der Traumstadt ist es nächste Woche,
> wenn es anderswo erst diese Woche ist;
> oder aber: eine längst verfloßne Frist
> wird zuzeiten dort erst eine kommende Epoche.
>
> In der Traumstadt ist die Wirklichkeit ein Märchen,
> und die Märchen sind dort Wirklichkeiten.
> Alle Uhren in der Traumstadt zeigen ganz verschiedne Zeiten.
> Biederfrauen wandeln manchmal unvermittelt dort sich zu
> Hetärchen.
>
> Die es aber sind und sich als solche überdrießen,
> werden in den Spiegelbildern Anemonen und Antilopen,
> und ihr Vater ist der Älteste der alten Popen,
> dessen goldne Hände alles Leid versüßen.

In der Traumstadt ist der Fremde Dir so sehr vertraut
wie das Eigenste im Tiefsten Deiner Seele –
und das Singen einer liebeskranken Philomele
leiht der Sehnsucht Deines Herzens zarten Laut.

In der Traumstadt schreibt der trunkne Dichter
seine Verse an die roten Wolkenwände;
und die Maler sehen bis ans Ende
und entlassen die Gesichter.

In der Traumstadt ist der Mond die Sonne,
und die Sonne in der Traumstadt ist der Mond,
und die Jahreszeiten in der Traumstadt sind synchront,
und die Winde geigen Dreiklang: eine Bach-Chaconne.

In der Traumstadt steht am Flusse eine Zeder,
dort kann jeder beichten, was er nicht getan;
und der Fährmann wartet mit dem leeren Kahn,
und der Tod ist leicht wie eine Feder.

In seinem *Selbstgemurmel zur Klagelaute* hatte Althaus schon geschrieben: »Jede Zeit hat ihr besonderes Gesicht. Schwabing hat zur Zeit eine Visage«, und damit zum Ausdruck gebracht, wie tief enttäuscht er darüber war, was man aus seiner Traumstadt in der Wirklichkeit gemacht hatte. Dies schrieb er 1961. Oda Schaefer kam 10 Jahre später, als sie ein Lesebuch *Schwabing* herausgab und einleitete, zu einem noch harscheren Urteil:

Siegfried Sommer, der *Spaziergänger Blasius*, Kolumnist und Redaktionsmitglied der *Abendzeitung*, meint, daß Schwabing, früher das Herz Münchens, nur noch sein Unterleib sei: mit Neon, Nylon und Nepp. August Bebel hatte München ein »Capua der Geister« genannt, wo man am Tage schläfrig ist und in der Nacht wach – das konnte besonders für Schwabing gelten. Und wenn Wedekind es noch als ein Arkadien und zugleich als ein Babylon bezeichnete, so ähnelt es inzwischen eher der Fremdenfalle St. Pauli in Hamburg oder dem Scheidungsparadies San Reno in den USA als dem Wahnmoching der Fanny Reventlow. Hochhäuser, wie die schwarze Kaaba eines Kaufhauses anstelle der alten *Schwabinger Brauerei*, verfremden den Ort der »Talentdrohnen und Kulturbrummer, der Schaffer und Macher«. Daran kann auch die revolutionäre Jugend nichts ändern. Der Quadratmeterpreis ist zu hoch gestiegen.

Einen Autor allerdings gibt es, der hat sich gedacht: Wenn alle aus diesem Schwabing machen, was ihren Geschäftsinteressen gefällt, dann nehme ich mir die Münchener Freiheit, diesen Ort zu einem Fest der Poesie umzugestalten, wie es diese Stadt noch nicht gesehen hat. Paul Wühr, der über ein Jahrzehnt lang in der Schwabinger Elisabethstraße wohnte, ehe er 1986 nach Umbrien fortzog, führt auf der in seinem *Falschen Buch* nicht mehr wiederzuerkennenden Münchener Freiheit ein 700seitiges lyrisches Romantheater auf, wie es einzigartig in der deutschen Gegenwartsliteratur ist.

Bei Wühr wird die Münchener Freiheit zum Ort eines bairischwilden, anarchistischen Kasperltheaters, ein einziger, nicht enden wollender Fasching findet da statt mit immer neuen Aufzügen, Verwandlungen, Kostümierungen. Im Kreise seiner teilweise als Hunde daherkommenden Mitspieler – »Pseudos« oder auch »Talmisten« werden sie genannt – führt der »Regisseur« ein Spiel der Schaukelei zwischen »Falsch« und »Richtig« auf, ein philosophisches Probentheater mit unsicherem Ausgang. Erst einmal aber muß die Münchener Freiheit vom Autor auf freche Weise okkupiert werden, um München so, in einem ganz anders verstandenen Sinne, erneut zu einer Hauptstadt der Bewegung zu machen, nämlich zu einer Sprach- und Sprechbewegung »jenseits kruder Gegensätze und Entscheidungen«. Der Autor möchte in sein eigenes Buch steigen und trifft auf zwei Polizisten (vom verdrehten Geiste Karl Valentins und Liesl Karlstadts), die ein Seil als Absperrung halten:

Ich gehe nicht weiter, sagte ich, weil der Stadtteil hinter Ihnen abgesperrt ist. Anscheinend ist es verboten, im abgesperrten Teil herumzugehen.

Das stimmt tatsächlich, sagte der eine.
Das ist nicht nur anscheinend so, sagte der andere.
Ich begreife, sagte ich. Ich darf dieses Buch nicht schreiben.
Deswegen stehen wir hier, sagte der eine.
Auch deswegen, sagte der andere.
Anscheinend ist es verboten, dieses Buch zu schreiben, sagte ich.
Das stimmt tatsächlich, sagte der eine.
Das ist nicht nur anscheinend so, sagte der andere.
Tatsache ist, daß ich dieses Buch bereits schreibe, sagte ich. Sie beide kommen darin vor. Ich schreibe jetzt, daß einer von Ihnen sagt:
Hier ist eine Absperrung, gehen Sie endlich weg, sagte der eine.
Warum? fragte ich. Ist es verboten, vor der Absperrung stehen zu bleiben?
Ja, sagte der andere.
Es ist verboten, vor und hinter der Absperrung zu stehen, sagte der eine.
Es ist auch verboten, mit der Absperrung zu sprechen, sagte der andere.
Ich sehe das ein, sagte ich. Dann dürfte es besonders verboten sein, ein Gespräch mit der Absperrung zu schreiben?
Das stimmt tatsächlich, sagte der eine.
Tatsächlich stimmt das, sagte der andere.

Wer sich nun für die Bücher Paul Wührs und anderer Münchner Autoren zu interessieren beginnt, der sollte von der Münchener Freiheit ein paar Meter die Herzogstraße hinaufgehen und in die Wilhelmstraße einbiegen. Dort wird er nämlich eine Buchhandlung finden, die, als sie 1973 gegründet wurde, ein einzigartiges Projekt darstellte: die erste Buchhandlung Deutschlands, die allein den Autoren gehört. Mit 1000 Mark Einlage wurde man Teilhaber, selbst Autoren wie Günter Grass, Martin Walser, Heinrich Böll und Elias Canetti folgten der Einladung. Die Idee kam von Paul Wühr und seiner Ehefrau Inge Poppe, die dann auch die *Autorenbuchhandlung* über 10 Jahre lang leitete. Hier traf und trifft sich, wer an neuester Literatur interessiert ist. Lange bevor es in München eine Schwemme von Veranstaltungsorten und Lesungen gab, die mittlerweile in einem monatlich erscheinenden, kostenlos ausliegenden *Literaturblatt* angezeigt werden, sorgte die *Autorenbuchhandlung* in ihrem bescheidenen Verkaufsraum für engsten Kontakt zwischen Autor und Leser. Die Diskussions- und Lesungsabende in der Wilhelmstraße jedenfalls sind längst schon legendär und auch ein Stück Schwabinger Literaturgeschichte.

→ »Heut' kann sich was entscheiden«
Die Toten vom Ostfriedhof:
die Münchner Novemberrevolution und ihre Folgen

Sechster Spaziergang: Theresienwiese/Bavaria (U 4 oder 5, Haltestelle Theresienwiese) – Kobell- und Kapuzinerstraße – Baldeplatz – Wittelsbacherbrücke – Ostfriedhof

2. August 1914: Hysterie in München. Gerüchte schwirren durch die Stadt. Am Oberwiesenfeld, heißt es, habe man, als Nonnen verkleidet, serbische Spione festgenommen, die dabei gewesen seien, die Brunnen der Stadt zu vergiften. Aufruhr auch an der Toreinfahrt der Türkenkaserne in Schwabing. Der Kriegszustand sei ausgerufen, heißt es plötzlich. Alles drängt Richtung Odeonsplatz vor die Feldherrnhalle. Vielleicht ist dort, vis-à-vis der königlichen Residenz, Genaueres zu erfahren. Den Hunderten kriegsbegeisterter Frauen und Männer – unter ihnen wird man Jahre später auf einem berühmt gewordenen Foto den jungen Adolf Hitler ausmachen – hat sich ein 22jähriger angeschlossen, der viele Jahre später einer der literarischen Repräsentanten des SED-Regimes werden sollte und Dichter der DDR-Nationalhymne: Johannes R. Becher.

Als wir uns zum Residenzplatz durchgezwängt hatten, der innen für den Aufmarsch der Abordnungen aller Münchener Regimenter gesperrt war, dröhnte von der Feldherrnhalle her der bayrische Defiliermarsch [...]
Warmer leichter Wind ging. Die Pechflammen auf den Kandelabern loderten. [...]
Ich hielt den Atem an. Alle hielten den Atem an. [...] Dorthin mußte ich schauen, wohin alle schauten: zum ersten Stock der Residenz hinauf.

← **Erbarmungslos liquidierten die »Befreier Münchens« die Revolutionäre des Novembers 1918**

Ein Schatten glitt durch das Leuchten der offenen Balkontüren. Der König war an die Brüstung des Balkons vorgetreten. Ganz leise, gepreßt klang die Musikkapelle, wie eine unterirdische Begleitung zu dem hochfahrenden Sturm der Menschenstimmen, die die »Wacht am Rhein« sangen. Mit ihrem ganzen aufgewühlten Gesicht sangen sie. Viele schluchzten. Frauen knieten. Auch ich hatte den Hut abgenommen. Eine unwiderstehliche Gewalt hatte ihn mir herabgerissen. Ich wußte nicht, ob ich sang oder ob ich nicht mitsang. Ich hielt wieder den Atem an, aber ich hörte mich mitsingen. Ich spürte ein Zittern von Hartinger herüber, der ebenso wie ich von einem Fuß auf den anderen trat. Auch er hatte Mühe, hier standzuhalten. Der König sprach. Unverständliche Laute bröckelten über den Platz weg. Man konnte den Hut wieder aufsetzen. Das Lähmende, das über dem Platz lag, war geschwunden. Viele flüsterten miteinander. Der König hatte seine Rede beendet.

Ein neues gewaltiges Brausen entstand: »Deutschland, Deutschland über alles!«

Wie eine Absolution empfingen die vor der Größe des Augenblicks in die Knie gegangenen Münchner das, was ihnen ihr König zu sagen hatte: Ludwig III. erklärte die Generalmobilmachung gegen Rußland und Frankreich. Der Jubel über diese Kriegserklärung war grenzenlos, bei allen. Selbst die Literaten und Künstler eilten mit Hurra zu den Waffen. Nur ganz wenige erkannten von Anfang an den Wahnsinn dieses ausbrechenden Weltkrieges: Oskar Maria Graf beging an der Ostfront Befehlsverweigerung, indem er sich als Irrsinniger aufführte, und auch Leonhard Frank sah bereits 1914, wohin alles führen würde.

Vier Jahre später jagten die Münchner König Ludwig III., dem sie bei der Mitteilung des deutschen Kriegseintritts noch zugejubelt hatten, zum Teufel. Und wie sie das taten! Im Zusammenhang mit dem Fall der Berliner Mauer im Herbst 1989 hörte man immer wieder die Kommentierung, dies sei die erste friedliche Revolution auf deutschem Boden gewesen. Ganz richtig ist das eigentlich nicht. Denn als die Wittelsbacher nach über 800 Jahren ununterbrochener Regentschaft gestürzt wurden, geschah dies auch ohne jegliches Blutvergießen.

Der Umsturz mußte kommen, die Lage war einfach zu aussichtslos. In der Stadt herrschte der schiere Überlebenskampf. Die Leute fingen sich schon streunende Katzen und die Eichhörnchen im Waldfriedhof, um überhaupt irgend etwas im Kochtopf zu haben. Es gab viel zuwenig Wohnungen, für viele keine Arbeit. Frauen mußten in den Munitionsfabriken, zum Beispiel in Sendling, arbeiten, für einen Lohn, von dem sie sich ein paar Steckrüben leisten konnten. »Dotschen« nennt man die in Bayern und die wegen dieser Mangelnahrung gelbgesichtigen Frauen »Dotschenweiber«.

Wären die politischen Kräfte nicht zu zerstritten gewesen, wäre der Umsturz vielleicht schon viel früher gekommen. Die »Linke« war zersplittert in: Liberale und Kommunisten, die alte Sozialdemokratie mit Erhard Auer an der Spitze und die Unabhängige Sozialdemokratische Partei Deutschlands (USPD) unter Kurt Eisner. Zusammen rief man am 7. November 1918 zu einer Friedenskundgebung auf. Daß der Krieg verloren war, ahnten die meisten längst, wozu also noch länger das sinnlose Abschlachten an der Front? Auf der Theresienwiese, unterhalb der Bavaria sollte die Kundgebung stattfinden. Ein Dutzend Männer der verschiedenen Parteiungen standen auf der Rednerliste. Jeder scharte sein Grüppchen um sich. Carl Amery hat einmal festgestellt, hätte es damals schon Lautsprecheranlagen gegeben und somit ein gemeinsames Podium und einen ›geregelten Demonstrationsablauf‹, alles wäre anders gekommen. So aber passierte am Abhang unterhalb der Bavaria, wo Kurt Eisner sprach, folgendes (Oskar Maria Graf, der dabei war, hat es später in seiner Autobiographie *Wir sind Gefangene* erzählt):

»Herrgott, heut' ist ja ganz München da ... Da wär' doch was zu machen! Hoffentlich gehen sie heut' nicht wieder heim und tun nichts«, sagte ich zu Schorsch. Ein bärtiger Hüne in Militäruniform hatte es gehört, lächelte überlegen und meinte superklug: »Nana, heut' gehn wir net hoam ... Heut' geht's woanders hin ... Gleich werd's losgehen.«
»Es lebe der Friede!« schrien in diesem Augenblick um mich herum die Leute. »Frie–ie–de!« pflanzte sich fort und scholl weithin. Und

brausend riefen alle: »Hoch Eisner! Hoch die Weltrevolution!« Ungefähr eine Minute war es still. Von der Bavaria herüber drangen Beifallsrufe. Wir drängten uns über den Hang hinauf. Plötzlich schrie Felix Fechenbach in Feldgrau laut und beinahe kommandomäßig in die bewegte Menge: »Genossen! Unser Führer Kurt Eisner hat gesprochen. Es hat keinen Zweck mehr, viele Worte zu verlieren! Wer für die Revolution ist, uns nach! Mir nach! Marsch!« Und mit einem Schlage gerieten die johlenden Massen ins Vorwärtsdrängen. [...]
Wir marschierten, eingekeilt von einer dahinstürmenden Menge, fast ganz an der Spitze, kaum fünf Schritt weit entfernt von Eisner, den ich unablässig betrachtete. Er war blaß und schaute todernst drein; nichts redete er. Fast sah es aus, als hätte ihn das jähe Ereignis selber überfallen. Ab und zu starrte er gerade vor sich hin, halb ängstlich und halb verstört. [...]
Keine Gegenwehr kam. Alle Schutzleute waren wie verschwunden. Aus den vielen offenen Fenstern der Häuser schauten neugierige Menschen auf uns herunter. Überall gesellten sich neue Trupps zu uns, nun auch schon einige Bewaffnete. Die meisten Menschen lachten und schwatzten, als ging's zu einem Fest. Hin und wieder drehte ich mich um und schaute nach rückwärts. Die ganze Stadt schien zu marschieren. Wir erfuhren auch schon, daß Matrosen die Residenz genommen hatten.

Kein einziger Mensch kam bei dieser Münchner Novemberrevolution zu Schaden. Als die Revoltierenden in die Kasernen eindrangen, rissen sich dort die Soldaten die Abzeichen von den Uniformen und marschierten mit. Im Hofgarten machte derweil ein besorgter Münchner Bürger den König auf die Ereignisse aufmerksam. Mit seiner Familie flüchtete er noch am selben Abend mit dem Automobil Richtung Salzburg. Sie hatten es eilig, außer Landes zu kommen, und landeten zwischendurch im Kartoffelacker. Die Revolutionäre indes übernahmen nach und nach die wichtigen Schaltzentralen. Druckereien zum Beispiel. Am nächsten Morgen konnten die Münchner in ihrer Zeitung lesen, die Wittelsbacher seien abgesetzt. »Bayern ist fortan ein Freistaat.«

Daher nämlich kommt die Bezeichnung »Freistaat Bayern«. Sie ist keineswegs eine Erfindung der CSU, wie viele vielleicht meinen und wie manchmal wirklich der Eindruck entstehen könnte. Eisner als Kulturjournalist wußte sicher, daß diesen Begriff bereits Georg Büchner im *Hessischen Landboten* verwendet hatte. Wie man sieht: Proklamiert wurde der Freistaat von Männern mit Sinn für literarische Bezüge. Auffällig ist, wie viele unter den Novemberrevolutionären Schriftsteller und Publizisten waren. Wer von ihnen nicht gleich mitmachen wollte, wurde sanft gedrängt, wie beispielsweise Oskar Maria Graf, dem man schließlich zum Dramaturgen am Arbeitertheater *Die neue Bühne* machte.

Überspitzt könnte man sagen, Bayern war ab dem 8. November 1918 ein Dichterstaat. Und das genau war es auch, warum ihn viele nicht ernst nahmen und für eine Art rote Revolutionsoperette einiger Schwabinger Schlawiner hielten. Dabei waren die Kritiker der Schriftsteller an der Macht nicht selten ... selbst Schriftsteller. Der konservative Josef Hofmiller zum Beispiel schrieb ein ganzes *Revolutionstagebuch*, in dem er mit Spott nicht sparte. Ähnlich wie Ludwig Thoma, der dies nur viel rabiater formulierte, hielt er den Novemberrevolutionären vor, sie verstünden nichts vom Volk:

Donnerstag, 14. November
[...] Wir sind nicht für die Republik geschaffen. Das monarchische Gefühl sitzt uns im Blut seit vielen 100 Jahren. Wir sind gute Gefolgsmannen, und wenn wir einmal den Eindruck machen, schlechte zu sein, so liegt es nie am Gefolge, sondern immer am Herzog. Der Altbayer will jemand über sich haben, mit einer Krone auf dem Kopf und nicht mit einem Zylinder.

Und um seine Meinung noch zu unterstreichen, zitiert Hofmiller einen Tag später in seinem Tagebuch aus dem sozialdemokratischen *Vorwärts:*

Als am 8. November die Kunde kam, daß Eisner bayerischer Ministerpräsident geworden sei, erfüllte Heiterkeit die Redaktionsstuben, sie pflanzte sich fort in die Setzer- und Maschinensäle. Es war keiner unter uns, der Eisner nicht von alter Zeit liebte und schätzte, keiner, der ihm übelwollte oder ihn mißachtete. Dennoch Heiterkeit überall, wohlwollende Heiterkeit. Wozu wären wir ein befreites Volk, wenn es nicht erlaubt wäre, einem alten Freund offen und öffentlich zu sagen: [...] Du lebst in einer Welt des holden Wahnsinns, wenn du glaubst, du eingewanderter Berliner Literat, der im öffentlichen Leben Bayerns noch nie eine Rolle gespielt und den man in Bayern bis vor drei bis vier Wochen kaum kannte, du könntest dich auf das Vertrauen des bayerischen Volkes stützen. Alles, was du in deinem Leben gut gemacht hast, verdirbst du mit deinem tollen Streich!

Vielleicht wäre er ja wirklich lieber Kulturjournalist geblieben, der Mann mit dem Jesus-Bart, Kurt Eisner. Nun aber mußte er den ersten Ministerpräsidenten des Freistaates Bayern machen. Er wollte sein Image des wirklichkeitsfremden Schwabinger Bohémiens möglichst schnell revidieren und stürzte sich in pragmatisches Handeln, für das ihn die Konservativen bis Rechtsnationalen genauso scholten wie die radikal Linken, denen er immer zu kompromißlerisch war. Unweigerlich mußte er so zwischen die Mühlsteine geraten. Nachdem er bei den Wahlen zum Landtag im Januar 1919, bei denen übrigens erstmals auch die bayerischen Frauen stimmberechtigt waren, eine vernichtende Niederlage erfuhr (3 von 180 vergebenen Parlamentssitzen für die USPD), war er bereit, nach nur wenigen Wochen sein Amt schon wieder aufzugeben. Mit dem Manuskript der Rücktrittsrede in der Tasche war er auf dem Weg zum Landtag in der Prannerstraße, als ihn auf dem Promenadeplatz der deutschnationale Graf Anton von Arco-Valley niederschoß. Kurt Eisner war sofort tot.

Wir waren wie vernichtet. Diese Schüsse galten nicht dem einen Manne, sie galten der Freiheit, der Revolution. Die ganze Stadt war aufgeregt. Wir strömten über die Straßen. Die Arbeiter schrien nach Rache.

So steht es in Alois Lindners *Abenteuerfahrten eines revolutionären Arbeiters*. Geschrieben hat er diese Erinnerungen im Zuchthaus. Linder, der als Metzger und Matrose, als Hausdiener in Chicago und als Kellner am Münchner Hauptbahnhof gearbeitet hatte, war es nämlich, der nur wenige Stunden nach Eisners Tod in den Bayerischen Landtag eingedrungen war und dort wahllos auf Abgeordnete schoß, treffen allerdings wollte er die Sozialdemokraten.

Eine unbekannte Gewalt nahm mich in ihre Fäuste. Der Ermordete erstand vor meinem geistigen Auge, aus vielen Wunden blutend.
Wie einen Posaunenstoß hörte ich eine Stimme: »Räche den Ermordeten!«
Eine verzehrende Flamme brannte in mir. Die Tränen des Zorns, die nach Innen stürzten, schlugen Flammen in meine Seele. Ich hob den Arm. Die aufzuckenden Blitze aus der Pistole zerrissen den Schleier vor meinen Augen. Ruhig hämmerten die Schläfen. Ruft und schreit nicht mehr nach Rache! Ich habe den Toten gerächt!

Lindner tötete mit seiner wilden Pistolenschießerei den Major von Jahreiß, der sich ihm entgegenwarf, einen Abgeordneten der Zentrumspartei und verletzte den Führer der Sozialdemokraten, Reinhard Auer, schwer, weil er ihn für den Anstifter der Ermordung Eisners hielt. Plötzlich hatte die bayerische Revolution der Jahre 1918/19, die bis dato völlig unblutig verlaufen war, vier Opfer zu beklagen. Und es sollten nicht die letzten bleiben.

Am 26. Februar 1919 fand die Beisetzung Eisners statt. Dieselben Münchner, die ihm noch Wochen zuvor bei der Landtagswahl eine verheerende Wahlniederlage bereitet hatten, strömten nun zu seinem Trauerzug; 100 000 sollen es gewesen sein. Ricarda Huch, die für die Novemberrevolutionäre nicht allzu große Sympathien hegte, schrieb in ihrer Autobiographie: »Die Menschenansammlung soll ungeheuer gewesen sein; vor Tagesanbruch hingen sie schon an Bäumen und Dächern geklammert wie Maikäfer. Als die Spitze des Zuges am Ostfriedhof anlangte, hatten die letzten die Theresienwiese noch nicht verlassen.«

Und das ist eine ganz schön lange Wegstrecke. Wir wollen sie noch einmal nachgehen, denn sie ist im Grunde die direkte Verbindung vom hoffnungsvollen Aufbruch auf der Theresienwiese zum völligen Desaster mit der Endstation Ostfriedhof. Der Weg führt über die Kobellzur Kapuzinerstraße, am Schlachthof vorbei zum Baldeplatz, über die Wittelsbacherbrücke und dann die Humboldtstraße nach Giesing hinauf. Das sind die einstigen Arbeiterviertel Münchens gewesen.

Heinrich Mann sagte in einer Gedenkrede über Kurt Eisner, seine Regierung habe in hundert Tagen »mehr Ideen, mehr Freuden der Vernunft, mehr Belebung der Geister gebracht als die fünfzig Jahre vorher«. Und dann meinte er noch, Eisner verdiene den »ehrenvollen Namen eines Zivilisationsliteraten«, und eigentlich sei es doch ein kleines Wunder der Geschichte, daß er über Nacht einen völlig unblutigen Staatsstreich durchgeführt habe.

Doch nun brachen andere Zeiten an. Es begann das Gerangel darum, wer zukünftig die Macht haben sollte im Staat. Wie es oft bei Revolutionären ist, entbrannte schärfster Streit darüber, welches die richtige Revolution und welches nur eine verkappte Konterrevolution sei. Vor allem die KPD, der grob gesprochen ein ›russisches Modell‹ vorschwebte, weigerte sich, an der am 7. April von den übrigen revolutionären Gruppierungen ausgerufenen Räterepublik mitzuarbeiten. Immer wieder kam es zu heftigen bis handgreiflichen Debatten. Zum Beispiel zwischen dem Dramatiker Ernst Toller, Vorsitzender der USPD, und Eugen Leviné, ebenfalls Schriftsteller und früher Parteimitglied bei den Sozialdemokraten und der USPD, ehe er in der KPD landete. Toller beschreibt in seinem Buch *Eine Jugend in Deutschland*, wie sich üblicherweise solche Biersaal-Redeschlachten anhörten:

Wie ich in den Mattäserkeller eintrete, spricht Leviné. Die Räterepublik sei eine Scheinräterepublik, die Regierung sei unfähig, man müsse sie stürzen, anstelle des Zentralrats einen neuen Rat wählen, der die Macht übernehmen werde. Die Versammlung stimmt Leviné zu. Ich melde mich zum Wort. [...]
– Wenn ihr heute eure politische Haltung revidiert habt, rufe ich den Kommunisten zu, und glaubt, daß nur die unfähige Regierung an der Verfahrenheit schuld sei, liegt es an euch, durch eure Mitarbeit die Revolution zu retten. Wenn ihr uns stürzt, eine neue Regierung

bildet, und die Bauern nicht mittun, was wollt ihr beginnen, wie wollt ihr München ernähren?

– Wir werden es wie in Rußland halten, antwortet Leviné, wir werden den Klassenkampf aufs Dorf tragen, wir werden durch Strafexpeditionen die Bauern zwingen, Korn und Milch zu liefern.

– Diese Strafexpeditionen erzielten nicht einmal in Rußland Erfolge, in Bayern würde solches Beginnen zu völligem Fiasko führen. In Bayern könnt ihr euch nicht auf die Dorfarmut stützen, selbst die niederbayerischen Gütler sind keine russischen Muschiks, der bayerische ist nicht der russische Bauer, er ist bewaffnet, er wird sich wehren.

Wie richtig doch der in Samotschin in Posen geborene Toller die bayerischen Bauern einschätzte. Längst begann sich unter ihnen der Unmut über das ›jüdische Schlawinertum‹ und die ›landfremden Elemente‹, die die Landeshauptstadt im Würgegriff hielten, zu einer regelrechten Totschlagstimmung aufzuheizen. Strafexpeditionen gegen das Bauerntum rund um München, das der Stadt doch schon längst die Lebensmittelzufuhr abgedreht hatte ... genau umgekehrt, wie Leviné sich das vorstellte, kam es schließlich.

Als Unterstützung der »Weißen Garde«, die dem von den Revolutionsräten gestürzten und nach Bamberg geflohenen SPD-Ministerpräsidenten Hoffmann unterstanden, bildeten sich im bayerischen Oberland unter den Bauern verschiedene Freiwilligenkorps, die von Franz Xaver Ritter von Epp befehligt wurden. Das war jener Pour-le-mérite-dekorierte Weltkrieg-Kämpfer, der später zwölf Jahre lang Hitlers Statthalter in Bayern wurde. Verbindungen zwischen den München-›Befreiern‹ und späteren Nazi-Paladinen sind unübersehbar.

Ausgerechnet am 1. Mai, dem höchsten ›Feiertag‹ der internationalen Arbeiterbewegung, erfolgte der Sturm auf die Stadt. Man nahm das rote München in die Zange: Die weißen Truppen rückten über Dachau aus dem Norden an, die Oberlandler kamen aus dem Süden. Hie und da gab es kleinere Scharmützel, im großen und ganzen aber war die ›Münchner Rote Armee‹ ein ziemlich trauriger und wehrloser Haufen. Während die eigentliche Einnahme Münchens also relativ unblutig verlief, sollte das große Gemetzel nun erst losgehen: der berüchtigte »Weiße Terror«.

Ob russische Kriegsgefangene, die sich den Truppen der Münchner Räte angeschlossen hatten, ob unschuldige, von anonymen Denunzianten angeschwärzte ... nein: angerötete Mitglieder eines Katholischen Gesellenvereins, ob wahllos aufgegriffene Münchner Arbeiter, sie alle liquidierte man, mehr oder minder auf der Stelle. Man machte mit ihnen nicht einmal kurzen, sondern gar keinen Prozeß. Wie das hysterische Jagen nach ›Roten‹ damals vor sich ging, berichtet zum Beispiel Red Marut, eine der schillerndsten, geheimnisvollsten Figuren aus dem Kreis der Revolutionsliteraten. Red Marut ist ebenso ein Pseudonym wie der Name, mit dem der Autor später weltberühmt wurde: B. Traven, Verfasser des *Totenschiffs*. Über die wahre Identität von Marut, alias Traven ist wenig bekannt, ja lange Zeit stritt man sogar darüber, ob es sich um ein und dieselbe Person handelt. Die *Büchergilde Gutenberg*, für die der 1924 in Mexiko auftauchende Traven ein Best- und Longsellerautor wurde, konnte den immer wieder nachfragenden Lesern auch nicht mehr erklären, als daß der Autor B. Traven der Meinung sei, die Biographie eines schöpferischen Menschen sei ganz und gar unwichtig, verglichen mit seinem Werk. »Wenn der Mensch in seinen Werken nicht zu erkennen ist, dann ist entweder der Mensch nichts wert, oder seine Werke sind nichts wert«, heißt es in einem der wenigen persönlichen Texte Travens, in seinem Einführungsaufsatz *Mein Roman das Totenschiff*.

Heute weiß man zweifelsfrei, daß Traven mit Marut identisch ist. Und so kann man nun auch jenes Werk zuordnen, in dem sich Marut/Traven am deutlichsten zu erkennen gibt, nämlich in der Zeitschrift *Der Ziegelbrenner*. Als alleiniger Autor und Redakteur brachte Marut – so wie Karl Kraus seine *Fackel* in Wien – den *Ziegelbrenner* während der Jahre 1917 bis 1919 in München heraus. Mit seiner revolutionär-anarchistischen Gesinnung hielt er darin nicht im geringsten hinterm Berg. Deshalb war es nur naheliegend, daß Marut nach Ausrufung der Räterepublik für kurze Zeit Zensor im »Propaganda-Ausschuß des Provisorischen Revolutionären Zentralrats« wurde. Sicherlich eine hochrevolutionäre Aufgabe, aber genauso sicher auch eine, die nicht irgendwelche Mordopfer zu verantworten hatte. Darauf aber nahmen die Weißgardisten, wie in so vielen anderen Fällen auch, nicht die geringste Rücksicht. Red Marut galt ihnen als »der gefährlichste Agitator der Räterepublik, Vernichter des Bürgertums und Zerstörer der Presse«.

Marut beschreibt das alles in einer letzten Ausgabe seines *Ziegelbrenners*, wie ihn fünf Männer mit umgehängten Gewehren von der Straße weg verhafteten und ins Kriegsministerium brachten. Auf der Fahrt dorthin jubelten immer wieder Passanten dem offenen Lastwagen zu, wo zehn »Freiheitskämpfer und Erretter des Bürgertums« ihre Pistolen und Gewehrläufe auf den einen Gefangenen hielten. »Jetzt haben wir aber einen, den Allergefährlichsten!« Im Kriegsministerium folgte eine kuriose Veranstaltung, ein Zwischending zwischen Verhör, Prozeß und Androhung sofortiger Liquidation. Da man mit Marut nicht recht weiterkam, brachte man ihn ins Polizeipräsidium, wo ein Feldgericht stattfand. Im Drei-Minuten-Takt wurden hier, nach Anhörung eines Belastungszeugen – man könnte auch sagen Denunzianten –, die Urteile gefällt ... und die lauteten alle auf standrechtliche Erschießung. Nur weil zwei wachestehende Soldaten einen Augenblick lang einen Funken Menschlichkeit bewiesen, wie Marut in ihren Blicken zu erkennen glaubte, bot sich ihm überhaupt die Möglichkeit zur Flucht.

Red Marut verschwand dann aus München, um Jahre später, wie erwähnt, in Mexiko wieder aufzutauchen, allerdings mit einer völlig neuen, pseudonymen Identität. Die allerwenigsten allerdings hatten das Glück, auf diese Art und Weise ihren Kopf aus der Schlinge ziehen zu können. Den Schriftsteller Gustav Landauer zum Beispiel brachte man nach seiner Verhaftung ins Gefängnis in Stadelheim (heute noch Münchens bekannteste Vollzugsanstalt), wo man ihn im Innenhof mit einer Reitpeitsche mißhandelte und anschließend aus nächster Nähe erschoß. Eugen Leviné wurde ebenfalls nach einer Gerichtsverhandlung erschossen. Erich Mühsam verurteilte man zu 15 Jahren Festungshaft ... Graf Arco, der Eisner ermordet hatte, saß vier (!) Jahre in der Festung Landsberg ein, und zwar ähnlich komfortabel wie der Landeshochverräter Adolf Hitler, den man nach seinem gescheiterten

Putsch auch dorthin brachte, damit er in Ruhe sein Buch *Mein Kampf* schreiben konnte.

Ernst Toller, genau wie Mühsam vielleicht ein geistiger Kopf der Revolution, niemals aber ein Mörder, wurde zu fünf Jahren verurteilt. Im Gefängnis Stadelheim schrieb er »im Gedenken an Gustav Landauer« ein vielstimmiges *Requiem den erschossenen Brüdern*, denn es waren noch viele außer den berühmten Namen, die ihr Leben ließen in diesen Maitagen des Jahres 1919.

Chor der Frauen
Wir sind zu tief dem Grauenvollen abgewendet
Der Mund verstummt, kein Siegeslied geleitet Euch.
Zerbrecht die Eisenwaffen – Männer!
Zerbrecht die Waffen der verwesten Zeit!
Wehe, sie hören nicht!
Dämmerung birgt sie.
Wehe, das Morden begann!

Eine weibliche Stimme
Verhüllt das Antlitz, Ihr Schwestern,
Ich singe ein trauriges Lied,
Ich höre Eurer Männer dumpfe Schritte
Wie Sklaven tragen sie die Hände auf dem Kopf,
Wie Sklaven werden vorwärts sie gestoßen.
O Schwestern, Nacht senkt sich herab.

Chor der Männer (aus der Ferne)
An Mauern sterben wir ...
In Kerkern erschlagen von Kolben ...
Aufsteht der Moloch.
Drängt sich zwischen Mensch und Mensch

Natürlich ist das voll revolutionärem Pathos geschrieben, wenn auch mit dem Pathos der Niederlage. Selbst Oskar Maria Graf, der in seinem Buch *Wir sind Gefangene* nicht mit Kritik, Spott und Selbstanklage, was die revolutionäre Verblendung betrifft, sparte, war vom Anblick, der sich ihm am Ostfriedhof bot, bis ins Mark erschüttert. Dorthin nämlich hatte man all die Liquidierten gebracht.

Auf dem schmutzigen Pflaster lagen die toten Arbeiter. Hingeschmissen, gerade, schief, auf dem Rücken oder auf der Seite. Nur die Füße bildeten eine gerade Linie mit der Hand. Es roch gräßlich nach Blut und Leichen. Man schlurfte auf den rotgefärbten Sägespänen dahin von Mann zu Mann. Um mich herum flüsterten, weinten, klagten und wimmerten die Leute und beugten sich ab und zu nieder auf die Toten, an die man Paketadressen oder kleine Pappendeckel geheftet hatte. Darauf stand der Name und eine Nummer. [...] Ich versuchte zu zählen – bis zwanzig, bis vierzig, weiter, bis sechzig, immer noch weiter, bis neunzig, bis hundert und immer noch weiter. Ich zählte nicht mehr. Es ging nicht mehr.

→ »Der heißt aber nicht Hüttinger. Der heißt Rittler«
Der braune Terror beginnt:
Hitlers unaufhaltsamer Aufstieg

Siebter Spaziergang: Gärtnerplatz – Klenzestraße – Isartor – durchs Tal bis zum Marienplatz – Feldherrnhalle

Vor dem Hauptausgang des Ostfriedhofs am St.-Martin-Platz befindet sich die Haltestelle der Trambahnlinie 27, die durch die Ohlmüllerstraße und über die Reichenbachbrücke mitten ins Gärtnerplatzviertel hineinführt. Dort wollen wir unseren Spaziergang fortsetzen, denn dort, im Gärtnerplatzviertel, konzentrierte sich früher einmal das, was man das jüdische Leben Münchens nennen könnte.

Eine besonders große jüdische Gemeinde hatte München, anders als beispielsweise Wien, Frankfurt oder Berlin, nie. Anfang des 19. Jahrhunderts waren es gerade einmal 700 Münchner jüdischen Glaubens, die man unter den insgesamt 75 000 Einwohner zählte. Außer Geldgeschäfte abzuwickeln war ihnen so gut wie nichts erlaubt. Darauf allerdings griffen die Wittelsbacher gerne zurück, 81 Prozent aller finanziellen Anleihen, die das Königreich in der ersten Hälfte des 19. Jahrhunderts aufnehmen mußte, stammten von jüdischen Bankiers. Wie gesagt: Außer ihrem Geld wollte man von den Juden nichts. Nicht einmal zur Welt kommen durften sie hier in der Stadt ... und auch nicht begraben werden. Zu beidem, Entbindung und Bestattung, fuhren Münchner jüdische Familien in eine kleine Ortschaft bei Augsburg, Kriegshaber, wo es eine alte jüdische Gemeinde gab.

Geändert hat sich das erst ab der zweiten Hälfte des 19. Jahrhunderts. 1869 wurde erstmals ein jüdischer Mitbürger in eines der Gremien der Stadtverwaltung gewählt. Eine allgemeine Niederlassungsfreiheit ließ die Zahl der Zuzügler, vor allem aus den Gebieten des

← Als Maler und »Kunstschriftsteller« gab sich Adolf Hitler aus, als er 1913 nach München kam

Ostjudentums, rasch steigen. 1887 wurde die große Hauptsynagoge in der Herzog-Max-Straße eingeweiht, kleinere Synagogen und Betstuben gab es darüber hinaus vor allem in den Straßen rund um den Gärtnerplatz. Hier ließ sich auch der Großteil der Einwanderer nieder, in der Fraunhofer- und der Klenzestraße, in der Reichenbach- und der Baaderstraße. 1910 zählte man 11 000 jüdische Mitbürger.

Und dennoch: jüdisches Leben vollzog sich relativ unauffällig in der Stadt. Benjamin Mordechai Engelhard beschreibt das in seinen Erinnerungen, die in dem vorzüglichen Ausstellungsband *Versagte Heimat. Jüdisches Leben in Münchens Isarvorstadt 1914–1945* abgedruckt sind. Engelhards Eltern stammten aus Pruchnik in Galizien und waren 1905 nach München gekommen, der Vater eröffnete in der Klenzestraße eine Lederwarenfabrikation, wo er unter anderem bayerische Trachtenhosenträger herstellte – dies nur als kleiner Hinweis darauf, wie schnell sich die jüdische Assimilation vollzog. Benjamin Mordechai Engelhard erinnert sich:

Unser Gärtnerplatzviertel war kein Schtetl. Die Mehrheit der Bevölkerung war nichtjüdisch, also konnte es nicht ein Schtetl sein. Das Jüdische hat man gespürt, wenn man an der Isar entlang gegangen ist. Dann hat man gesehen, wie die Juden am Schabbat auf- und abmarschierten oder auf den Bänken saßen und sich unterhielten. Daran hat man es erkennen können, aber sonst hat das Jüdische keinen äußerlichen Eindruck gemacht.
Die Ritualienhandlung in der Buttermelcherstraße war auch kein richtiges Ladengeschäft. Der Schindler, ich glaube er hieß mit Vornamen Mechel, hatte dafür ein Zimmer in seiner Wohnung mit koscheren Artikeln. Es hat auch eine Ritualienhandlung in der Westenrieder-Straße gegeben, aber wir haben immer, wenn wir Bücher gebraucht haben, rituelle Bücher oder Gebetbücher, bei Schlesinger in Wien bestellt.
Soweit ich mich erinnere, hat fast niemand in München *Pejes* [Schläfenlocken] getragen. Die einzigen mit Pejes waren welche, die immer wieder aus Polen kamen, um Geld zu sammeln.

Daß das Zusammenleben von Christen und Juden bis in die zwanziger Jahre hinein weitgehend konfliktfrei verlief, dafür macht Leo Baerwald, Gemeinderabbiner bis zum März 1940, unter anderem das geistige Klima Münchens verantwortlich. Hier seien – zumindest solange die Braunhemden die Szenerie noch nicht beherrschten – »keine zu extremen Ansichten zutage« getreten und die »Majorität der Juden in München noch von der in Süddeutschland allgemein üblichen konservativen Gesinnung beseelt«. Mit den Eisners, Tollers, Levinés, Landauers wollte der Großteil des Münchner Judentums unter keinen Umständen in einen Topf geworfen werden, und es ist höchst bezeichnend (aber auch kaum bekannt), daß es zwei jüdische Rechtspraktikanten waren, die am Palmsonntag 1919 den Versuch einer Gegenrevolution unternahmen und die »jüdisch-bolschewikische« Räterepublik stürzen wollten.

Was aber half es den Münchner Juden, daß sie sich beinahe bis zur Aufgabe der eigenen Identität ans bierselige katholische Barockleben der Stadt anpaßten? Schalom Ben-Chorin hat in seinem Buch *Jugend an der Isar* diese manchmal geradezu grotesk anmutenden Anpassungsversuche – die wahrscheinlich schon gar nicht mehr als solche empfunden wurden – beschrieben. Da wurde in jüdischen Familien Weihnachten gefeiert mit Nikolaus und Christbaum, und das Ende des »tiefernsten Versöhnungstages« im Herbst, an dem von Sonnenauf- bis -untergang gefastet wurde, beging man bei einer Maß Bier und einem »Steckerlfisch« auf dem Oktoberfest. »Wie seltsam verschlingt sich der Rhythmus des jüdischen Jahres und der Münchener Festzeit in meiner Erinnerung«, schreibt Ben-Chorin.

Als junger, wenig kompromißbereiter Mann wollte Schalom Ben-Chorin dieses ›Versteckspiel‹ und diese Selbstverleugnung, wie er empfand, nicht mehr länger mitmachen. Demonstrativ verließ er an Heiligabend seine Familie und schloß sich der eines Schulfreundes an. Dort kam er nicht nur mit den religiösen Traditionen und Praktiken des orthodoxen Judentums in Kontakt, er hörte in der Familie seines Freundes auch das erste Mal die hebräische Sprache, die ihm bis dato völlig unbekannt war. Es konnte nicht ausbleiben, daß er mit den Ideen des Zionismus vertraut wurde. Theodor Herzl wollte ja seinen später berühmt gewordenen »Ersten Baseler Zionistenkongreß« ursprünglich in München abhalten, doch die königstreuen bayerischen Juden befürchteten, »in ihrer Vaterlandsliebe unglaubwürdig zu werden«, schreibt Schalom Ben-Chorin mit deutlich hörbarem Spott.

Anders als viele Münchner Juden hatte Schalom Ben-Chorin also früh ein dezidiert jüdisches Bewußtsein. Das war es auch, was ihn frühzeitig die lebensbedrohende Gefahr des immer stärker werdenden Nationalsozialismus erkennen ließ. Jedenfalls verließ er 1933 München mit seiner ihm eben erst angetrauten Frau in Richtung Palästina, ein Entschluß, der ihm das Leben rettete. Sollte er noch letzte Zweifel gehabt haben, so wurden ihm die am berüchtigten »Boykottsamstag«, dem 1. April 1933, auf brutalste Art und Weise genommen.

Ich machte mich an diesem strahlend schönen Samstagvormittag auf zu einem Spaziergang durch die Stadt. Bei der Gelegenheit wollte ich meinem Freunde die Kamera zurückgeben, die er mir geliehen hatte.
Diese Kamera wurde mir zum Verhängnis, aber vielleicht auch zum Segen, denn an diesem ersten April sollte ich mit letzter Deutlichkeit erfahren, was viele Juden in Deutschland noch nicht erfassen wollten: das Ende des Rechtsstaates.

Dieser Kamera wegen wurde Schalom Ben-Chorin von zwei SA-Männer am Rindermarkt angesprochen und verhaftet: er habe unerlaubte Fotos gemacht. Einer der beiden begann auch gleich, den mit Handschellen Gefesselten zu mißhandeln, und geriet in einen regelrechten Blutrausch.

Mit gefesselten Händen konnte ich mich kaum schützen. Dieser Überfall hätte wahrscheinlich kein gutes Ende genommen, wenn nicht der Kamerad des Rasenden ihm Einhalt geboten hätte.
Ich erkannte in diesem zweiten SA-Mann einen Studenten, der mir vom Hörsaal her bekannt war. Offensichtlich hatte er auch mich erkannt und meinte nun quasi begütigend: »Jetzt reicht's; schlag ihn nicht tot!«

In erbärmlichem Zustand wurde ich in das Polizeigefängnis an der Ettstraße eingeliefert und sogleich einem Verhör unterzogen. Der vernehmende Beamte trug Zivil, so daß ich ihn für einen Hüter von Ordnung und Recht hielt. Das war offenbar ein Irrtum.
Ich erklärte, daß ich weder photographiert noch Widerstand geleistet hätte und grundlos mißhandelt worden sei.
Der Beamte sah mich streng an, und ein maliziöses Lächeln spielte um seinen Mund: »Hier sind Sie angeklagt und haben nicht anzuklagen, und Judenblut ist bei uns nicht so wichtig.« Das genügte. Der Aufklärungskurs war abgeschlossen.

Das geschah, wie gesagt, am 1. April 1933, da hatten die Nazis seit drei Wochen die Macht im Münchner Rathaus übernommen. München war endlich, was es laut Hitler schon immer sein sollte: Hauptstadt seiner Bewegung. Dabei hatte noch ein Jahrzehnt zuvor alles nach einem völligen Desaster ausgesehen. Am 9. November 1923 hatte Hitler zum erstenmal nach der Macht gegriffen, und sein dilettantischer Putschversuch endete so, daß er eigentlich für immer von der Bildfläche hätte verschwinden müssen. Als Landeshochverräter hätte die Todesstrafe auf ihn warten müssen, wie der Jurist und Geschichtsforscher Otto Gritschneder in seiner Rekonstruktion des Hitler-Prozesses anmerkt; statt dessen schickte man ihn für wenige Jahre auf die Festung Landsberg, wo ihn seine Getreuen mit Geschenkkörben voller Essen besuchen durften. Adolf Hitler, das war das Verhängnis, hatte schon in dieser Frühzeit zu viele einflußreiche Gönner in Justiz, Polizei, in Münchens besseren Kreisen.

Diese besseren Kreise waren es, die aus dem heruntergekommenen, perspektivelosen und desorientierten Wehrmachtssoldaten den Führer und Alleinherrscher der NSDAP machten. Schon Generalstabs-Hauptmann Karl Mayr, Leiter der »Aufklärungsabteilung« im Reichswehrgruppenkommando 4, hatte 1919 über Hitler gesagt, er komme ihm vor wie ein »umherirrender Hund auf der Suche nach seinem Herrn«. Eben noch hatte er für die Rotarmisten der Räterepublik am Hauptbahnhof Wache geschoben, nun auf einmal war Hitler eine Art Spitzel des Hauptmanns mit der Aufgabe, Versammlungen politischer Parteien zu überwachen. Mit dieser Direktive ging er am 12. September 1919 zu einer Mitgliederversammlung der »Deutschen Arbeiter-Partei« des Werkzeugschlossers Anton Drexler, ein notorischer Antisemit. Die Versammlung fand statt im *Sterneckerbräu*, gleich beim Isartor. Dummerweise ließ es Hitler nicht beim Bespitzeln bewenden, er meldete sich selbst zu Wort und machte mit seinem Redebeitrag dermaßen Eindruck, daß ihn Drexler kurzerhand und ungefragt in die Partei aufnahm. Er schickte ihm einen Mitgliedsausweis mit der Nr. 555 zu. Später, in *Mein Kampf* und in der offiziellen Parteihistorie, wird das alles ganz anders dargestellt. An die Mauer des »Leiberzimmers« im *Sterneckerbräu* brachte man die Inschrift an: »In dieser Ecke gründete am 24. 2. 1920 unser Volkskanzler Adolf Hitler die N.S.D.A.P. Die ersten 7 wackeren Kämpen legten hier den Grundstein zur deutschen Freiheitsbewegung.«

Bewußt fälschte man die Zahlen und vertauschte Daten: Der 24. Februar 1920 war jener Tag, da Hitler in einer seiner ersten großen Reden im *Hofbräuhaus* das neue, ganz auf ihn zugeschnittene Parteiprogramm vortrug. Nun war der Siegeszug der NSDAPler, wie sie sich bald darauf umbenannten, nicht mehr aufzuhalten. Mit Unterstützung nationalistischer Unternehmerkreise, altgedienter Militärs und etlicher ›Radaubrüder‹, die nur darauf aus waren, sich in Saalschlachten zu bewähren, hielt man eine Großveranstaltung nach der anderen ab ... und immer größer wurde der Zulauf und immer aggressiver der Ton. Jedenfalls glaubte Hitler im November 1923, daß die Zeit reif dafür sei, die Macht gewaltsam an sich zu reißen.

Am Abend des 8. November hatte die amtierende bayerische Regierung mit Gustav von Kahr an der Spitze zu einer »vaterländischen Kundgebung« in den *Bürgerbräukeller* in der Rosenheimer Straße gerufen. In diese Versammlung hinein platzte Hitler mit seinen SA-Horden, er erstürmte das Podium, schoß mit seinem Revolver in die Saaldecke und rief: »Die nationale Revolution ist ausgebrochen! Die bayerische Regierung ist abgesetzt! Eine provisorische Reichsregierung wird gebildet!« In einem Nebenzimmer zwang Hitler unter Gewaltandrohung Kahr und seine Leute, sich der Revolution anzuschließen, nach einigem Hin und Her taten sie es auch, allerdings nur dem Scheine nach, wie von Kahr später behauptete. Unsicherheit und Verwirrung breiteten sich aus. Wie sollte es weitergehen? Erst einmal verbrachte man die Nacht im Wirtshaus. Die vollen Maßkrüge gingen reihum.

Man mußte ganz München zeigen, daß die nationale Erhebung gesiegt hatte. Am besten mit einem Marsch durch die Stadt. Wie der aussah und vor allem wie er endete, beschreibt Lion Feuchtwanger in seinem großartigen Roman *Erfolg*, den er in nur kurzer zeitlicher Distanz zu den Ereignissen schrieb. Das war vielleicht mit ein Grund, warum er die Namen der handelnden Figuren abänderte, er konnte damit rechnen, daß jeder wußte, wer gemeint war. Hitler heißt hier Kutzner, von Kahr ist Flaucher, General Ludendorff, militärischer Führer des Putsches, wird Vesemann genannt, Cajetan Lechner dagegen, einer der ›Mitläufer‹, ist von Feuchtwanger erfunden.

Man marschierte in Zwölferreihen. Cajetan Lechner war in der vierzehnten Reihe. [...] Man hatte Kaffee im Leib, auch Bier und Würste, man marschierte, an der Spitze Vesemann und der Führer, und indem man marschierte, siegte man. Heute eroberte man München, morgen Bayern, in einer Woche das Reich, in einem Monat die Welt. Am Straßenrand standen Leute, winkten, schrien Heil. [...]
An der Ludwigsbrücke stand Polizei. Es waren schäbige zwölf Mann. Auf den Pfiff eines Offiziers warfen sich die ersten zwei Reihen der Wahrhaft Deutschen auf die Polizisten, spuckten sie an, entwaffneten sie, überwältigten sie, führten sie ab. Der alte Lechner schaute angeregt; so also war das, wenn man siegte. Geschwellt marschierte er weiter, der innern Stadt zu. Zweibrückenstraße, Theatinerstraße, Marienplatz. [...] Weiter. Perusastraße, zur Residenz, zur Feldherrnhalle. Was? In der Residenz liegt Landespolizei? Will absperren? Das wäre ja noch schöner. Die kämen uns recht, die Bazi, die elendigen. Man staut sich, schreit, fuchtelt. Der Altmöbelhändler Lechner kann nicht recht erkennen, was eigentlich los ist. Soviel sieht er: um die Feldherrnhalle herum kommt Reichswehr. Gehört sie zu uns oder zu den andern?
Ein Knattern. Die schießen ja. Wer schießt? Einige fallen um. Jesus Marie und Josef, hat es die gerissen? Einer, wie er umfällt, drückt

den Bauch hoch wie bei einer gymnastischen Übung. Auch die andern, denen offenbar nichts geschehen ist, schmeißen sich hin. Er selber, der alte Lechner, schmeißt sich hin, einfach in den Dreck, trotzdem er seinen schönen Rock anhat. [...]
Der alte Lechner, wie er in der Residenzstraße an der Feldherrnhalle im Dreck liegt und mit nie erlebter Anspannung alle seine Gedanken darauf richtet, aus der Gefahr herauszukommen, ringsum äugend, was geschieht und wie sich die andern anstellen, findet Zeit, einige allgemeine und einige besondere Beobachtungen zu machen. So ist das also, mein Lieber, mit Krieg und Schlacht und Vorstürmen, mit Vaterland und Revolution. Verflucht ungemütlich, Herr Nachbar. Eine Sauerei, Herr Nachbar. Er sieht das graue Auto des Führers, wie es umdreht, wie es mit Vollgas, rücksichtslos, durch die dichten Menschen davonfährt. Wie gerne säße er darin.

Er saß aber nicht in dem Auto, das Hitler zu einem Versteck am Staffelsee brachte, wo er sich übrigens umbringen wollte; die resolute Frau Hanfstaengl hielt ihn davon ab. Cajetan Lechner mußte zusehen, wie er allein aus dem Schlamassel herauskam. Feuchtwanger hat sich dafür noch eine besonders makabre Wendung in seiner Geschichte ausgedacht. Lechner flieht nämlich in einen Hauseingang in der Residenzstraße, klingelt an der erstbesten Türe und versteckt sich in den dortigen Büroräumen. Als die Luft wieder rein ist und er sich verabschiedet, sieht er auf dem Messingschild vor der Tür, daß er eben gerade bei zwei jüdischen Rechsanwälten Unterschlupf gefunden hat.

Eigentlich hätte Hitler mit diesem katastrophal geendeten Marsch auf die Feldherrnhalle erledigt sein müssen. Doch er verstand es, den gegen ihn angestrengten Prozeß wegen Landeshochverrat, der in München stattfand, zu einer öffentlichkeitswirksamen Bühne umzufunktionieren und dort ungeniert seine politische Agitation weiterzubetreiben. Zuletzt stand er da im Lichte des Patrioten, der diesen mit Pistolenschüssen eingeleiteten Putschversuch ja nur aus Liebe zu seinem Vaterland unternommen habe – das natürlich gar nicht sein Vaterland war, Hitler war zu diesem Zeitpunkt immer noch österreichischer

Staatsbürger. Wenn man ihn also schon nicht hart bestrafen wollte, ausweisen hätte man ihn auf alle Fälle müssen.

Statt dessen also die komfortable Festungshaft in Landsberg, wohin man säckeweise »Fan«-Post brachte und wohin scharenweise die Anhänger pilgerten – und auch vorgelassen wurden zu dem Gefangenen. Nach gut einem Jahr, rechtzeitig noch vor Weihnachten 1924, wurde Hitler am 20. Dezember bereits wieder entlassen, und er kehrte sofort nach München zurück, und er machte genau dort weiter, wo er im November 1923 aufgehört hatte. Nur mit anderen Methoden (daß es gewaltsam nicht gehen würde, hatte er gelernt), aber er hatte ja auch genügend reiche und einflußreiche Gönner unter Münchens nobler Gesellschaft, die ihn nun umerzogen vom verwegenen Pistolenhelden zum zukünftigen Staatsmann im Frack. Bei der Reichstagswahl im Mai 1924 erreichte der Block der völkischen Parteien in Bayern bereits 16 Prozent.

Wie Hitlers Aufstieg von den alles andere als politisch interessierten ›Kreisen‹ in München verfolgt und bewertet wurde, beschreibt Herbert Rosendorfer in seinem satirischen Roman *Die Nacht der Amazonen*. Im Mittelpunkt des Romans steht Christian Weber, einer von Hitlers Statthaltern in München nach der Machtübernahme. Weber, ein in bayrisch Schwaben geborener Hausknecht von bulliger Statur und geringem Intellekt, entfaltete in den dreißiger Jahren ein Potentatenleben, wie es die Stadt an der Isar noch nicht erlebt hatte. Legendär sind seine »Nächte der Amazonen« geworden, bei denen er Münchner Mädl als nackte Amazonen, mit Goldbronze lackiert, in einer Art antikisiertem Triumphzug durch den Nymphenburger Park reiten und in Triumphwagen fahren ließ. Hitler hielt stets schützend die Hand über Weber, diesen Peter-Ustinov-haften Klein-Nero Münchens, war er doch einer der »wackeren Kämpen«, die als besonders verwegene Haudegen schon beim Marsch auf die Feldherrnhalle mit dabei gewesen waren. Weber war einer der ganz wenigen, die Hitler duzen durften. Diese Anfänge der Bewegung streift Rosendorfer in seinem auf authentischem Quellenmaterial fußenden Roman ebenso wie Hitlers Aufstieg in den zwanziger Jahren. Zwei Straßenmädchen unterhalten sich:

»Was verlangst'n du jetzt?«
»Nackert oder im Hausgang?«
»Nackert, zum Beispiel, für eine Stund'?«
»Wenn nix Extras dazukommt: zwanzig Billionen.«
»Aha.«
»Wenn einer mit Tausender zahlt, kannst das Papier kaum noch dertragen.«
»Es wird Zeit, daß endlich eine g'scheite Währung wieder kommt. Speziell für uns.«
»Der Karli, also was der Meinige ist, der sagt: wenn der Hüttinger an die Macht kommt, dann gibt es wieder eine gescheite Währung.«
»Wer?«
»Hüttinger heißt er, oder so ähnlich. Der Karli ist mit ihm quasi befreundet.«
»Hüttinger?«
»Ja. Der wo auf die Juden schimpft.«
»Ah, der. Der heißt aber nicht Hüttinger. Der heißt Rittler.«
»Oder Rittler.«
»Rittlinger! Rittlinger heißt er. Er soll sehr schön reden. Und sehr laut.«
»Ja. Jedenfalls ist mein Karli sein Freund. Unterstützt ihn auch. Hihi. Mit dem, was ich verdien'. Und wenn der Hüttinger an die Macht kommt, dann wird mein Karli Minister.«
»So ein Schmarrn.«
»Doch. Mein Karli ist doch sogar Mitglied bei dem seiner Partei. Pst. Komm her. Das ist ganz vertraulich: es dauert nicht mehr lang!«
»Dann wird *dein* Ludl Minister? Daß ich net lach'.«
»Wenn ich dir's sag'. Und dann kommt eine harte Währung. Goldmark et cetera. Und die Juden müssen 'naus.«
»Alle?«
»Alle.«
»So. Warum alle?«
»Ist dir leid um die Juden, vielleicht?«
»Der Arthur ist ein ausgesprochen angenehmer Freier, kann ich nur sagen. Quasi ein Stammkunde. Der behandelt dich förmlich als

Mensch.«
»Der Arthur?«
»Der Arthur.«
»Ist der Jud?«
»Also: unsereins wird das ja am ehesten merken, oder nicht? Hihi.«
»Mein Karli sagt: bei einem Juden soll ich die Zähne zusammenbeißen, meinen Ekel hinunterschlucken und das Doppelte verlangen.«

Noch beschränkt sich die ›Diskriminierung‹ der Juden nur darauf, bei den Straßenmädchen das Doppelte zahlen zu müssen. Doch das änderte sich schnell. Nur wenige Tage nach der Ernennung Hitlers zum Reichskanzler durch Hindenburg stürmten die Nazis das Münchner Rathaus, verjagten den Bürgermeister Scharnagl aus dem Amt und installierten ihren Mann und Parteigenossen, Karl Fiehler. Noch am selben Tag, dem 9. März 1933, kam es in Münchens Straßen zu ersten brutalen Übergriffen auf jüdische Mitbürger. Unter anderem wurde auch Edgar Weil verhaftet. Der Dramaturg der Münchner Kammerspiele war damals ein gutes halbes Jahr verheiratet mit der Tochter einer großbürgerlichen jüdischen Rechtsanwaltsfamilie, mit Margarete Elisabeth Dispeker. Später wurde sie eine bekannte Schriftstellerin, ausgezeichnet unter anderem mit dem Geschwister-Scholl-Preis, unter dem Namen ihres Mannes: Grete Weil. In mehreren autobiographischen Romanen hat sie den Leidensweg einer »bayerischen Jüdin« beschrieben, die, untergetaucht in Amsterdam, zwar den Krieg überlebte, 1941 allerdings ihren Mann verlor; er starb im KZ Mauthausen. Grete Weil ist kurz nach dem Krieg zurückgekehrt in das »Land meiner Mörder, Land meiner Sprache« und lebte bis ins hohe Alter von 92 Jahren in München-Grünwald. Ihr letztes Buch 1998, ein Jahr vor ihrem Tod, war die Autobiographie *Leb ich denn, wenn andere leben*. Darin beschreibt sie, wie sie im November 1932 im Gärtnerplatz-Theater eine belanglose Operettenaufführung miterlebte. Es war gerade Pause, während der Werbung auf eine Leinwand projiziert wurde.

Edgar war ins Foyer gegangen, um ein Programm zu kaufen. Ich blieb alleine sitzen, plötzlich hörte ich hinter mir eine gepresste Stimme sagen, laut genug, dass ich es trotz meiner Schwerhörigkeit gut verstehen konnte: »Das mag ich gar nicht, durch die Reklame wird man immer aus aller Illusion gerissen.« Mich zwang dieser Satz, mich umzudrehen, es war zu absurd, sich von diesem seichten Zeug in Illusionen versetzen zu lassen. Als ich den Kopf wandte, sah ich den Sprecher, sein Bärtchen, seine Haarsträhne, seine stechenden Augen. Ich schaute ihn an, blickte in Hitlers Augen. Keinen Meter von mir entfernt. Als ich ihn so aus der Nähe sah, schien er mir nichts als ein Schmierenschauspieler zu sein (als ›Heiratsschwindler‹ hatte ihn der große Schauspieler Max Pallenberg bezeichnet), so dass ich draußen Edgar berichtete, auf diesen Clown könne das deutsche Volk nicht hereinfallen, das sei vollkommen unmöglich. Ich war nicht die einzige, die so dachte. Wer hätte ahnen können, dass es richtig gewesen wäre, am nächsten Tag Deutschland zu verlassen?

→ »... Moorhaide, Wiesen, Bäche«
EXKURS DACHAU: VON DER KÜNSTLERKOLONIE
ZUM ORT DES GRAUENS

Mit der S 2 nach Dachau

Es ist hier schön, licht und sauber; meine Wohnung sowohl wie das Städtchen. Die Konturen sind scharf (wie Franz Blei sehr richtig über Dachau sagt). Die Amper fliesst in vielen Armen durch die Stadt, und über diese teils langsam ziehenden, teils raschen Gewässer, führen allerorten Brücken und Brücklein. Vom Karlsberg, wo Schloss, Kirche, Rathaus und die Stadt-Mitte überhaupt liegen, ist der Blick weit, über Moosach bis nach München, und gegen Norden wollen einige sogar die Alpenkette sehen können. Diese Landschaft hat alle Bestand-Stücke einer sehr allgemeinen Gültigkeit: Berg, Wald, Steilhang, rauschendes Wasser – ebene Haide und Moorhaide, Wiesen, Bäche, und darüber wieder, beim Schloss oben, die verträumte, verspätete Pracht des alten Hofgartens mit dem Lindengang, einem Tunnel aus ineinandergeflochtenen Baumkronen; und mit vielen Blumenbeeten in brennenden Farben, welche letztere gerade das Vergangene und in sich Ruhende der Städte noch mehr fühlen lassen, dazu den weiten blauen Himmel vom Rand des Gesichts her hinter ihre Buntheit ziehend, als Folie gleichsam. Man sitzt hier hoch, über steilen Wällen.

So steht es in Heimito von Doderers *Tagebüchern 1920–1939*. Was wahrscheinlich nur wenige wissen: Der große Wiener Autor, der in seinen 1000-Seiten-Romanen *Strudlhofstiege* und *Die Dämonen* seine Geburtsstadt akribisch genau nacherzählte, lebte einige Zeit in Dachau. Hier lernte er auch seine Frau kennen, Emma Maria Thoma – ihr Vater war ein Cousin Ludwig Thomas. Mit seiner »Mienzi« zog er dann nach Landshut, diesen Wohnsitz behielt er bis an sein Lebensende, ja, hier entstand ein Großteil seiner Wiener Romane. Doderer führte ein regel-

rechtes Doppelleben: ein biedermeierlich-solides mit Ehefrau in Landshut und ein bohèmehaft-ausschweifendes in Wien, mit Künstlerfreunden und Gebliebter, der Schriftstellerin Dorothea Zeemann.

Als Heimito von Doderer 1936 nach Dachau übersiedelte – übrigens um in den Genuß der Vermögenserträge seiner Mutter zu kommen, Hitler hatte Zinszahlungen nach Österreich unterbunden –, war er in einer wenig glücklichen Lage. Er hatte zwar schon einiges geschrieben, war aber mit seinen 40 Jahren immer noch ein vollkommen unbekannter Autor (erst in seiner Dachauer Zeit sollte er zum Münchner C. H. Beck Verlag finden, neben Emma Maria Thoma der zweite große Glücksfall seiner Lebens). Er lebte sehr zurückgezogen in Dachau, beinahe sein einziger Bekannter war ein junger SS-Stabsoffizier. Ansonsten gab es irgendwelche Zechkumpanen, die Doderer nach der Sperrstunde noch zu sich in seine Wohnung einlud, denn »die Menschwerdung in Dachau [wird] erst vollzogen, wenn der Spiegel des Alkohols über dem Scheitel steht und eine seltsame Unterwasser-Atmung, nein, Unter-Bier-Atmung, eintreten kann, ich möchte sagen, mit den Kiemen des Säufers«.

Mit seinem SS-Freund will Doderer nur über Platon und die römische Antike diskutiert haben. Was sonst in der Stadt – und an deren Rand – vor sich ging, dafür interessierte er sich nicht. Uns Heutige allerdings muß es seltsam berühren, wenn Doderer von Dachau als dem »sauberen Städtchen« spricht. Und vor allem, wenn er das 1936 tut. Da existierte es nämlich schon drei Jahre lang, etwas außerhalb der Stadt, auf dem ehemaligen Gelände einer Pulverfabrik gelegen: das Konzentrationslager Dachau. Es war das erste überhaupt und sollte als Muster dienen für alle weiteren. Daher auch der damals in ganz Deutschland verstandene Spruch: Sei still, sonst kommst du nach Dachau!

Natürlich wird es der 1200jährigen Geschichte Dachaus nicht gerecht, wenn die Stadt in aller Welt fast nur mit diesen grauenvollen 12 Jahren assoziiert wird. Abwehrmechanismen dagegen gehen sogar so weit, daß die Zentrale des Goetheinstituts in München ihre Brief-

← Laubengang im Schloßgarten: solche Motive lockten Scharen von Malern nach Dachau

adresse in die Nebenstraße verlegte, um in ihrer Post an die ganze Welt nicht mitteilen zu müssen, das Gebäude liege ausgerechnet an der Dachauer Straße.

Dabei, wie gesagt, hat Dachau auch noch eine andere, weitaus ältere und weitaus positivere Geschichte. Wie so manch anderer Ort im heutigen Weichbild der Millionenmetropole München ist Dachau bedeutend älter als die Landeshauptstadt, von der sie mittlerweile fast geschluckt worden ist. Im Jahre 805 ist »Dahauua« erstmals urkundlich erwähnt, also 300 Jahre früher als München, und das ist längst nicht der Anfang der Siedlung an der Amper. Eine römische Niederlassung, sagen manche, genau an dieser Stelle sei doch höchstwahrscheinlich.

Auf der leichten Anhöhe über der Amper stand bereits um 1100 – da gab es in München ein paar Holzhäuser und den romanischen Grundstock vom Alten Peter – ein Vorläuferbau des heutigen Schlosses, das unter Albrecht V. zu Mitte des 16. Jahrhunderts erbaut wurde und später unter Kurfürst Max Emanuel seine spätbarocke Gestalt erhielt. Später mußte er allerdings aus Kostengründen wieder drei Gebäudeflügel abreißen lassen. Die Grafen von Scheyern residierten hier, eine Nebenlinie der Wittelsbacher, die allerdings schon im Jahr 1182 ausstarb, danach fiel Dachau an Otto I. Das ist jener Herzog, den wir schon aus dem Anfangskapitel kennen, der erste Wittelsbacher-Herrscher über Bayern. Er und die nachfolgenden ›Münchner Herrschaften‹ hatten immer viel übrig für die am Rande einer Moorlandschaft gelegene Siedlung. Um 1200 erhielt sie Marktrecht, und vor allem dann ab dem 16. Jahrhundert war Dachau das administrative Zentrum im Norden Münchens. Das »Landgericht Dachau«, muß man sich vorstellen, reichte noch im 18. Jahrhundert bis nach Schwabing und Freimann, bis nach Aubing, Allach und Menzing, ja sogar bis an die Theresienhöhe heran, also an Viertel, die heute mitten in der Stadt München liegen.

Ein machtvoller Gerichtsort, dieses Dachau. Da liegt es nahe, daß junge Rechtsanwälte versuchten, ihre beruflichen Karrieren hier zu starten. So auch Ludwig Thoma, der von November 1894 bis zum April 1897 seine erste Anwaltskanzlei als junger Advokat im Haus an der Ecke Augsburger-/Klosterstraße betrieb. Seine eigentliche Passion war damals schon das Schreiben, in jene Dachauer Zeit fallen auch seine ersten Veröffentlichungen in Zeitschriften wie *Der Sammler* oder in »Münchens illustrierter Wochenschrift für Kunst und Leben«, der Zeitschrift *Jugend*. Stoff war ihm ja genügend geboten, einmal durch die Kanzleifälle, die er zu bearbeiten hatte, zum andern aber durch das typisch altbayerische Bauernleben, wie es Thoma im Marktflecken Dachau in aller Deftigkeit, aller Schlitzohrig- und Humorigkeit geboten bekam. Nach diesen ›Vorbildern‹ sind etliche Erzählungen entstanden, die Thoma 1897 unter dem Titel *Agricola* als sein erstes Buch überhaupt veröffentlichte. Was in einem solchen Bilderbogen bayerisch-bäuerischen Lebens absolut nicht fehlen darf, ist natürlich die »Kirta«, die Kirchweih im Herbst, vielleicht *der* Höhepunkt im Jahreslauf für alle Dienstboten:

»Lang die Pfanna aba, Nannl! Hol's Mehl aus der Truchen und an Laib Schmalz!«
In der Kuchel steht die Bäuerin vor dem Herd; das Feuer wirft einen glutroten Schein auf ihr kugelrundes Gesicht; mit dem Kochlöffel taucht sie die Kücheln unter und wendet sie um; die Holzscheitel krachen, das Schmalz kocht und prasselt und spritzt.
Grad lustig is. Hint im Hof grunzt die Sau; der Bauer wetzt das Messer und probiert die Schneid', ob sie noch nicht fein genug ist. Der Vitus legt den Stecken in den Brunnentrog, daß er hart wird auf morgen; die Mariandl und die Creszenz laufen stiegenauf, stiegenab, rennen aneinander und kriegen Lachkrämpf. In der Stuben drin probiert der Oberknecht zum dreißigstenmal auf der Ziehharmonika das Lied: »Mür kemmans vom Gä-bürg«, und der Großvater haut sich vor lauter Freud' eine Pris nach der andern auf den Daumennagel.
»Huiö! Morgen is Kirta!« [...]
Was für ein schöner Tag heut ist! Die Sonne ist über den Nebel Herr geworden und hat ihn heruntergedrückt, daß er jetzt wie ein feiner Rauch über den Wiesen liegt; die Luft ist so klar, daß man weit und breit alle Kirchtürme sieht, und der vordere Wind geht frisch über die Stoppelfelder. Aus allen Häusern kommen die Leut' zum Kirch-

gang, auf allen Steigeln sieht man die schwarzseidenen Kopftücheln in der Sonne glänzen und die buntfarbigen Röcke. Ein recht friedsames Bild. Auch der Hansgirgl und der Vitus marschieren tapfer hinter ihren Weibsleuten daher.

»Moanst lei, Hansgirgl, daß heint die Kraglfinger beim Unterwirt san?«

»Ehender, wia nöt, Vitus.«

»Was moanst nacha? Epper is der Leixentoni aa dabei; auf den bin ich scho lang häßlich.«

»Hinschaugn tean ma, des is meine Meinigung«, sagt der Hansgirgl. Und dem Vitus ist es recht; für was hätte er denn seinen Stecken im Wasser liegen lassen?

Ganz andere Töne hingegen schlägt Rainer Maria Rilke an in seinem berühmten Gedicht *Herbsttag*. Es ist dem alten Bauerngarten der ehemaligen Moosschwaige gewidmet, wo in den zwanziger Jahren das Künstlereheparr Carl Olof und Elly Petersen wohnte. Rilke war oft dort, seine Tochter Ruth lebte bei dem Ehepaar. Das Gedicht, das geradezu zum Inbegriff für Spätsommer und Herbstanfang wurde, ist also letztlich eine Dachauer Ansicht:

Herbsttag

HERR: es ist Zeit. Der Sommer war sehr groß.
Leg deinen Schatten auf die Sonnenuhren,
und auf den Fluren laß die Winde los.

Befiehl den letzten Früchten voll zu sein;
gieb ihnen noch zwei südlichere Tage,
dränge sie zur Vollendung hin und jage
die letzte Süße in den schweren Wein.

Wer jetzt kein Haus hat, baut sich keines mehr.
Wer jetzt alleine ist, wird es lange bleiben,
wird wachen, lesen, lange Briefe schreiben

und wird in den Alleen hin und her
unruhig wandern, wenn die Blätter treiben.

Lange Alleen, Laubengänge im Hofgarten und erntesatte Gärten, sanfte Hügelketten und das idyllische Ampertal, Veduten bayerischen Landlebens und einen Dorfplatz mit Bauernmarkt und »Tafernwirtschaft«, all das suchten und fanden Maler und Malerinnen in Dachau und Umgebung. Es ist schier nicht zu glauben, was vor etlichen Jahren in einem opulenten Prachtband mit dem Titel *Dachau. Der berühmte Malerort* stand, daß nämlich eine Auflistung aller Künstler, von denen ein Dachauer Motiv auf einer Leinwand oder einem Skizzenblock ermittelt werden konnte, die Zahl von 2407 ergab! Wo soll man da anfangen, wen soll man da nennen und somit hervorheben? Carl Spitzweg sicherlich. Er hat den *Kirchgang in Dachau* gemalt und die *Fronleichnamsprozession*, und sein bekanntes Gemälde *Der Bücherwurm* hat er im Dachauer Schloß ungefähr 1850 fertiggestellt. Wilhelm Leibl hat mehrfach Dachauerinnen in ihrer typischen Tracht dargestellt, sie aber nicht einfach nur ›abgemalt‹, sondern in eine spannungsgeladene Bildkomposition gestellt wie etwa im *Ungleichen Paar* aus dem Jahre 1876, das einen alten häßlichen Bauern und seine junge Frau darstellt. Selbst der Berliner Max Liebermann konnte sich dem x-fach gemalten Motiv »Dachauerinnen in Tracht« nicht entziehen. Der Ludwig-Thoma-Freund und -Illustrator Ignatius Taschner fühlte sich unter den Dachauer Bauern natürlich wie zu Hause, auch Emil Nolde hat zumindest einen kleinen Geburtstagsgruß für seinen Künstlerfreund Adolf Hoelzel auf eine Karte gezeichnet, er stellt die Stadtsilhouette Dachaus dar. Der große bayerische Landschaftsmaler Dominico Quaglio war hier, ebenso wie Eduard Schleich d. Ä., den vor allem die Lichtverhältnisse im Dachauer Moos faszinierten. Lovis Corinth malte seine Künstlerkollegen Langhammer und Brand beim *Frühstück im Zieglerbräu*, Franz Marc beeindruckte die Farbenpracht der Bauernlandschaft im Herbst. Wie gesagt, man könnte die Aufzählung noch ewig fortsetzen bei fast zweieinhalbtausend Namen, natürlich auch, versteht sich, mit wenig bis gar nicht bekannten. Und man würde keineswegs im 19. Jahrhundert oder bei den Künstlern des frühen 20. Jahrhunderts stehenbleiben müssen, denn die Anziehungskraft des »Künstlerortes« Dachau ist ungebrochen. Zwar gab es Einschnitte – wie die beiden Weltkriege –, aber noch heute gibt es eine »Künstlervereinigung Dachau«, gegründet wurde sie 1919, und bis heute organisiert sie jährlich eine große Ausstellung im Festsaal des Schlosses.

Einen Kunstmaler aus Wien namens Adolf Hitler führt die »Dachauer Künstlerliste« nicht auf. Ob es allerdings so abwegig ist, daß auch er hier war, mit Staffelei und Leinwand? Als er im Mai 1913 erstmals in München eintraf, mietete er sich in einem möblierten Zimmer beim Ehepaar Popp in der Schleißheimer Straße ein. Ins Anmeldeformular trug er ein, er sei »Architektur Maler«. In der Folgezeit waren es vor allem Münchner Motive wie der Alte Hof oder das Asamkircherl in der Sendlinger Straße, die er etwas ungelenk abpinselte und die er dann unter den Gästen des Hofbräuhaus-Biergartens und anderswo zu verkaufen versuchte. Er gab das bald auf, die Kunst und die Malerei. Wählte einen anderen Weg, das ›Publikum‹ auf sich aufmerksam zu machen. Als er sich Anfang der dreißiger Jahre für Dachau zu interessieren begann, war es ganz sicherlich nicht deshalb, weil man dort als Maler so schöne Motive finden konnte. Hitler suchte einen idealen Standort für sein erstes ›Muster‹-Konzentrationslager, nach dessen Modell dann alle weiteren gebaut und ›eingerichtet‹ werden sollten. Von Anfang an waren sie auch als Rekrutierungslager für Arbeitskräfte gedacht, und zwar für Arbeitskräfte, die man ausbeutete wie Sklaven bis hin zur völligen Vernichtung. Nicht ohne Grund entstanden rüstungswichtige Betriebe wie etwa die Allacher BMW-Flugzeugmotorenwerke in der Folge in unmittelbarer Nähe des KZs Dachau.

In Betrieb genommen wurde das Lager bereits Anfang 1933. Anfänglich sollten hier vor allem politische Häftlinge interniert werden. Ob das der Grund ist, warum es unter den Dachauer KZ-Häftlingen verhältnismäßig viele Intellektuelle gegeben hat, die den Drang verspürt haben, die grauenhaften Erlebnisse des Lagerlebens schriftlich festzuhalten? Jedenfalls gibt es erstaunlich viele Tagebücher und Aufzeichnungen. Und wer weiß, was noch verborgen in Nachlässen, Archiven und Bibliotheken liegt? Denn immer noch kommen spät, sehr spät Funde ans Licht, die beinahe so sensationell sind wie die spät entdeckten Tagebücher des Victor Klemperer. Edgar Kupfer-Koberwitz ist ein solcher Fall. Jahrzehntelang lagen seine über 2000seitigen *Dachauer Tagebücher* an der Universität in Chicago.

Der in der Nähe von Breslau geborene Kupfer-Koberwitz war Büroangestellter und schrieb nebenbei Gedichte und kleinere Beiträge für Zeitungen. Früh schon stand er in Gegnerschaft zu den Nazis. 1934 flüchtete er nach Paris, vier Jahre später auf die Insel Ischia. Doch ein deutsch-italienisches Polizeiabkommen machte es möglich, daß er selbst dort, auf der idyllischen Mittelmeerinsel, aufgrund einer Denunziation verhaftet und nach Deutschland ausgeliefert wurde. Im Herbst 1940 kam er ins KZ Dachau und mußte die Lagerkleidung mit dem roten Winkel anziehen, galt also als »Politischer«. Zwei Jahre später begann er seine Aufzeichnungen, die er bis zur Befreiung im April 1945 fortsetzte. Wie dies überhaupt unter den Bedingungen eines KZs möglich war, hat Edgar Kupfer-Koberwitz in einem Vorwort zu seinem Tagebuch beschrieben: Er, der als Spinner angesehen wurde, weil er Gedichte schrieb (auch für das Wachpersonal, wenn es sein mußte), wurde abkommandiert in eine außerhalb des Lagers liegende Schraubenfabrik, wo er als Bürokraft tätig war. Sein abgeschirmter Schreibplatz sowie viele, viele Nächte, in denen er nicht in die Schlafbaracke mitging, sondern sich dort versteckte, machten es möglich, dieses hochbrisante Tagebuch, dessen Entdeckung ihm und anderen das Leben gekostet hätte, zweieinhalb Jahre lang fortzuschreiben.

Das Manuskript hatte einen grossen Umfang erreicht. – Es war eine ständige, vergrösserte Gefahr geworden. – Wenn ich es auch gut getarnt hatte, verpackt hatte in alte Umhüllungen von Materialpapier, es einfach zwischen die Stösse dieses Materials stellte, ein Paket wie das andere: Schreibmaschinenpapier – nur mir kenntlich, was Manuskript und was leeres Papier war. – Aber ... konnte nicht auch da einmal eine Probe gemacht werden? – Ich besprach mich lange mit einem guten Kameraden, dem »Kröttle« , Otto Höfer. – Ich sagte ihm nicht, um was es sich handle, nur, dass ein Paket zu verstecken sei, das, wenn man es fände, ihm und mir den Kragen koste. – Er verstand. –

Otto Höfer hatte das Materiallager unter sich, das in einer Halle, einem Steinbau untergebracht war. – In starken Fächern aus Holzbalken lagerten da viele Tonnen von Eisenstäben, vielmehr Stahlstäben, jede Stange meist 3 bis 4 Meter lang. [...]
Otto Höfer kroch also in sein Material, und während die Maschinen ringsum ihren grossen Lärm vollführten, meisselte er ungesehen im Hintergrunde der Stellage den Zementboden auf, den dicken Zement, – auf dem Bauche liegend. – Dann scharrte er das Loch aus. – Es war die wirklich mühsame Arbeit von Tagen. [...]
Nachdem alles so vorbereitet war, brachte ich abends heimlich meine Manuskript-Pakete, wohlverpackt in vielen Lagen Ölpapier, wohlverschnürt, noch von vielen kleinen Aluminiumfolien umgeben und mit Stoff umwickelt. Er vergrub sie heimlich. – Ich besorgte Zement. – Er zementierte die Stelle wieder zu. [...] Es lagen die Manuskripte nun im Boden, wohlverwahrt unter einer Zementdecke und belastet von vielen Tonnen Stahl –, sie lagen wie in einem Tresor, selbst gegen Bomben gesichert.

Selbst gegen Bomben gesichert, das ja, aber nicht gegen eindringendes Grundwasser, an das hatten sie nicht gedacht. Als Edgar Kupfer-Koberwitz wenige Tage nach der Befreiung zusammen mit einem Captain der amerikanischen Army das Versteck wieder aufbrach, waren die Manuskripte zu nassen Papierballen geworden, manche Seiten lösten sich schon vollständig auf. Blatt für Blatt mußten sie getrocknet werden. Die Amerikaner stellten Kupfer-Koberwitz eigene Räume und einen Sekretär dafür zur Verfügung. Schließlich wurde bis auf wenige Seiten dieses bedeutende, ja einzigartige Dokument gerettet, war es doch das einzige Tagebuch, das gewissermaßen parallel zu den laufenden Ereignissen über einen so langen Zeitraum geführt worden war.

    Manch anderer hielt seine Erlebnisse in der Rückschau, in einem schmerzlichen Akt des Sich-noch-einmal-Erinnerns fest. So zum Beispiel der Historiker und politische Publizist Joseph Rovan, 1918 in München geboren, 1933 nach Frankreich emigriert, wo er schließlich aktives Mitglied der Résistance wurde. Ein Dreivierteljahr vor Kriegsende wurde er verhaftet und nach Dachau deportiert. Wie er die Befreiung erlebte, am 29. April 1945, beschreibt er in seinen Erinnerungen *Geschichten aus Dachau*, die im französischen Original erstmals 1987 erschienen sind. Rovan blieb glücklicherweise im Lager zurück und gehörte nicht zu denjenigen, die die Nazis in den letzten Tagen vor der Kapitulation noch auf einen grauenvollen »Todesmarsch« Richtung »Alpenfestung« schickten (eine durch das gesamte Würmtal an ausgewählten Stationen aufgestellte Skulpturen-Gruppe – sich dahinschleppende Schemen von KZ-Häftlingen in einer Marschkolonne – zeichnen heute den Weg nach):

Plötzlich – es war vielleicht drei Uhr Nachmittag – da trug es die Menschenmenge auf dem Appellplatz wie eine Woge nahe an das Jourhaus heran. Das schmiedeeiserne Tor stand weit offen. Ein eigentümliches Fahrzeug auf niedrigen Rädern und ohne Dach war unter dem Eingangsgewölbe, aber schon innerhalb des Lagers stehengeblieben. Wir sollten bald erfahren, daß man zu diesem Fahrzeug Jeep sagte. Vier Menschen in amerikanischer Uniform waren aus dem Wagen gesprungen und konnten sich kaum der wogenden Masse erwehren, die ihnen entgegenbrandete: ein sehr großer Schwarzer, der Fahrer, zwei Weiße und ... eine Frau. Sie hatte ihre Mütze abgenommen, und wir sahen ihre kurzgeschnittenen, dunkelbraunen Locken. [...] Die Frau war eine Journalistin: die berühmte Kriegsberichterstatterin Marguerite Higgins.
Doch während sich meine Lungen mit einer gewaltigen Freude füllten, stürzte uns ein plötzlich einsetzendes Gewehrfeuer in eine unbeschreibliche Panik. Alles schien doch überstanden zu sein – da ging es wieder los! Tausende von Menschen warfen sich in wildem Durcheinander auf den Boden, preßten sich eng aneinander, und jeder vergrub sein Gesicht in die wogende und brüllende Masse. Wie wir später erfuhren – aber wer konnte das schon mit absoluter Sicherheit sagen? –, hatten deutsche Posten in dem Wachturm, der den Appellplatz überragte, Angst bekommen und mit ihren Maschinengewehren ziellos in die Menge geschossen. Ihre Panik nährte die unsere. Amerikanische Verstärkung, die inzwischen eingetroffen war, setzte sie aber bald außer Gefecht. Einige Gefangene blieben tot

oder verwundet am Boden liegen, und etwas später sah ich auf der anderen Seite des Grabens, der das Schutzhaftlager vom SS-Lager trennte, die aneinandergereihten Leichen, die man vom Wachturm heruntergeholt hatte. Es waren ältere Männer, denn seit dem Sommer 1944 waren alle wehrfähigen SS-Leute zur Waffen-SS gekommen, und Wehrmachtsangehörige, die zum Frontdienst nicht taugten, hatten die Uniform mit dem Totenkopf angezogen und waren an ihre Stelle getreten. Einmal mehr hatte der Tod, bevor der Vorhang fiel, diese Soldaten und einige unserer Kameraden in einem letzten sinnlosen Opfer vereint.

Nachdem die Amerikaner sich näher im Lager umgesehen hatten, wurde ihnen das gesamte Ausmaß des Grauens schlagartig bewußt. Der kommandierende General soll daraufhin angeordnet haben, die ganze Stadt Dachau durch Artilleriebeschuß in Schutt und Asche zu legen. Sprecher der KZ-Häftlinge sollen ihn davon abgehalten haben. Sie, die während ihrer Arbeitseinsätze außerhalb des Lagers ja doch immer wieder mit der Bevölkerung in Kontakt gekommen waren, versicherten ihm, nicht alle Dachauer seien gleich gewesen.

Diese Episode ist nachzulesen in einem Text von Nico Rost aus dem Jahr 1955 mit dem Titel *Ich war wieder in Dachau*. Rost, 1896 im jüdischen Viertel von Groningen geboren, war einer der wichtigen Vermittler deutscher Gegenwartsliteratur in den zwanziger und dreißiger Jahren für holländische Leser. Er übersetzte Joseph Roth, Alfred Döblin, Hans Fallada, Lion Feuchtwanger und viele andere. Früh sympathisierte er mit der kommunistischen Bewegung und reiste in die Sowjetunion. Wie Kupfer-Koberwitz geriet Rost aufgrund einer Denunziation in die Hände der Nazis und wurde bereits 1933 für kurze Zeit ins KZ Oranienburg gebracht. 1943 erfolgte erneut die Verhaftung, und Nico Rost wurde ins KZ Dachau gebracht, wo er, wie Rovan, das Kriegsende erlebte. Er führte über dieses knappe Jahr Lagerhaft ebenfalls ein Tagebuch und nannte es *Goethe in Dachau*. »Goethe als Inbild der deutschen Kultur und der Ort ihrer massivsten Verfehlung werden miteinander konfrontiert«, schrieb Winfried F. Schoeller im Nachwort zu einer Neuedition des Tagebuchs 1999 im Verlag Volk & Welt.

Nico Rost kehrte mehrmals nach Dachau zurück, so hielt er zum Beispiel 1960 eine Gedenkrede auf dem KZ-Ehrenfriedhof. Zum erstenmal kehrte er 1955 zurück und hielt seine Eindrücke in dem bereits erwähnten Aufsatz *Ich war wieder in Dachau* fest. Der unglaublich belesene Liebhaber der deutschen Literatur stellte ihm eine Motto von Jean Paul voran: »Wenn Ihr Eure Augen nicht gebraucht, um zu sehen, werdet Ihr sie brauchen, um zu weinen.«

Obwohl der fremde Besucher schon früher einmal anderthalb Jahre in dieser Gegend zubrachte, sieht er doch heute zum ersten Mal hier vom Schloßplatz aus die südlich gelegene bayerische Hochfläche und dahinter die Alpenkette von den Salzburger Bergen bis zu den Allgäuer Alpen. Ein herrlicher Ort, denkt er unwillkürlich, und wie gerne er hier einige Tage verleben möchte. Nun begreift er auch, warum seit Jahrzehnten viele Maler dieses Land liebten und auf ihren Bildern nicht nur die fernen Berge, den blauen Himmel, die weißen Wolken und die hellen Birken zeigten, sondern auch die schwarzen Torfgräben und die dunkle Moorlandschaft.

Rost sah sich dann in der Stadt um und war seltsam berührt von der offensichtlichen Geschichtsvergessenheit der Dachauer. Mittlerweile hat sich das geändert, auf dem Gelände des ehemaligen KZs zum Beispiel ist eine sehr eindrückliche Erinnerungs- und Gedenkstätte entstanden, in der jedes Jahr viele Schulklassen unmittelbare Geschichtsaufklärung erleben. Nico Rosts Erfahrungen aber, es sei noch einmal betont, stammen aus dem Jahr 1955. Nachdem er auf dem Gelände des ehemaligen Lagers gewesen war, kehrte er zum Schloßberg zurück.

Der Besucher sitzt wiederum auf der Terrasse des Dachauer Schlosses, von wo aus er seine Wallfahrt begann. Nun erst – denn er wollte zuvor die Wirklichkeit in Augenschein nehmen – greift er nach den Zeitungen und Zeitschriften, die ihm deutsche Freunde mit auf die Reise gaben und in denen auch einiges über Dachau stehen soll. Und nun liest er, daß nicht nur der Landrat und der Bürgermeister, die er heute früh beide dem Sarge eines verstorbenen SS-Standartenführers folgen sah, sondern auch einige der bayerischen Minister einen Antrag im Landtag eingebracht hatten, um das Krematorium für Besucher zu schließen. Doch er liest auch, daß diesem Antrag glücklicherweise nicht stattgegeben, sondern vielmehr beschlossen wurde, auf dem Leitenberg ein Kreuz und einen Davidstern zu errichten.

Das könnte immerhin ein Anfang sein, denkt der Besucher, auch wenn damit noch wenig getan wäre und der Weg von einer geduldeten Gedenkstätte bis zu einem wirklichen Ehrenmal, einem Mahnmal, noch sehr, sehr weit ist.

→ »Wie dunkel ist alles vor uns«
LEBEN UNTERM HAKENKREUZ:
WIDERSTAND UND INNERE EMIGRATION

Achter Spaziergang: Möhlstraße – Max-Weber-Platz – durch Haidhausen – Franziskaner- und Gebsattelstraße – Karl-Valentin-Haus in der Zeppelinstraße

Das Jahr 1933 bedeutete auch für die Schriftsteller in München eine deutliche Zäsur. Im Grunde war klar, was nun folgen würde. Zumindest für diejenigen, die ein wenig Weitsicht und die ein wenig Phantasie besaßen. Unmittelbar nach der Machtübernahme der Nazis wurde zum Beispiel der »Schutzverband Deutscher Schriftsteller« aufgelöst. Der SDS hatte sich 1909 als Interessenvertretung der Autoren gegen die »Willkür der Verleger« gegründet, war aber aufgrund der Entwicklungen in der Weimarer Republik und während des Ersten Weltkrieges immer mehr auch zu einer politischen Vereinigung geworden. Nicht umsonst zerschlugen die Nazis den Verband sofort nach der Machtübernahme. Die Ortsgruppe München des SDS hatte ihre letzte Versammlung am 17. Februar 1933. Bei diesem Treffen hielt Carl von Ossietzky eine höchst bemerkenswerte Rede, in der es unter anderem hieß: »Ich gehöre keiner Partei an. Ich habe nach allen Seiten gekämpft; mehr nach rechts, aber auch nach links. Heute jedoch sollen wir wissen, daß links von uns nur noch Verbündete stehen. Die Flagge, zu der ich mich bekenne, ist nicht mehr die schwarz-rot-goldene Flagge dieser entarteten Republik, sondern das Banner der geeinten antifaschistischen Bewegung. Und ich, der Pazifist, reihe mich nun ein in das große Heer, das für die Freiheit kämpft.« Wenn es noch irgendeines Anstoßes für die Nazis bedurft hätte, den zukünftigen Friedensnobelpreisträger zu verfolgen und schließlich umzubringen: hier hatten sie ihn.

An jenem 17. Februar, knapp drei Wochen nach Hitlers Ernennung zum Reichskanzler, fuhr Oskar Maria Graf zu einer Vortragsreise nach Österreich. Er wußte sofort, er würde nicht mehr in seine Heimat zurück-

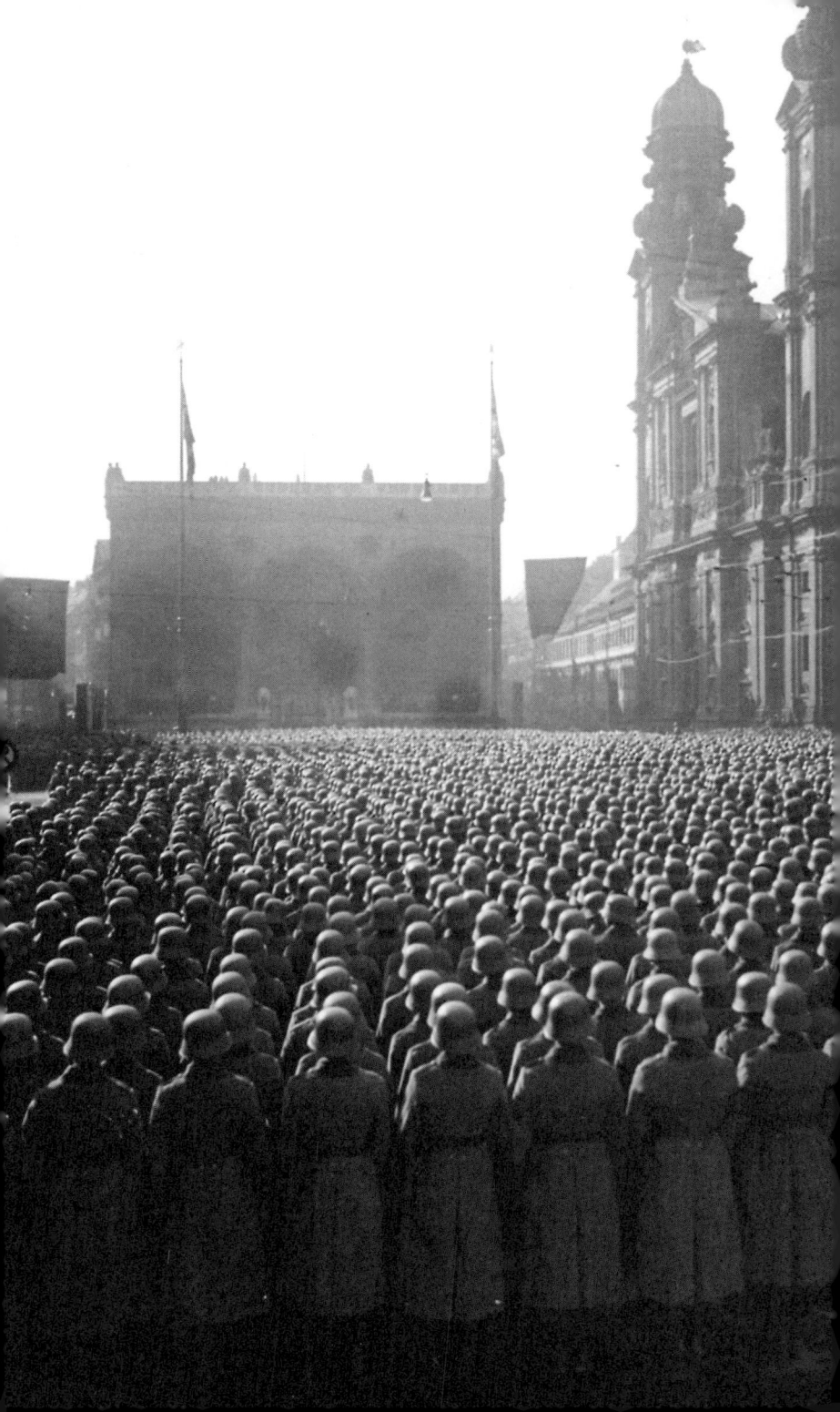

kehren. Weil seine Werke bei der Bücherverbrennung am 10. Mai nicht mit dabei gewesen waren, veröffentlichte er zwei Tage später in Wien seine offizielle Kriegserklärung an die Nazis: *Verbrennt mich!* Für ihn begann der lange Weg des Exils, über die Tschechoslowakei bis nach New York. Er war vielleicht einer der ersten, aber wahrlich nicht der einzige. Lion Feuchtwanger war ebenfalls auf Vortragsreise in den USA, er wurde von den Nazis umgehend ausgebürgert und kehrte auch nie mehr zurück. Das gleiche bei Thomas Mann, er blieb vorerst in der Schweiz, wo er auf Urlaub war, ehe er ebenfalls nach Amerika auswanderte.

Das waren natürlich die großen Namen mit entsprechender Reputation im Ausland. Was aber war mit denen, die nicht diesen Bekanntheitsgrad hatten oder denen es aus anderen Gründen nicht möglich war, das Land zu verlassen? Denen blieb, notgedrungen, nur der Weg in die »Innere Emigration«. Der Begriff hat ja etwas Zweifelhaftes an sich, weil sich von vielen, die sich später auf diese »Innere Emigration« beriefen, herausstellte, daß sie es doch ganz gut verstanden hatten, sich mit den Machthabern zu arrangieren. Aber es gibt auch andere Beispiele, und eines der eindrucksvollsten ist das von Theodor Haecker.

Um seinen Spuren nachzuforschen, wollen wir uns noch einmal auf das rechte Isarufer begeben, genauer nach Bogenhausen. Wir fahren vom Odeonsplatz aus mit der U 4 oder U 5 zum Max-Weber-Platz und gehen dann durch die Grünanlage des Isarhochufers bis zum Friedensengel. Hier am Europaplatz beginnt die Möhlstraße, in der der Schreiber Verlag sein Domizil hatte, dort erschien zum Beispiel die humoristische Zeitschrift *Die fliegenden Blätter*, die immerhin auf eine Art und Weise humoristisch war, daß die Nazis gegen ihr Erscheinen bis kurz vor Kriegsende nichts einzuwenden hatten. Die Redaktion der *Fliegenden Blätter* betreute Theodor Haecker – wahrscheinlich mit größtem Widerwillen, ja manchmal geradezu Ekel. Er hat es getan, um sein eigentliches Werk unbehelligt und im verborgenen fortschreiben zu können. Sein Jugendfreund Ferdinand Schreiber, der Inhaber des Verlages, stellte ihm im selben Haus unter dem Dach eine

← Rekrutenvereidigung 1935: den Odeonsplatz nutzten die Nazis als Aufmarschareal kleine Wohnung zur Verfügung, und dort arbeitete er Nacht für Nacht, oft bis fünf Uhr in der Früh, an seinem eigentlichen Hauptwerk, an den *Tag- und Nachtbüchern*. Haecker, Antifaschist aus tiefster religiöser Überzeugung (er ist einer der profilierten Vertreter der katholischen Widerstandsbewegung), war seit 1938 mit absolutem Publikationsverbot belegt, in den Jahren zuvor hatte er unter anderem über Sören Kierkegaard und Max Scheler gearbeitet, viel Beachtung fand auch sein *Vergil*-Buch aus dem Jahr 1931. Nun blieb ihm nur noch das geheime Schreiben im Diarium, in das er im Jahr des Kriegsausbruchs, 1939, seine erste Eintragung machte. Die Sprache, die er hier fand, konnte deutlicher und schneidender nicht sein. Aber auch viele signifikante Alltagsbeobachtung findet man hier, so daß man oft an ein ähnliches Tagebuch erinnert ist, das allerdings viel berühmter wurde, an das von Victor Klemperer nämlich.

15. 2. 1940
Was einem am kältesten ans Herz greift, ist der geistige Zustand und das Gebaren der deutschen Richter. Sie verurteilen einen Menschen, der einem Polen ein Glas Bier bezahlt hat, zu Gefängnis. Das ist furchtbar.

23. Juni 1940
Am deutschen Wesen soll die Welt genesen – das ist nicht um des Reimes willen gesagt, das ist ernst gemeint. Die Sache ist gemeint. Übrigens hätte das viel wahrscheinlichere Gegenteil auch einen Reim: Am deutschen Wesen soll die Welt verwesen. [...] Sie werden ein moralisches, religiöses und übrigens auch materielles Elend über die Welt bringen, das wir schwer auch nur erahnen können, das nur der Apokalyptiker auf Patmos und einige Heilige Gottes gesehen haben im Geiste. Das alles gilt, wenn Gott noch warten will. Wie dunkel ist alles vor uns.

10. Juli 1940
Alles in allem sind doch die einsamen Schreibenächte das Schönste, was mir Gott geschenkt hat. Anlaß und Grund zu ewiger Dankbarkeit.

24. Dezember 1940
Es ist für mich selber ein Problem, warum es mir überhaupt nicht einfallen kann, an diesem Menschen [d.i. Adolf Hitler; Anm. B.S.], der doch heute der mächtigste der Welt ist und vieles »geleistet« hat, etwas menschlich groß zu finden. Nichts. Nur das Ordinärste, Gemeinste, Plebeischeste in freilich ungeheuerlichen Ausmaßen, aber das ist keine »Größe«. Ich weiß nicht, ob ein Zeitgenosse gegenüber Napoleon ähnlich empfinden konnte, ich weiß es nicht. Aber gegen H' bringe ich an menschlichen Gefühlen nichts auf als grenzenlose Verachtung. Er ist mit Haut und Haaren das, wovor mir ekelt, was menschlich stinkt, außen und innen. Das ist das eine. Vor dem andern graut mir, aber das ist nicht mehr menschlich. Das ist die Stimme des Höllenwolfes: »Ich werde ihnen ihre Kinder nehmen«! Aber Gott läßt die Seinen nicht nehmen.

An die Deutschen 1941
Euer Ruhm ist ohne Glanz. Er leuchtet nicht. Man spricht von euch, weil ihr die besten Maschinen habt – und seid. In diesem Staunen der Welt ist kein Funke von Liebe. Und nur Liebe gibt Glanz. Ihr haltet euch für auserwählt, weil ihr die besten Maschinen, Kriegsmaschinen baut und sie am besten bedient. Ihr seid grotesk und *un*menschlich.

1. 1. 1945
Die Ankündigung am 31. Dez. 44 um 3 Uhr Nachmittags: »Der Führer wird heute Nacht um 5 Minuten nach 12 Uhr zum deutschen Volke sprechen« hat eine so ungeheuerliche Symbolkraft, daß diese die Wirklichkeit einfach herbeiziehen muß.

Es versteht sich von selbst, daß ein solches Tagebuch für seinen Verfasser lebensgefährlich war. Im Januar 1943 wäre Haecker beinahe entdeckt worden, die GESTAPO stand schon in seiner Wohnung, als seine Tochter geistesgegenwärtig die Mappe mit den Manuskriptseiten packte, um schleunigst die Wohnung zu verlassen mit dem Hinweis, sie müsse mit ihren Klaviernoten zur Musikstunde. Nachdem das

Verlagsgebäude in der Möhlstraße im Juni 1944 bei einem der Luftangriffe völlig zerstört wurde – Manuskripte sollen auf der Straße herumgeflogen sein –, versteckte Haecker sein Tagebuch bei der Familie Scholl in deren Landhaus bei Donaueschingen, vergraben im Garten in einer gußeisernen Kapsel. Otl Aicher, späterer Ehemann Inges, der Schwester von Hans und Sophie Scholl, wollte ihm das Mauskriptpaket Anfang Mai, wenige Tage nach Kriegsende, unversehrt zurückgeben. Es war zu spät, Haecker war am 9. April, lange Zeit schon zuckerkrank, im diabetischen Koma gestorben.

Nur ganz wenige wußten von Theodor Haeckers Tagebuch. Die Mitglieder des Widerstandskreises *Die weiße Rose* gehörten dazu. Vor allem die Geschwister Hans, Sophie, Werner und Inge sahen in dem rund 40 Jahre älteren Haecker einen väterlichen Freund und ein Vorbild. In ihrem Kreis las er zweimal aus den *Tag- und Nachtbüchern* vor. Entstanden ist der Widerstandskreis aus einer Gruppe von befreundeten Studenten der Münchner Universität. Sammelpunkt waren die Vorlesungen des Musikwissenschaftlers Kurt Huber, dem sein Verleger Dr. Kurt Port, Leiter des Cotta-Verlages, bescheinigte, Ähnliches »wie die Gebrüder Grimm für das deutsche Märchen« seinerseits für das deutsche Liedgut durch Sammeltätigkeit und Erforschung geleistet zu haben.

In seinen Vorlesungen, in denen er sich in ungewöhnlich offener und mutiger Weise gegen Hitlers Politik und insbesondere gegen die Kriegsgreuel im Osten wandte – und das, obwohl er früher einmal ein ziemlich national denkender Anti-Bolschewist gewesen war –, fanden die Geschwister Scholl, Alexander Schmorell und Christoph Probst sowie Willi Graf Bestätigung in ihrer eigenen, sich immer mehr verfestigenden Einsicht, daß man gegen das Hitler-Regime ein offenes Zeichen des Widerstandes setzen müsse. Von Mitte 1942 bis Februar 1943 schrieben und verteilten sie unter größter Geheimhaltung insgesamt sechs Flugblätter, die sie anfänglich mit dem Namen *Die Weiße Rose* versahen; eher zufällig hatte sie ein gleichlautender Romantitel von B. Traven darauf gebracht. Im dritten Flugblatt hieß es unter anderem:

Unser heutiger »Staat« aber ist die Diktatur des Bösen. »Das wissen wir schon lange«, höre ich Dich einwenden, »und wir haben es

nicht nötig, daß uns dies hier noch einmal vorgehalten wird.«
Aber, frage ich Dich, wenn ihr das wißt, warum regt ihr euch nicht, warum duldet ihr, daß diese Gewalthaber Schritt für Schritt offen und im Verborgenen eine Domäne eures Rechtes nach der anderen rauben, bis eines Tages nichts, aber auch gar nichts übrigbleiben wird, als ein mechanisiertes Staatsgetriebe, kommandiert von Verbrechern und Säufern? Ist euer Geist schon so sehr der Vergewaltigung unterlegen, daß ihr vergeßt, daß es nicht nur euer Recht, sondern eure *sittliche Pflicht* ist, dieses System zu beseitigen. [...]
Viele, vielleicht die meisten Leser dieser Blätter sind sich darüber nicht klar, wie sie einen Widerstand ausüben sollen. Sie sehen keine Möglichkeiten. Wir wollen versuchen, ihnen zu zeigen, daß ein jeder in der Lage ist, etwas beizutragen zum Sturz dieses Systems.

Die Verfasser der Flugblätter wurden ganz konkret im ›Aufzeigen der Möglichkeiten‹. Das begann damit, daß sie unter jedes der sechs Flugblätter schrieben: »Bitte vervielfältigen und weitergeben«. Dies ist auch ganz offensichtlich passiert. Die Flugblätter tauchten bald in ganz Deutschland und Österreich auf, das sechste gelangte sogar nach England und wurde dann in Hunderttausenden von Exemplaren mit Flugzeugen der Royal Air Force wieder über Deutschland abgeworfen.
 Jenes sechste Flugblatt aber war es, das den Geschwistern Scholl zum Verhängnis wurde. Am 18. Februar 1943 versuchten sie, Stapel davon in den Gängen des Münchner Universitätsgebäudes abzulegen, einige Exemplare ließen sie von der Empore des Lichthofes herunterflattern. Dabei hat sie ein Hausmeister beobachtet, der daraufhin sämtliche Eingänge des Gebäudes verschließen ließ. Hans und Sophie Scholl wurden gefangengenommen und abgeführt. Schließlich flog der ganze Widerstandskreis auf; nach einem Schnellgerichtsverfahren wurden Hans und Sophie Scholl sowie Christoph Probst noch am Gerichtstag, dem 22. Februar, enthauptet. Wenige Tage später ereilte auch Kurt Huber, Alexander Schmorell und Willi Graf dasselbe Schicksal. Es folgten noch weitere Verurteilungen von Helfern zu Haftstrafen. – All dies ist übrigens dokumentiert in einem Raum unter der Empore des Lichthofes im Uni-Geäude. Auf dem nach den Geschwi-

stern Scholl benannten Platz vor der Universität ist vor wenigen Jahren noch eine weitere Form der sehr eindrücklichen Erinnerung an die *Weiße Rose* hinzugekommen: in das Pflaster sind nämlich Lithographien der Original-Flugblätter, verstreut über den Platz, eingelassen worden.

Für die Mitglieder der *Weißen Rose* war es unabdingbar, ihrer Opposition gegen das Nazi-Regime durch konkrete Aktionen Ausdruck zu verleihen. Nicht alle fanden dazu den Mut. Es gab andere Kreise, die sich auf das zurückzogen, was man später dann die »Innere Emigration« nannte. Georg Britting ist hierfür ein Paradebeispiel. Der 1891 in Regensburg geborene Lyriker und Erzähler war 1918 nach München gekommen, mit schweren Kriegsverwundungen aus dem Ersten Weltkrieg, zu dem er sich als Freiwilliger gemeldet hatte. Sie beeinträchtigten ihn bis an sein Lebensende. Lange Zeit lebte er in München spartanisch, ja fast mönchisch in kleinen Junggesellen-Wohnungen, ehe er 1937 die erst 18jährige Schauspielerin Ingeborg Fröhling kennenlernte. Britting war da bereits 46 Jahre alt. Sie heirateten 1946, lebten dann aber noch 5 Jahre getrennt, ehe sie gemeinsam im Altmünchner Stadtteil Lehel eine Dachzimmerwohnung bezogen … viele Jahre später hat Ingeborg Schuldt-Britting über diese Zeit ihre Erinnerungen geschrieben und sie nach jenem Platz benannt, der fast so etwas wie eine kleine Künstlerkolonie wurde: *Sankt-Anna-Platz 10*. In ihren Erinnerungen heißt es, daß Britting großen Wert auf einen streng geregelten Tagesablauf legte, der jeden Abend auf dieselbe Weise endete: nämlich mit dem Besuch bei einem seiner Künstlerstammtische. Einer davon war der *Unter den Fischen* in einer Gaststätte in der Schönfeldstraße.

Britting veröffentlichte während der ganzen 13 Jahre der Hitler-Herrschaft unbehelligt weiter. Im Jahre 1944, während der größten Kriegsnot also, erschien sogar noch eine Lyriksammlung von ihm, deren Titel schon anzeigt, wovon die Gedichte dieses Bandes handeln. Ein einziges *Lob des Weines* war dieses im Verlag von Hans Dulk erschienene und mit Zeichnungen von Max Unold versehene Buch. Von den Schrecken der Kriegszeit las man darin nichts, statt dessen aber viel von geselligen Weinrunden. Gewidmet ist der Band »Den Freunden vom Stammtisch unter den Fischen«.

Solche, die in Schenken sitzen

Solche, die in Schenken sitzen,
Kommen leicht in Streit,
Runzeln zornig ihre Brauen
Voller Heftigkeit:
Himmel kann nicht immer blauen,
Manchmal ist er rot von Blitzen!

Doch ein angemeßnes Wort
Treibt die Wetterwolken fort,
Macht die Lüfte wieder rein.

Fröhlicher, und fern von Frauen,
Auf den grün erfrischten Auen
Trinken die Versöhnten ihren Wein.

Entlang der Ismaninger Straße wollen wir nun von Bogenhausen in das südlich angrenzende Haidhausen spazieren, das »Franzosenviertel«, weil hier nämlich die meisten Straßennamen an den Krieg gegen Frankreich 1870/71 erinnern. Nachdem Schwabing seinen Glanz als Bohèmeviertel in den siebziger Jahren immer mehr verloren hatte, etablierte sich das ehemalige Arbeiterviertel als neues Künstlerquartier. In der Milchstraße 4 beispielsweise gibt es das *Münchner Literaturbüro*, eine offene Bühne für jedermann, der aus seinen Texten vorlesen will und der auch eine anschließende kritische Diskussion darüber verträgt. Über 1000 Autorengespräche hat es dort in den Jahren schon gegeben, lange vor den *Slam Poetry*-Veranstaltungen, die es natürlich mittlerweile auch in München gibt.

Am Max-Weber-Platz können wir die Hauptverkehrsader Ismaniger/Innere Wiener Straße verlassen und uns den Weg durch die hohen Mietshäuserreihen suchen, die so typisch sind für Haidhausen. Wir folgen den Trambahngleisen der Linie 19 bis in die Wörthstraße und gelangen dann durch die Stein- oder wenn man will Metzstraße zum Rosenheimer Platz. Nun müssen wir nur noch die Franziskaner- bis zur Gebsattelstraße vorgehen, wo wir rechts Richtung Isar abbiegen. Wir steuern nun direkt auf die Zeppelinstraße zu, wo das Geburtshaus eines der genialsten literarischen Geister dieser Stadt überhaupt steht. Wenn ich den Namen nenne, werden manche ganz ungläubig lesen: Karl Valentin einer der genialsten literarischen Geister Münchens? Der war doch lediglich ein Komiker, der auf Vorstadtbrettln und Volkssängerbühnen auftrat. Ich würde dem entgegenhalten, Valentin war der höchst seltene Fall eines Genies, das nicht das geringste Bewußtsein davon hatte, eines zu sein.

Er lebe von »Unsinnsfabrikation«, schreibt er in seiner fragmentarischen Selbstbiographie, und er habe immer nur eines gewollt, nämlich daß die Leut' über ihn lachen (ihm war allerdings, sagt der lebenslange Misanthrop und Hypochonder auch, selbst meist nie zum Lachen). Doch seine Kunst hat weit über pure Komik hinausgezielt. Was man mittlerweile allzu gern mit dem Wort »valentinesk« bezeichnet, ist eine Mischung aus absurdem Theater und Dadaismus, aus altmünchnerischem Existenzialismus und einer aus dem bairischen Dialekt entsprungenen Sprachphilosophie, die sich beim allmählichen Verfertigen »saudummer« Gedanken erst nach und nach, Wort für Wort und Satz für Satz entwickelt.

Vieles, wenn nicht alles von dem, was Valentin auf die Bühne gebracht hat, war allerdings nur möglich, weil der leptosome »Skelettgigerl« die für ihn ideale Partnerin fand: Elisabeth Wellano, Tochter einer ziemlich kinderreichen, ziemlich armen Bäckersfamilie. Valentin lud sie zur Mitarbeit ein und schlug ihr den Künstlernamen Liesl Karlstadt vor. Zusammen waren sie ein Paar, wie es in der Theatergeschichte nur ganz wenige gab. Und während Valentin im Grunde immer nur sich selbst spielte, glänzte die Karlstadt in immer anderen Verkleidungen und vor allem auch in kongenial gespielten Männerrollen. Viele konnten zum Beispiel schier nicht glauben, daß hinter dem »Kapellmeister« mit dem Knebelbart aus der bekannten Szene *Die Orchesterprobe* eine Frau steckte.

Bis auf wenige Gastspiele in Berlin – Valentin, zeitlebens von irrationalen Ängsten gepeinigt, haßte alles Reisen – traten die beiden ausschließlich in München auf und hier vor allem auf den besagten Vorstadtbrettln, von denen sich einige gerade im Stadtteil Haidhausen befanden (ursprünglich war das nämlich das Gaudium des Proletariats). Haidhausen und Au, das sind überhaupt *die* Valentin-Viertel der Stadt. In der Zeppelinstraße, wie gesagt, kam er zur Welt und wuchs er auf. Beim Möbel- und Sargschreiner Hallhuber in der Weißenburger Straße 28 machte er seine Schreinerlehre ... die ihm später sehr zustatten kam: Valentin baute sich seine Bühnen- und Filmdekorationen nämlich größtenteils selber. Hier in Haidhausen, im *Münchner-Kindl-Keller*, fing er seine Komiker-Karriere an mit einem selbstgebauten Orchestrion als »Instrumental-Karikaturen-Komiker«, und im *Bunten Würfel* in der Preysingstraße endete seine Laufbahn, hier übernachtete er in einer unbeheizten Garderobe und holte sich jene Lungenentzündung, an der er dann am Rosenmontag des Jahres 1948 verstarb.

Nach langer Zeit war Valentin noch einmal mit Liesl Karlstadt im *Bunten Würfel* aufgetreten. In den Jahren 1941 bis 1946 zeigte sich der Komiker überhaupt nicht auf Münchens Bühnen. Das hatte seinen Grund eher in einem allgemeinen »Grant« über die Zeitläufte denn in einer konkreten Opposition gegen das Regime. Vordergründig politisch war Karl Valentin nie, auch wenn *Der Firmling*, einer seiner berühmtesten, schönsten und tiefgründigsten Filme, 1934 wegen »Verletzung religiöser Gefühle« von den Nazis verboten wurde.

Valentin blieb unbeirrt bei seiner »Unsinnsfabrikation«. Auch während der Jahre, in denen er nicht auftrat, schrieb er weiterhin fleißig Szenen, Monologe und Couplets. Allein: Die Münchner bekamen sie nicht zu hören und nicht zu sehen. Auch den Dialog *Verstehst nix von der Politik* konnten sie erst 1946 im Rundfunk hören, obwohl er kurz nach dem Krieg geschrieben wurde. Übrigens mochten die Münchner diese Art von Komik gleich nach dem Krieg ganz und gar nicht; mit kritischer Hörerpost sorgten sie dafür, daß ihr einst so umjubelter Valentin mehr und mehr aus dem Rundfunk verschwand, eine Tatsache, die Valentin zutiefst kränkte.

A. Du redst no grad so dumm daher wia damals im Weltkrieg 1914 – da hast a daher politisiert und hast allawei vom Bierverband anstatt von Vierverband daher gredt.
B. Aber Du hast a nix verstanden, weisst damals gmoant hast, die Entente dös war das hintere Ende von einer Ente.
A. Geh Du alter Sprüchmacher – Wie saudumm hast di damals gstellt beim Wählen, wost zu mir gsagt hast, i wähl einen Konditor statt einen Kandidaten und wie Du zu mir gsagt hast – für an Kaminkehrer is jetzt a harte Zeit, weil wenn der an Radio hört, is er a Schwarzhörer.
B. Dös hab i doch nur aus Gaudi gsagt. [...]
A. Dass Du für Dei Alter no so saudumm bist, da hab i heut noch den Beweis. Kannst Dich noch erinnern, wia am Anfang vom Kriag die Verdunklungsvorschriften in der Zeitung gstanden san, da hab ich zu Dir gsagt, dass im Englischen Garten Plakat angschlag'n sind mit der Aufschrift: Das Herumschwirren von Glühwürmchen ist bei eintretender Dunkelheit polizeilich verboten. – Dann bist am andern Tag mit Dein'm Radl 'nunterg'fahrn, weilst'as net glaubt hast.
B. Ja, weil i anstatt Glühwürmchen Glühlämpchen verstanden hab.
A. Geh, geh, geh, geh, geh, geh, geh! – Glühlämpchen hast Du verstand'n, als wia wenn im Englischen Garten Glühlämpchen umanandaschwirren tat'n.
B. Mhm. – Du brauchst koa Angst ham, dass Dir oana d'Weltmeisterschaft im Blödsei streitig macht! Kannst Dich no erinnern, wia damals auf der Insel Kreta die Fallschirmspringer gelandet san – da hast Du zu mir g'sagt, obs auf dera Insel allaweil regnen tut, weil die Fallschirmspringer alle an Schirm dabei g'habt ham.
A. Du hast ja aa damals an Blödsinn daher geredt, wiast gsagt hast, da Hitler hat a Glück g'habt, dass er net Adolf Kräuter g'hoassn hat, sonst hätt'n ma schrein müassn Heil Kräuter!
B. Aber Dei ganze politische Anschauung is ja nur a Kas gwesn, denn wenns nach Deiner Ansicht ganga wär, hättn mir den Kriag verlorn.
A. Mir ham ihn ja verlorn!

B. Dös woass i scho! Ja moanst Du, dass Du alloa bloss an Kas daher gredt hast?

Unser Spaziergang endet in der Zeppelinstraße 41. Nach langem Hin und Her ist das ehemals heruntergekommene Geburtshaus von Karl Valentin endlich wieder hergerichtet. Denkmalgeschützt beherbergt das Haus nun ein Kulturzentrum für den Stadtteil Au. Wer aber ins Karl-Valentin-»Musäum« will, der sollte weitergehen zum Isartor, wo sich in einem der beiden Türme ein solches befindet.

→ »Diese Stadt war keine Stadt mehr«
DIE STUNDE NULL: IN TRÜMMERN
REGT SICH NEUES LEBEN

Neunter Spaziergang: Feldherrnhalle – Residenz – Ludwigstraße – Schellingstraße

Am 30. April 1945 fuhren drei amerikanische Offiziere und fünf Unteroffiziere in zwei Jeeps, von Westen herkommend, die Arnulfstraße hinunter, am Hauptbahnhof vorbei. An der Friedenheimer Brücke hatten sie noch einen salutierenden GI gegrüßt; daß er der am weitesten Richtung Innenstadt vorgeschobene Posten war, wußten sie nicht. Sie fuhren einfach weiter, bis vors Rathaus am Marienplatz. Es passierte nichts. München war von den amerikanischen Truppen eingenommen.

Nach monatelangem Luftkrieg mit immer neu herandröhnenden Bomberstaffeln, die die Stadt zu weiten Teilen in Schutt und Asche gelegt hatten, wagte sich die Zivilbevölkerung vorsichtig wieder auf die Straßen. Was sich ihr dort für ein Bild bot, beschreibt Wilhelm Hausenstein, der im südlich gelegenen Tutzing lebte und nur noch gelegentliche Abstecher im August, September und Dezember 1944 in die Stadt machte, in seinem *Tagebuch im Kriege*:

Nach Wochen zum ersten Male wieder in München gewesen. Die Stadt ist zum größeren Teil zerstört: in ihren Wohnhäusern, in ihrer monumentalen Gestalt. Der Eindruck ist grausig. Ich kann mir nicht denken, wie München je wieder zur Repräsentation dessen, was es gewesen ist, wiederhergestellt werden soll. Nicht als ob dies in sich unmöglich wäre. Aber die Herstellung wird nicht praktikabel sein, zumal im Zusammenhang mit dem Ruin der anderen Städte; sauf

← »Rama dama« auf dem Marienplatz mit dem legendären Oberbürgermeister Thomas Wimmer im Oktober 1949

l'imprévu. Allein schon das Aufräumen, das Abtragen! Wird man wesentliche Ruinen stehen lassen und anderwärts, außerhalb Neues bauen? Wird man? Und wann? Werden Generationen zwischen, neben Trümmern leben? Der Untergang der Stadt ist im großen ganzen so radikal, daß ich mir eine Erneuerung nicht vorstellen kann, in technischer wie in wirtschaftlicher Hinsicht.

Was hier bei Wilhelm Hausenstein anklingt, war tatsächlich gleich nach dem Krieg eine Option, die man kurze Zeit ernsthaft überlegte: ob es nicht wirklich das Praktikabelste wäre, München komplett abzureißen und abzutragen und an anderer Stelle – etwa am Starnberger See – neu aufzubauen. Man stelle sich vor: die Stadt München einfach von der Schotterebene an der Isar wegradiert! Ein solcher Plan läßt Rückschlüsse zu auf den Grad der Verwüstung. Es muß wirklich absolut niederschmetternd und entmutigend gewesen sein. Und doch begannen die Münchner mit dem Aufräumen und Wiederaufbauen.

Legendär wurde dabei die »Rama dama«-Aktion, zu der Münchner Zeitungen aufriefen und bei der auch das Militär mithalf. »Rama dama« hat nichts mit einem mohammedanischen Ritual zu tun, sondern ist das bayerische »Aufräumen tun wir«. Und das taten die Münchner, unter tatkräftiger Mithilfe des besonders leutseligen und bürgernahen Oberbürgermeisters Thomas Wimmer, dem Wimmer Damerl, der höchstpersönlich die Ärmel hochkrempelte und mitschaufelte am »Rama dama«-Tag, dem 29. Oktober 1949. 7000 Bürger machten mit und schaufelten 15 360 Kubikmeter Schutt zur Seite. Von Kriegsende bis 1947 waren bereits 2,5 Millionen Kubikmeter weggeräumt worden, allen voran von den vielen »Trümmerfrauen«, die man allerorten auf den Schuttbergen stehen sah, mit ihren Kopftüchern. Regelrechte Hügel und kleine Berge wurden auf diese Art und Weise an festgelegten Plätzen der Stadt aufgehäuft, zum Beispiel im Luitpoldpark. Auch der Aussichtshügel im heutigen Olympiapark, von dem aus regelmäßig bei Popkonzerten »Zaungäste« das Geschehen in der Arena des Olympiastadions verfolgen, stammt aus dieser Zeit. *Monte Scherbelino* nennen ihn die Münchner deshalb.

Ähnlich wie andere, vor allem auch amerikanische Berichterstatter durchstreifte ein junger Schweizer unmittelbar nach Kriegsende das zerstörte München. Es war Max Frisch. Gemäß seiner Maxime »Jetzt ist Sehenszeit« war er aufgebrochen in das eben erst niedergerungene Deutschland, um sich nach ausführlichem unvoreingenommenen eigenem Augenschein erst nach und nach ein Urteil zu bilden. Er lebte eine Zeitlang bei einem jungen Paar, das ausgebombt worden war und zum drittenmal einen ziemlich dürftigen Unterschlupf gefunden hatte. Vor allem die Verpflegung war ein Problem, Frisch hatte selbst keine Lebensmittelkarten, das Paar ernährte ihn von seinen spärlichen Rationen mit. Ihm war das peinlich, ihnen gleichgültig. »Sie sind froh um jeden Fremden, [...] um jede Kunde aus der Welt, die ihnen verschlossen bleibt.« Max Frisch hat über diese »kleine deutsche Reise«, die immerhin einige Monate dauerte, einen Bericht verfaßt und 1946 in der *Neuen Schweizer Rundschau* veröffentlicht, *Death is so permanent* war der Titel. So nämlich stand es auf den Hinweisschildern, die die Amerikaner für ihre eigenen Fahrer in den Furten durch die Trümmerschluchten – nichts anderes waren Münchens ehemalige Straßen – aufstellten. Aufmerksam für alle Kleinigkeiten durchstreifte Frisch damals die Stadt:

Gestern in einer Buchhandlung.
»Durchgang auf eigene Gefahr.«
Man tritt in eine Katakombe voll Dämmerung, Lärm von einem Bagger, Lampenschein, Wolken von Staub. An den Wänden hängen ein paar Drucke von der Sixtinischen Kapelle. Auch hier, wie meistens, sind die Fenster mit Brettern verschlagen, kein Glas. Auf einem langen staubigen Tisch liegen zwei Zeitschriften, eine davon unverkäuflich. Was weiter? Ein paar gewöhnliche Kalender. Und Buchzeichen, das ist ungefähr das einzige, was man kaufen kann; Löffel und Gabel für die Hungernden. Ferner eine kleine Leihbücherei; ich greife heraus: Kipling, eine Gartenlaubennovelle, eine Kantate zum Jubiläum der Zürcher Universität, Jahrzahl 1914. Das einzige neue Buch, das ich bisher erblickte, sind die Gedichte von Werner Bergengruen, beidemal unverkäuflich. Man denkt daran, wie in unserem Land

gedruckt, verlegt, gestapelt wird: fünf Stunden von hier, wenn man mit dem Wagen fährt. Um nicht als Gaffer herumzustehen, spiele ich mit, frage nach einer bestimmten Zeitschrift, man schaut mich an, als hätte ich den Regenbogen vom Himmel verlangt.

Diese Schilderung zeigt recht anschaulich, wie sehr alle kulturellen Dinge in diesen Monaten absolute Mangelware waren. Und dennoch – oder vielleicht gerade deswegen – regte sich bald schon überall in der Trümmerlandschaft kulturelles Leben. Wenn wir uns noch einmal zur Feldherrnhalle begeben (um anschließend Richtung Schellingstraße Nr. 48 zu spazieren, der ehemaligen Wohnung Walter Kolbenhoffs), dann sollte man sich vor Augen halten, daß hier, in der völlig zerstörten Residenz, bereits am 28. August 1945 im Grottenhof ein Kammerkonzert stattfand, mitten in den Trümmern und unter freiem Himmel!

Neugründungen von Zeitschriften und Zeitungen sowie Buchverlagen ließen auch nicht lange auf sich warten. Eine der ersten war die *Neue Zeitung*, die an die Stelle der Nachrichtenblätter der amerikanischen Militärregierung trat und zum erstenmal am 18. Oktober 1945 erschien. Der erste Leitartikel, den man dort lesen konnte, stammte von Stefan Heym, der als Mitarbeiter der »Psychological Warfare« mit der US-Army nach Deutschland gekommen war. In anderen Ressorts fand man Namen wie Robert Lembke (später ungemein populär mit seinem Fernseh-Quiz »Was bin ich?«) sowie Hildegard Hamm-Brücher, die spätere Grande Dame der FDP. Zum Leiter des Feuilletons berief man Erich Kästner. Der warf sich mit vollem Engagement in den Aufbau eines sechsseitigen Kulturteils der *Neuen Zeitung*, in dem bald alles, was Rang und Namen hatte – und zwar in der internationalen Literaturszene –, veröffentlichte. Kästner erkannte ganz klar, daß nun die journalistische Tagesarbeit Vorrang haben mußte vor großen literarischen Plänen. »Wer jetzt Luftschlösser baut, statt Schutt wegzuräumen, gehört vom Schicksal übers Knie gelegt«, schrieb er in *Der tägliche Kram*.

Und dennoch erhielt er sich das Gespür für das poetisch Leise. Im allerersten Feuilleton der *Neuen Zeitung* veröffentlichte er ein Gedicht einer erst neunzehnjährigen Autorin. Dagmar Nick hatte es auf der Flucht aus den sudetendeutschen Gebieten Böhmens geschrieben, von wo man Anfang '45 alle Deutschen vertrieb. Es gilt als das allererste Gedicht, das im Nachkriegsdeutschland veröffentlicht wurde.

Flucht

Weiter, weiter. Drüben schreit ein Kind.
Laß es liegen, es ist halb zerrissen
Häuser schwanken müde wie Kulissen
durch den Wind.

Irgend jemand legt mir seine Hand
In die meine, zieht mich fort und zittert.
Sein Gesicht ist wie Papier zerknittert,
unbekannt.

Ob du auch so um dein Leben bangst?
Alles andre ist schon fortgegeben.
Ach, ich hab nichts mehr, kaum ein Leben
nur noch Angst.

Machen wir uns also auf Richtung Siegestor, das man vom Odeonsplatz aus schon in der Ferne sehen kann. Auch dieser Triumphbogen, von König Ludwig I. zum Ruhme des Bayerischen Heeres erbaut, war schwer beschädigt (»einer der Bronzelöwen steht auf dem Kopf, unten am Boden«, heißt es bei Hausenstein). Man überlegte nach 1945 ernsthaft, ob man das Monument völlig verschwinden lassen sollte, ähnlich dachte man übrigens auch von der gesamten Wittelsbacher-Residenz zwischen Hofgarten und Max-Joseph-Platz. Schließlich baute man den Torbogen doch wieder auf und versah ihn bei einer Umgestaltung 1958 noch mit der Inschrift: »Dem Siege geweiht, vom Krieg zerstört, zum Frieden mahnend.«

Auf halbem Weg zwischen Odeonsplatz und Siegestor biegen wir dann links in die *Schellingstraße* ein. Dort nämlich im Haus Nr. 48 wohnte nach dem Krieg Walter Kolbenhoff, in jungen Jahren Parteigänger der KP und Journalist bei der *Roten Fahne*. Zusammen mit

Alfred Andersch und Hans Werner Richter war er im Lager Fort Kearney von der US-Army darauf vorbereitet worden, nach dem Krieg für eine demokratische Umerziehung der Deutschen zu sorgen. Natürlich ging Kolbenhoff, wie viele andere Intellektuelle auch, sofort nach München, nirgendwo sonst in Deutschland herrschte eine solche Aufbruchs- und Gründungseuphorie unter Zeitungs- und Zeitschriftenmachern wie hier. Ende 1947 gab es bereits rund 50 Periodika, die in dieser Stadt redaktionell beheimatet waren. Walter Kolbenhoffs Wohnung wurde schnell zu einem Sammelpunkt junger Autoren, später hat er sich – unter dem Titel der Adressenangabe *Schellingstraße 48* – an die Zeit erinnert. Wie bei so vielen anderen war es Erich Kästner, der Kolbenhoff weitergeholfen hatte. Er stellte ihn bei der *Neuen Zeitung* ein; er sollte amerikanische Literatur besprechen, auch die Wohnung verschaffte er ihm.

Drüben stand eine Hausruine, Schellingstraße 48, das Nummernschild war noch dran, deren dritter und vierter Stock weggeputzt waren, ich beachtete sie nicht – ich wußte ja nicht, daß ich Monate später in diesem zerbombten (dann wieder aufgebauten) vierten Stock wohnen und dort so viel erleben sollte.
Ich stand da in dieser grausigen Straße, und eine ungeheure Euphorie ergriff mich. Ich bin bei Erich Kästner gewesen, dachte ich, und ich mußte aufpassen, daß mir die Bücher nicht unter dem Arm wegrutschten. Ich war in meinen, von den Amis gezeichneten Klamotten bei dem großen Mann gewesen, er hatte mir zugelächelt und mich angestellt. [...]
Während ich auf dem Stein saß und mein Brot aß, nahm ich den Staub wahr, der überall in meinen Kleidern hing, der mir zwischen den Zähnen knirschte und der die Sicht trübte. Ich blickte nach oben, und da hingen gelbe Wolken, die ich bisher kaum gesehen hatte, und verdeckten den blauen Himmel. Ein Wind mußte aufgekommen sein, denn sie hatten sich zusammengeballt und verzerrten sich zu grotesken Gebilden.
Aus den zerklüfteten Schluchten, die einmal der Viktualienmarkt gewesen waren, herkommend, jagten gelbliche giftfarbene Gebilde.

Der Wind hatte einen guten Anlauf, wenn er, von der zerklüfteten Wüste kommend, am Alten Peter vorbei, mit voller Wucht in die Ruinen fuhr und sich, den gelben Grind mit sich führend, durch die Theatinerstraße in die Ludwigstraße stürzte. [...]
Diese Stadt war keine Stadt mehr – sie war eine trostlose Wüste, und der Platz, an dem ich saß [Marienplatz beim Rathaus, Anm. B.S.], schien eine Art Oase zu sein, in der die Menschen aus allen Richtungen zusammenkamen. Statt Wasser suchten sie nach Nachrichten, lechzten sie nach Verbindungen, nach anderen Menschen, träumten sie davon, mit jemandem sprechen zu können, einen verstehenden Blick zu wechseln.

Nach Verbindung und Austausch lechzten sicher auch diejenigen, die sich im September 1947 zu einer Lese- und Diskutierrunde zusammenfanden, aus der die berühmteste Autorengruppe der Nachkriegs- ja vielleicht sogar der gesamten deutschen Literaturgeschichte hervorgehen sollte: die *Gruppe 47*. Ihr Ursprung und ihr anfängliches Wirken ist untrennbar mit München verbunden. Hier war es vor allem Hans Werner Richter, um den sich die Gruppe zu scharen begann. Zusammen mit Alfred Andersch gab er eine der wichtigsten Nachkriegszeitschriften ganz Westdeutschlands heraus, die »unabhängigen Blätter der Jungen Generation« mit Titel *Der Ruf*. Die Redaktion war in Krailling, südlich von München im Würmtal. Allerdings gebärdeten sich die dort eifrig publizierenden jungen Autoren bald so unabhängig, daß es den amerikanischen Lizenzgebern zuviel wurde. Vor allem in der Frage: Gab es eine Kollektivschuld der Deutschen? entzweite sich die Redaktion mit der Militärregierung. Richter und Andersch verließen den *Ruf*, um allerdings sofort wieder eine neue Zeitschrift ins Auge zu fassen; *Skorpion* sollte sie heißen. Um sie vorzubereiten, um sich gegenseitig in Frage kommende Texte vorzulesen und zu diskutieren, traf man sich im September 1947, und zwar in einem kleinen Häuschen am Bannwaldsee, nicht weit entfernt von Neuschwanstein. Das Haus gehörte der Dichterin, Photographin und ethnologischen Sammlerin Ilse Schneider-Lengyel, einer höchst wundersamen Frau, die später, nachdem sie vorübergehend verschollen war, im Psychiatrischen Landeskrankenhaus Reichenau am Bodensee endete. Gerhard Köpf, ein im Allgäu geborener und heute in München lebender Autor, hat ihr ein bleibendes Denkmal gesetzt in seinem poetischen Roman *Innerfern*.

Toni Richter, Ehefrau und ständige Begleiterin auch auf den *Gruppe 47*-Treffen von Hans Werner Richter, erinnerte Jahre später an diese Gründungstagung, von der noch keiner wußte, daß sie eine solche war. In München traf man zusammen, um auf einer der wenigen bereits wieder funktionierenden Eisenbahnlinien Richtung Allgäu zu fahren. Mit von der Partie waren neben dem Ehepaar Richter und anderen Wolfgang Bächler, Wolfdietrich Schnurre, Nicolaus Sombart und der spätere Verleger von dtv, Heinz Friedrich.

Am 6. 9. 1947 trafen wir frühmorgens am Starnberger Bahnhof in München auf Isolde und Walter Kolbenhoff und Friedrich Minssen. Der Ausflug an den Bannwaldsee endete vorerst in Weilheim, weil wir nicht bereit waren, uns einzeln in den schon übervollen Autobus nach Hohenschwangau zu quetschen. Mit Hilfe der Ausweise der amerikanischen und französischen Militärverwaltung von Kolbenhoff und Guggenheimer bekamen wir einen offenen Lastwagen mit Holzgasantrieb. Von oben genoß ich die Landschaft, die Berge und die Seen trotz des Gestanks und der Rußwolken des Motors. Es war ein sonniger Tag.
Am Bannwaldsee liefen Isolde und ich nackt in den flachen See, was kümmerte es uns, wie sehr sich Guggenheimer und Minssen genierten! Ilse Schneider-Lengyel hatte sich vorgenommen, ihre Gäste gebührend zu verpflegen. Mit ihrem alten Motorrad brauste sie los, sie imponierte mir sehr, auf dem Kopf trug sie so etwas wie eine kleine Weltkugel (der Wind hatte ihre Ballonmütze aufgebläht). Und als sie zurückkam, waren ihre Taschen voller Kartoffeln. Die Fische lieferte ihr der See. Als zum nächsten Mittag auf ihren schönen Porzellantellern Krebse, garniert mit Salatblättern, an jedem Platz standen, war ich hingerissen. [...]
Bis spät am Abend wurde gelesen und das Gelesene kritisiert. Schnurre, der beim zweiten Mal aus einem umfangreichen Roman

vorlas, hörte und hörte nicht auf, Hans Werner Richter tippte ihn an: »Schau mal auf.« »Ja, wenn ihr nichts damit anfangen könnt«, sagte er, klappte sein Manuskript zu und erhob sich.
Guggenheimer stand beim Aufbruch mit prall gefüllten Aktentaschen (seinen »Schweinchen«) an der Tür: »Richter, das müssen Sie wieder machen.« Dann lief er zu Fuß nach Füssen, um seinen Zug zu erreichen.

Und Hans Werner Richter machte es wieder, seitdem jedes Jahr ein Treffen der *Gruppe 47*, bis 1967, da brach sie dann auseinander. »Ohne Zuruf auf selbstverständliche und sympathische Weise primus inter pares«, das war Richter schon bei der allerersten Zusammenkunft am Bannwaldsee gewesen, schreibt Heinz Friedrich. Und er blieb es auch. Ohne Vereinsstatut oder sonst dergleichen. Die *Gruppe 47* hatte nämlich niemals Statuten. Sie hatte lediglich Hans Werner Richter, der einmal im Jahr auf seinen berühmten wortkargen Postkarten mitteilte, wo und wann das nächste Treffen stattfinde. Und er entschied, wem er diese Postkarten schickte, aus seiner Wohnung in der Floßmannstraße in München-Pasing, die man das heimliche Hauptquartier der *Gruppe 47* nennen könnte.

Genuine Münchner oder bayerische Autoren allerdings wird man bei den von Richter arrangierten Treffen wenige finden – ob es letzten Endes ein Mentalitätsproblem war, das es dem Fischersohn von der pommerschen Insel Usedom nicht immer leicht machte, das bajuwarische Naturell zu verstehen? Einer, der dennoch mehrmals berücksichtigt wurde, war Carl Amery, und der ist ja nun im besten Sinne »bayerisch« wie kaum ein zweiter. Hans Werner Richter fand seine Art wohl immer »zu vertrackt, zu bayerisch intellektuell«, wie er später in seinem Buch *Im Etablissement der Schmetterlinge* schrieb, einem Band mit literarischen Porträts seiner *Gruppe 47*-Freunde. Dort meint er sich auch zu erinnern, Amery sei eigentlich nie so recht angekommen, wenn er sich auf den berühmten »elektrischen Stuhl« gesetzt und mit einer Lesung aus einem Manuskript sich der Kritik der Kollegen gestellt hätte.

Ob es 1957 auch so war, da nämlich las Carl Amery zum erstenmal bei einer Tagung in Niederpöcking am Starnberger See, und zwar aus seinem zweiten Roman, *Die Große Deutsche Tour*? Nach dessen Erscheinen feierte man Amery: »endlich wieder ein satirisches Talent«. Der Roman spielt in München während der fünfziger Jahre und entwirft in der Tat ein satirisch-kritisches Bild des beginnenden Wirtschaftswunders. Kunstgeschichtler Dr. Wulfrid Niegel kommt auf die Idee, ein pseudo-kultiviertes Reisebüro zu gründen, das Touristen anbietet, ihnen genau jenes Nachkriegsdeutschland zu zeigen, das ihren Erwartungen entspricht, sei es also das demokratische, das problematische oder gar das gläubige Deutschland. Ganz nebenbei zeichnet Amery auch ein Bild der Stadt München in diesem »heiteren Roman aus den fünfziger Jahren«. Damals waren zum Beispiel bei der Schwabing wiederentdeckenden Jugend Existenzialismus und Heidegger angesagt.

Ich stieß auf Putz im Delikatessenladen Kraus in der Maximilianstraße – es gibt nette kleine Lunches dort. Putz aß ein paar Frankfurter Würstchen mit Gulaschsoße. [...]
Ich setzte mich zu ihm, obwohl es ihm nicht ganz paßte, aber mir paßte es. [...]
»Was machst du, Putz?« fragte ich vorsichtig.
»Ich esse Frankfurter mit Gulaschsoße«, erklärte er düster und wischte mit einem weiteren halben Brötchen den Rest der Soße auf. Er war nicht in mitteilsamer Stimmung. Aber ich hatte meine Mission, ich fragte weiter:
»Und dann?«
»Fahre ich fort, mich wegzuwerfen«, brummte er und aß die zweite Hälfte des Brötchens trocken, mit etwas Salz und Worcestershire-Sauce darauf. Es drehte einem das Herz im Leibe um, bei so etwas zuzusehen. Und er hatte meine Grashoppers immer so gerne getrunken! »Ich gebe amerikanischen Offiziersfrauen Unterricht in *art appreciation*. Kunstbetrachtung, wissen Sie. Naja, ich bekomme Geld dafür.«
»Du ißt jetzt noch ein paar Frankfurter«, bestimmte ich freundlich, aber fest. »Was hat es für einen Sinn, sich wegzuwerfen, wenn man dabei verhungert?« [...]
»Ich kann nichts mehr essen, ich habe einen Kater.« Er runzelte die

Stirn, als ob er Kopfweh hätte. »Ich war gestern in Schwabing, habe Wodka mit Orangensaft getrunken. Schwabing ist übrigens sehr langweilig. Schwachsinnige Mädchen tragen Kästner-Gedichte vor, sie meinen, das sei revolutionär – und dann tanzen sie.«
»Waren sie wenigstens munter?«
»Die Kästner-Gedichte?«
»Nein, die Mädchen.«
»Die Mädchen!« Er machte eine müde Handbewegung. »Ich habe mit *einer* möglichen Blondine getanzt – ihre Büste war allerdings kommerziell verbessert –, und sie erklärte, Rock' n' Roll sei ihr zuwenig spirituel. Jawohl, sie sprach es französisch aus – *spirituel*. Jaja, man flirtet eben, man tut seine Pflicht.«
Ich war erschüttert. Hier bahnte sich der völlige Zerfall einer vielversprechenden Persönlichkeit an. Es war höchste Zeit. »Das alles macht Dir doch hoffentlich keinen Spaß?«
Er sah mich prüfend aus blaumarmorierten Augen an: »Spaß? Wir sind nicht auf Erden, um Spaß zu haben. Sie sollten Ihren Heidegger lesen, Frau Isa. [...] Ich werfe mich weg«, erklärte er kauend, »weil ich mich in die Freiheit entwerfe. Ich bin schon an dem logischen Problem interessiert. Wer wirft wen, wenn man sich wegwirft? Und was ist ›weg‹? Wo ist man, wenn man ›weg‹ ist? Eine gründliche semantische Schlamperei, vermute ich. Aber schließlich beruhen fünfundneunzig Prozent aller Ideale auf semantischer Schlamperei. Wie dem auch sei – ich betrachte leidenschaftslos den steigenden Nikotinteer-Spiegel in meinen Lungen, und ich liebkose meine Nervenenden, die schon leicht zerfransen.«
Er hatte sogar einen philosophischen Dreh für sein Versumpfen gefunden. Diese Jugend – wie sie sich verschwendet!

Die einen verschwendeten sich, die anderen schrieben weiter an der ungeheuren Erfolgsstory »Wiederaufbau und Wirtschaftswunder«. Wie zum Beleg der allumfassenden Tüchtigkeit der demokratisch gewendeten Deutschen stellten sich dann auch noch Erfolge wie etwa der Gewinn der Fußballweltmeisterschaft 1954 ein. Die »Helden von Bern« wurden am Münchner Marienplatz empfangen, eine unüberschaubare Menschenmenge hatte den Platz überströmt, der damals, 1954, noch ein ganz anderes Gesicht hatte als heute, die komplette Bebauung der Südseite fehlte noch. Auch das ist übrigens ein Faktum der Nachkriegsgeschichte: Im Furor des Wieder- und Neuaufbaus und einer allzu automobilgerechten Stadtplanung wurde in München mehr Bausubstanz vernichtet als durch die Bombenhagel des Zweiten Weltkrieges. Altmünchen, wie es zum Beispiel noch Karl Valentin durch eine umfangreiche Postenkarten- und Photographiensammlung dokumentiert hatte, die bereits in den dreißiger Jahren vom Stadtarchiv übernommen worden war, gibt es seitdem nicht mehr.

Solche Nostalgie war den Münchnern allerdings in den fünfziger Jahren wohl ziemlich fremd. Man richtete den Blick nach vorn. Seit dem 15. Dezember 1957 war man Millionenstadt, Oberbürgermeister Wimmer war es, der einem Neugeborenen als millionstem Münchner eine 1000-DM-Sparkasseneinlage schenken konnte. Und wenn man Millionenstadt ist, ist man automatisch Weltstadt, und wenn man Weltstadt ist, darf man sich nicht mehr provinziell geben. Deshalb gefiel es bestimmten Stadtoberen gar nicht, daß Oskar Maria Graf anläßlich seiner Lesung zur 800-Jahr-Feier der Stadt am 22. August 1958 im feierlichen Cuvilliéstheater Bein zeigte und in der kurzen Trachtenlederhose auftrat.

Es war Grafs erster Besuch seiner einstigen Heimatstadt, seit er 1933 erst ins tschechische, dann amerikanische Exil gegangen war. Es blieb bei diesem und drei weiteren Besuchen; der Emigrant hatte nicht das Gefühl, in seiner Heimat wirklich willkommen zu sein, und so starb Graf schließlich am 28. Juni 1967 in New York. Lediglich seine Asche kehrte nach München zurück und wurde ein Jahr später auf dem Bogenhausener Friedhof beigesetzt. Schon bei seinem ersten München-Besuch brach der Konflikt mit der Stadt auf, allerdings legte es Graf, der alte Provokateur, auch teilweise darauf an. »Sie meinen wohl, mich absolut als ›Heimatdichter‹ abzutun, ich wills ihnen demnach auch lederhosenmäßig demonstrieren und vorlesungsmäßig verderben«, schrieb er in einem Brief an Hugo Hartung. Und am 12. Februar 1959 teilte er Ernst Waldinger mit:

Nur rasch: Ich war in München, hatte dort, wie Du vielleicht gelesen oder gehört hast, Krach, weil ich im Cuvilliéshaus in der Lederhose las, was natürlich die Stadt in zwei Parteien um mich spaltete. Es war sehr lustig für mich. Die Herren Autoren dort hab ich gründlich kennen gelernt – lauter kriechende Betbrüder und gewesene Nazis, die jetzt nichts mehr wissen.

Nach dieser Reise war für Oskar Maria Graf klar: »Aber bleiben in Deutschland – das hat mir diese kurze Zeit schon gezeigt, das nie. Ich wollt's ja auch von Anfang an nie.«

→ »Sie wollen ein Großstadion bauen«
WELTSTADT-FLAIR: MÜNCHEN WIRD
INTERNATIONAL UND OLYMPISCH

Zehnter Spaziergang: Rundgang durchs Olympiagelände

Ende der neunziger Jahre wird die Journalistin Renate Just über die ungeheure Anziehungskraft Münchens schreiben: »Die Stadt saugt schon gehörig.« Ob es die italienischen, jugoslawischen und türkischen Gastarbeiter der sechziger und siebziger Jahre waren oder die Top-Manager von Münchens Großfirmen wie Siemens: Sie alle nahm die Stadt auf, die einen etwas luxuriöser zum Beispiel in Grünwald, die anderen in Trabantenstädten wie dem im Norden gelegenen Hasenbergl, das einmal eine Zeitlang einen ziemlich schlimmen Ruf hatte.

Und natürlich das Künstlervolk, das zog auch hierher, und zwar aus allen Gegenden Deutschlands. Vorzugsweise nach Schwabing, das in den sechziger und siebziger Jahren noch einmal an seine glanzvollen Zeiten anknüpfen konnte. Der aus dem schleswig-holsteinischen Rendsburg stammende Hans Egon Holthusen hat in seinem *Kleinen Kolleg über Schwabing* die damalige Atmosphäre sehr schön beschrieben:

Die obere Leopoldstraße, wo einst Herr von Baader seine Gemüsekulturen düngte, hat Boulevardcharakter angenommen, der wenigstens zeitweise, z. B. in der blauen Stunde eines wärmlichen Juniabends, überzeugt. Eisterrassen, italienische Espressobars, existentialistischer Kellerzauber und eine Dekoration, die sich zwischen Cocteau und Max Ernst, Dali und Picasso nicht immer klar entschieden hat, bestimmen den Stil der Kulisse. Statt Cléo de Mérode trägt man Marina Vlady, Brigitte Bardot, hauteng Drillichhosen

← Manchmal betätigt sich der Föhn als Kulissenschieber: ein »Wies'n«-Riesenrad vor dem Olympiaturm

zum Pferdeschwanz und schwarz umränderte Rehaugen zu kurzen, abstehenden Zöpfen im Genre von »Paulinchen war allein zuhaus«. Die Jünglinge antworteten mit Schnauz- und Backenbärten, die teils an Maxim Gorki, teils an idealistische Zarenmörder oder wilhelminische Außenminister erinnern; manche poltern wie Abruzzenräuber daher, manche geben sich das feinere Air eines Madison-Avenue-Typs, manche spielen James Dean, jeder wie er mag und wie er kann. Sie tragen mit einer gewissen Brillanz den Zeitgeist zur Schau.

Der Zeitgeist hatte damals einen Namen. Er hieß Rebellion. Die ersten, die versuchten, den Bürger zu schrecken, waren, wie könnte es anders sein, Künstler. Eine der Gruppen, die am meisten Aufsehen erregte Ende der fünfziger, Anfang der sechziger Jahre, war die Künstlergruppe SPUR. Wie sie gegen den immer noch obrigkeitsstaatlichen Mief der Wirtschaftswunderjahre anging – und wie dabei von Polizei und Justiz mit ihr umgesprungen wurde –, ist ein exemplarischer Fall aus den Jahren der Adenauer-Ära.

Alle vier waren sie keine Münchner, die sich da im Januar 1958, angeregt durch ihre eigenen Fußspuren im Schnee vor dem Gasthaus *Zum Schwarzen Adler* in der Schwabinger Amalienstraße, den Gruppennamen SPUR gaben: der Bildhauer Lothar Fischer sowie die Maler Helmut Sturm, HP Zimmer und Heimrad Prem. Prem ist sicherlich künstlerisch wie biographisch der interessanteste von den vieren. 1934 im kleinen Roding im Oberpfälzer Wald geboren, wuchs Heimrad Prem anfänglich bei einer Pflegemutter auf; die Lehrjahre in einem Anstreicher- und Malerbetrieb in Schwandorf bezeichnete er als die »schlimmste Zeit seines Lebens«. Mit einem fleckigen Schulheft voller Skizzen nach Vorlagen von Rembrandt bewarb sich Prem an der Kunstakademie in München. Und er wurde tatsächlich aufgenommen. Die Akademie wurde im wahrsten Sinne des Wortes sein Zuhause: Unbemerkt »wohnte« er in einer unbenutzten Toilette des Gebäudes, in die er abends durch ein Fenster einstieg. Als die Sache aufflog, warf man Prem wegen »asozialen Verhaltens« von der Akademie.

Diesen Vorwurf wird Heimrad Prem sicher oft gehört haben in seinem Leben. Geldnöte hatte er immer ... gleichzeitig aber auch mit Ehefrau Monika sechs Kinder. Das einzige, was für ihn zählte, war seine Kunst. Über 1200 Ölgemälde und Objekte umfaßt sein Werkkatalog. Alles probierte er aus, um seine Kunst voranzutreiben, einschließlich Drogenexperimente mit LSD. Heute gilt Heimrad Prem als einer der wichtigsten deutschen Nachkriegskünstler, damals war er ein Fall für den Staatsanwalt. Mehrfach wurde die Künstlergruppe SPUR angeklagt, unter anderem wegen »Verbreitung unzüchtiger Schriften«. Sie gab nämlich auch eine Zeitschrift gleichen Namens heraus, und die war für den damaligen Geschmack äußerst provokant. In der SPUR-Zeitschrift trat Heimrad Prem auch als Autor auf, in der Nummer 6 zum Beispiel, die schließlich beschlagnahmt wurde, veröffentlichte er den Text *Wenn Blicke Samen wären*, der mit einer typischen »Existenzform« der sechziger Jahre bekannt macht, die sicher auch Prem des öfteren ausprobiert haben dürfte: die des »Trampers« nämlich, der per Autostop durch Deutschland reist.

Auf und nieder bewegt sie sich, die Hand. Es ist eine müde Tramperhand und niemand stellt die Frage: Hand wohin willst du? Hand was denkst du? Hand bist du durchsichtig? Hand wirst du nicht müde? Eine Hand unter Händen, eine geruchfreie Hand, eine Hand, die schon einen Busen gestreift und eine Pflaume gezwickt hat, eine blutbefleckte Hand, eine tote Hand, eine Wurmhand, eine schwule Hand, eine Mimihand. Oh Hand ohne Briefmarke – oh Hand voll Blut und Wunden, mit seinen Händen hat Gott den Menschen verpfuscht, mit Händen hat kein Abel getötet und mit Händen verprügelt der Mann seine Frau.
Zu zweit stand Haut und Knochen auf der Strasse. Das Gesicht voll Bart gepisst. Und die Haut sprach: »Bier muss ich saufen.« Die morschen Knochen blieben zurück und zitterten. Aber kein Auto hielt, sondern ein Moped. »Komm mit«, sagte das Moped, in einer Sprache, die sich wie Dünnschiss anfühlte. Der Knochen verstand aber Dünnschiss nicht. Trotzdem ging er mit und musste Kaffee mit Schnaps in sich hineinschütten. Ein Bett stand da, aber der Knochen wollte zur Haut zurück.

Trampergebot: Du sollst keine fremden Mopeds neben den Autos haben.

Klingt wie Herbert Achternbusch, ist aber Heimrad Prem. Und vor allem: Ist knapp zehn Jahre vor dem ersten Suhrkamp-Bändchen vom »HinundHerbert« geschrieben. Nein, Heimrad Prem war schon in jeder Hinsicht ein originärer Künstler und ein außergewöhnlicher Mensch. Nach einem mißlungenen Selbstmordversuch mit Rattengift gelang es ihm am 19. Februar 1978 doch noch, von eigener Hand aus dem Leben zu scheiden, zusammen mit seiner Freundin Urmel. Ein geradezu Kleistscher Doppelselbstmord.

»Avantgarde ist unerwünscht!« Ein Flugblatt mit diesem Slogan hatte die Künstlergruppe SPUR noch 1961 unter den Zuschauern der *Münchner Kammerspiele* verteilt. Aber das stimmte ja schon nicht mehr. Denn: Avantgarde war nicht mehr aufzuhalten. Kleine, nicht nur studentische Privattheater schossen wie Pilze aus dem Boden, 1968 rief Rainer Werner Faßbinder das »antitheater« ins Leben. Hier »dekonstruierte« er nicht nur den bildungsbürgerlichen klassischen Kanon, indem er etwa Goethes *Iphigenie* völlig umcollagierte zu einem Stück, in dem Themen wie Homosexualität und Drogen verhandelt wurden, hier erprobte er auch eine neue Theaterpraxis, bei der die Stücktexte im Kollektiv erarbeitet wurden.

Es rumorte allerorten. Zum Ausbruch aber kamen der Protest und die Rebellion aus eher nichtigem Anlaß. Als am 21. Juni 1962 die Münchner Polizei gegen ein paar Straßenmusikanten einschritt, weil man deren Spiel als »Lärmbelästigung« wertete, eskalierte der Streit zwischen Studenten und Ordnungshütern zu einer drei Tage andauernden Straßenschlacht, an deren Ende zahlreiche Verletzte zu beklagen waren. Das waren die ersten Auseinandersetzungen dieser Art in der noch jungen Bundesrepublik, und sie fanden im angeblich so rückständigen und allenfalls vom Föhn, nie aber von einem revolutionären Sturm heimgesuchten München statt.

Und das war sogar nur der Anfang, was die sogenannten Schwabinger Krawalle betrifft. Die Verabschiedung der Notstandsgesetze löste in München ebenso gewalttätige Demonstrationen aus wie die Erschießung des Studenten Benno Ohnesorg in Berlin. Uwe Timm läßt in seinem Erstlingsroman *Heißer Sommer* seinen Helden, den Germanistikstudenten Ullrich Krause, diese turbulente Zeit hautnah miterleben. (Turbulent übrigens nicht nur in politischer Hinsicht, sondern auch in erotischer, immerhin handelt es sich ja auch um die Zeit der sexuellen Befreiung.)

Auf dem Vorplatz der Universität hatten überall diskutierende Studenten und Studentinnen herumgestanden. Eine flimmernde Hitze stand über dem Platz. Ullrich suchte nach bekannten Gesichtern. Jemand fragte ihn, wohin die Demonstration ginge. Er wußte es nicht. Ziellos lief er durch die Menschenmenge. Studenten trugen Fahnen, Plakate und Transparente. *Springers Schreiberhorden helfen Benno morden.*
Durch ein quäkendes Mikrophon wurde etwas bekanntgegeben. Ullrich konnte es nicht verstehen. Er fragte die Umstehenden, aber auch die hatten nichts verstanden. [...]
Langsam gingen sie durch die aufgeheizten Straßen. Auf den Bürgersteigen standen Passanten und beobachteten die Demonstranten. [...]
Die stehen da und glotzen nur, hatte ein Mädchen zu Ullrich gesagt, das im Demonstrationszug neben ihm ging. Ja, hatte Ullrich gesagt, die sind nicht ansprechbar. Das Mädchen, das ein sehr kurzes gelbes Kleid trug, erzählte ihm, daß sie vorhin beim Verteilen der Flugblätter von einem Mann angepöbelt worden sei. Dreckige Schlampe, hatte der gerufen und dann gesagt: Ganz richtig, daß sie einen von euch umgelegt haben.

Für die nicht unbedingt an Politik interessierten Münchner war allerdings in diesen Jahren ganz etwas anderes wichtig, nämlich der rasante Aufstieg der Isarmetropole zur »Weltstadt mit Herz«, wie der Slogan nun heißen sollte, und vor allem: zur Stadt der Olympischen Spiele 1972. Im April 1966 fällte in einem Hotel in Rom das Olympische Komitee seine Entscheidung zugunsten der bayerischen Landeshauptstadt. Sie durfte das sportliche Mega-Ereignis ausrichten, das noch jede Stadt, der diese Ehre zuteil wurde, von Grund auf verändert hat.

Nicht anders in München. Es startete ein gigantisches Bauprogramm, das München für die nächsten Jahre in eine einzige riesige Baustelle verwandeln sollte. Hinzu kam ja noch, daß man erst ein Jahr zuvor, am 1. Februar 1965, den Startschuß gegeben hatte zur »Schaffung eines unterirdischen Verkehrsnetzes«, sprich der U- und S-Bahn-Linien, deren endgültige Fertigstellung sich bis in die neunziger Jahre hinziehen sollte. Als Standort für die, wie man plante, nah beieinanderliegenden Sportkampfstätten wählte man schließlich das Oberwiesenfeld aus, und gleich gegenüber sozusagen, auf der anderen Seite des heutigen Georg-Brauchle-Rings, entstand das »Olympische Dorf«, eine damals schon sehr futuristisch anmutende Wohnstadt für die Athleten.

Überhaupt sollte die gesamte Gestaltung des Olympiageländes etwas Zukunftsweisendes haben, und mit dem Stuttgarter Architekten Günter Behnisch fand man dann auch wirklich einen Planer mit visionärem Blick. Seine Gestaltung des Olympiageländes jedenfalls – und vor allem des Olympiastadions mit dem mittlerweile weltberühmten Zeltdach – war nicht weniger als die Schaffung eines neuen Wahrzeichens für München: Das Olympiastadion ist nämlich seit dem 26. August 1972, als der Startschuß zu den XX. Olympischen Spielen fiel, mindestens so bekannt wie die Frauenkirchtürme.

Als Spaziergang für dieses zehnte Kapitel schlage ich einen Rundweg durch das Olympiagelände vor, ein Ort, der längst zu einer der beliebtesten Freizeitstätten der Münchner geworden ist. Denn hier finden nicht nur die Fußballspiele des FC Bayern München und der »Sechzger« statt, hier gibt es noch viel mehr: Popkonzerte, Badespaß in der Schwimmhalle und im Olympiasee, Nachwuchsbands, die im Sommer auf einer Freilichtbühne auftreten, ein weitverzweigtes Wegenetz für Jogger und Radfahrer sowie jede Menge Wiesen, um einfach einmal in der Sonne zu liegen. Wie gesagt: ein Freizeitparadies.

Und was war das Oberwiesenfeld früher für ein ödes Gelände gewesen! Als Exerzierplatz sowie Militär- und Zivilflughafen war es genutzt worden (der erste Zeppelin landete hier 1906). Und eben als Abladeplatz für den Kriegsschutt, der *Monte Scherbelino* ist auf diese Art aufgeschüttet worden. Heinz Piontek, der mit seiner Romantrilogie *Die mittleren Jahre*, *Dichterleben* und *Juttas Neffe* zu einem der genauesten Chronisten des Münchner Stadtlebens nach '45 wurde, erinnert in den *Mittleren Jahren* an diese wundersame Verwandlung des Oberwiesenfelds. Und er erinnert vor allem an eine Gestalt, die in München legendären Ruhm genoß: Väterchen Timofej. Dieser russisch-orthodoxe ... ja, Mönch könnte man vielleicht sagen, hatte sich nach dem Zweiten Weltkrieg hier in einer Art Einsiedelei niedergelassen und eigenhändig eine kleine Kapelle gebaut. Väterchen Timofej ließ sich auch von dem gigantischen Umbau des Olympiageländes nicht vertreiben und behielt seine Einsiedelei inmitten eines Ortes, wo sich Hunderttausende aus aller Welt versammelten.

Gleich hinter den Halden im Gras lag die Einsiedelei, frisch geweißt, mit kleinen blechernen Türmen. Ich hatte den Mönch nicht ganz vergessen.
Er schlummerte im Windschatten auf einer heruntergekommenen Matratze. Aber die Hose, die er über den Schaftstiefeln trug, war anständig, und über der Hose trug er einen Kittel aus Kattun und auf dem Kittel ein Kreuz. Als ich ihn anrief, blinzelte er in die Sonne, die ihm um den Bart ging.
»Gott mit dir. Wer bist du?«
Ich merkte ihm an, daß ihm mein Name nichts sagte, doch er erhob sich höflich, öffnete das Gatter und begrüßte mich.
»Es ist lange her«, sagte ich, »daß ich ein paarmal hier gewesen bin, Pater Serafim. Damals waren Sie gerade dabei, die neuen Turmhauben anzustreichen. Viel hat sich seitdem bei Ihnen verändert.«
»Nicht wahr?« sagte er und musterte mich aus seinen tiefliegenden Augen. »Es sieht jetzt sauber aus. Ich habe einen Zaun gebaut, einen großen Schuppen für das Winterholz, ein Kapellchen gegen Osten, und drinnen meine Stube wirst du nicht wiedererkennen. Hinter dem Schuppen blüht ein Feld Astern zum Trost des Herrn. Du mußt sie dir anschauen.«

Der Krieg hatte den Mönch hierher verschlagen, und alles, was zu sehen war, hatte er mit eigenen Händen auf dem steinigen Gelände aufgebaut. Sein Stolz war die Bretterkirche. Sie war getüncht und besaß nach russischem Vorbild eine Kuppel und Zwiebeltürme. Wie einer Schachtel entnommen, ragte sie mitten in seinem Garten auf, wo er mit viel Mist Gemüse anbaute, Obst und Beeren zog und seine Blumen pflegte. Die Astern waren in vielen Farben aufgeblüht. [...] Mit einem Schlage erzitterte die Luft von einem überklaren, übermenschlichen Gebrüll. Ich duckte mich. [...] Schon war die Schaltprobe vorbei, die Apparatur wieder still, und in der Kirchenstille schaute ich, taub bis ins Knochenmark, auf die beiden Alten, die keine Miene verzogen. Dann bewegte Pater Serafim den Mund. Als ich ihn verstehen konnte, sagte er: »... auf der Sandbahn«, und stieß seinen Daumen in die Richtung, wo hundert Meter weiter das Stadion lag. Für heute nachmittag seien Rennen angesetzt. [...]
»Hast du schon gehört, mein Bester«, sagte er leise, »daß ich hier weg muß?«
Ich ärgerte mich sofort.
»Sie wollen ein Großstadion bauen. Es war schon eine Kommission da.« Das Wort Großstadion klang in seinem Mund, als spräche er von einem Babylonischen Turm.
»Kommissionen brauchen viel Zeit.«
»Ich habe nichts schriftlich«, flüsterte der Mönch.
»Man kann Sie nicht wegjagen wie einen Hund! Sie sind siebzig, Sie haben mehr als fünfzehn Jahre gebraucht, um sich hier einzurichten. Wo sollen Sie denn hin?«
»Vierundzwanzig Tage habe ich schon gefastet.«
Ich senkte die Augen.
Laut und ohne Zorn sagte er: »Ich gehe nicht weg. Ich kann nicht gegen meine Seele weggehen.«

Die Olympischen Spiele hatten also gewissermaßen geistlichen Beistand direkt auf ihrem Gelände, wenn auch die allermeisten der Besucher nichts von der etwas versteckt liegenden Einsiedelei gewußt haben dürften. Doch auch Väterchen Timofej mit seiner spirituellen Ausstrahlung auf das Oberwiesenfeld konnte nichts ausrichten gegen den brutalen Terror, der die Olympischen Spiele 1972 in das größte Drama ihrer Geschichte stürzte. Neun arabische Terroristen, die sich selbst den Organisationsnamen »Schwarzer September« gaben, stürmten in das Quartier der israelischen Männermannschaft, töteten zwei der Athleten und nahmen neun Geiseln. Bei der versuchten Befreiung auf dem Fürstenfeldbrucker Helikopter-Startplatz kamen neben einigen der Kidnapper alle Geiseln sowie ein Polizist ums Leben.

Als hätte der Dichter Paul Wühr eine Ahnung davon gehabt, wie diese Spiele, die das Bild Münchens in alle Welt tragen sollten, enden würden. Er schrieb eine *Olympische Hymne*, ließ sie auf Plakatformat drucken und noch vor Beginn der Olympiade unter anderem auf der Leopoldstraße verkaufen. Zu Beginn des langen Gedichts heißt es:

Die Stadt
in allen Sprachen ausgestorben

alle Muster im deutschen Rasen
die Ruhe
gekämmt

hört ihr schweigt

der Turm
riesig der Schrei
steif bis still heute
das Sichtbare läuft wer
tot
sein Haar auf der Fackel

[...]

Mörder auf Sperrsitzen
Blumen auf Bäuchen Jesus
verrückt geworden
das Blutvergießen still

unter der Haut
läuft der Riß gegraben
im Fleisch am Schmerz
ausgestellt
die Leiber
die Stadt

Stadion
wir haben uns riesig getrauert
an der Freude liegt die Stadt
wird heute unter

was ein Massengrab
was eine Ebene
gemustert
gekämmt

Nimmt man die Jahre vom Beginn des U-Bahnbaus 1965 bis ... sagen wir 1985, so kann man ohne Übertreibung sagen, daß es in Münchens Geschichte wohl keine zweiten zwanzig Jahre gibt, wo die Stadt dermaßen rapide und grundlegend ihr Gesicht verändert hat. Vor allem im Weichbild, an ihren Rändern im Westen, Norden und Osten (nur im Süden mit seinen »besseren Lagen« hielt sich die Bauwut in Grenzen), schossen Trabantenstädte wie etwa Neuperlach aus dem Boden. Aber auch die alten, ›gestandenen‹ Stadtviertel änderten ihr Aussehen, so daß alte Schwabinger, alte Haidhauser, alte Sendlinger ihre Heimat bald nicht mehr wiedererkannten.

Einer, der diese Entwicklung immer mit – allerdings hinter Spott und Ironie getarnter – Wehmut beobachtet hat, ist der Kabarettist Gerhard Polt (mit Co-Autor Hanns Christian Müller). Eine seiner ersten Arbeiten für den Rundfunk, ehe er durch Fernsehauftritte und Kinofilme deutschlandweit bekannt wurde, war ein gewissermaßen fingiertes O-Ton-Hörspiel, *Als wenn man ein Dachs wär in seinem Bau.* Polt verkörpert darin ungefähr ein Dutzend der unterschiedlichsten Figuren, angefangen vom »alten Muatterl« über einen Schwarzafrikaner bis hin zum ölig-intriganten Bauspekulanten. Das Hörspiel erzählt die typische Geschichte einer Stadtviertelsanierung – hier am Beispiel der Schwabinger Amalienstraße –, wie sie in München leider allzuoft vorgekommen ist. Den Typus des »Sanierers« hat Polt auch in seinen durchs Fernsehen berühmt gewordenen »alltäglichen Geschichten«, *Fast wia im richtigen Leben*, dargestellt.

I sag Eahna ganz ehrlich, der Mieter is wie ein Hausschwamm. Der, wenn amal drinsitzt, kriegstn nimmer raus. Also, i sags Eahna, was ich an Aufwand ghabt hab, bis i die Bagage draußd ghabt hab, finanziell und ideell, Sie, des vergütet mit koa Finanzamt. Steuern derf i scho zahln, gel, und was draus macha aus dera Bruchbude – wissen S', des is des, was uns Unternehmer heute müde macht. [...] Im ersten Stock a Familie mit vier Kinder. Sie, des is ja wie ein Tabu. Findn Sie für solchane Krattler amal a Ersatzwohnung. Praktisch aussichtslos. I hab dene gsagt, Leut, as Nymphenburger Schloß kon i euch natürlich net mietn, a ganze Jahresmiete hätt i dene erlassn, nix. I habs nachad an meine Anwälte übergebn, wei, mit gutm Zuspruch is nix ganga. Sie, wenn S' amal an guatn Anwalt brauchn, i hob oan, der find Eahna oiwei a Gesetzeslücke. Der is wia a Marder. Guat, also zufällig hat si nachad der Familienvater von dene umbracht, na sans a Fürsorgefall worn, un na is doch wenigstens a weng schneller ganga. Überall, wo was frei worn is, hob i a paar Türkn nachgschobn, des san guate Verwohner, hats ghoaßn, dabei ham de Hund dann heimlich as renoviern ogfangt. Na hab i de aa wieder naustoa müaßn, und in dem Stil waar des aso weiderganga, na hab i as Dach abdeckt, d Haustür ausghängt und im Stiagnhaus as Liacht abdraht. Da drin hats pfiffn wia in am Windkanal. Aber Sie wern lacha, nur so gehts. Nur so. Schaun Sie, i hab den Häuserblock gerbt, von meim Bappa, aber wie sagt so schön der Meister Goethe: Was du ererbt von deinen Vätern ... *Entdeckt einen Penner.* Ah, was tuatn der da? Ja, schaug, daß du weidakimmst, oda muaß i d Polizei rufn. Ja, hörst du schlecht, schleich di! *Penner verzieht sich.* Ja, sagn S' amal, de san ja schlimmer wie de Ratzn. Sie, wenn man so Leut siehgt, dann fragt ma sich doch wirklich: In was für am Staat lebn mir denn eigentlich ...

→ »... wenigstens eine gewisse Art Indien«
München in den Neunzigern
und ein Ausblick aufs Jahr 2080

Letzter Spaziergang: Aufstieg auf den Olympiaturm

Fast sind wir am Ende unseres literarischen Rundgangs angekommen. Quer durch München haben uns die Texte der Autorinnen und Autoren aus – nehmen wir den Freisinger Bischof Arbeo als Anfang – rund 1200 Jahren geführt. *Quer durch München* heißt auch ein Gedicht von Wolfgang Bächler, das sich vielleicht am besten eignet, den Rundblick zu eröffnen, den wir nun zum Schluß, nach der Auffahrt auf den 290 Meter hohen Olympiaturm, noch einmal auf die Stadt werfen wollen.

Quer durch München

In der Straßenbahnlinie Sieben
von Milbertshofen nach Giesing
an neuen und alten Mietskasernen,
Hochhäusern und Tiefgaragen,
dem Nordbad, Taxis und Fernlastwagen,
an Autoketten und Ladenketten,
Kaufhäusern, Wirtschaften
und Kirchen vorbei, –

über den Hauptbahnhof,
über den Stachus, anarchisches Treiben
unter den grauen Justizpalastaugen,
durch den gestauten Blechstrom

← Die Zukunft der Stadt liegt im Nebel. Doch bereits 1781 beschrieb Lorenz Westenrieder das München des Jahres 2080

mit blitzenden Chromwellenkämmen
auf den Dorfplatz am Sendlinger Tor,
verlorenes Grün und Blumenrondelle,
Springbrunnen und U-Bahnschächte,
Kino- und Wahlplakate,
ein Vogelkopf und ein Filmstargesicht,
Trambahnhäuschen und Zeitungsständer,
Schlagzeilen und Schlägereien,
umbrandet vom Kreisverkehr, –

weiter durch dunklere Steinkanäle
und über die Isarbrücke wieder
ins Lichtere stoßend,
an Bierkellern, Mauern und Zäunen,
Gärten, Hütten und Lauben,
Werkstätten und Schuppen entlang
ins Vor- und Kleinstädtische,
aufgelockerte Banlieue,
doch bald die Horizonte wieder begrenzt
von neu verankerten Wohnblöcken,
ölrußenden Riesendampfern
am Rand des steinernen Meeres, –

auf der Fahrt zwischen
der äußeren Schleißheimer Straße
und dem Giesinger Bahnhofsplatz
denk ich an Schwabing zu der Zeit,
als der Feilitzschplatz
in »Danziger Freiheit« umgetauft wurde
und die Freiheit in München erlosch,

gedenk ich der Kindheit
in der Haimhauserstraße, der Wilhelmschule,
der Pappeln auf der Leopoldstraße,
wo damals noch die Marktweiber standen

mit Blumen, Gemüsen, Salaten, Obst,
gedenk ich des verwilderten Parks
vor dem Englischen Garten,
des Biedersteiner Parks,
in dem ich einst Indianer spielte,
Anschleichen übte und Judenstrick rauchte
mit Lederstrumpf, meinem jüdischen Freund,
gedenke ich seiner.

»Im Olymp« nennt sich das drehbare Restaurant des Olympiaturms, das sich in einer Höhe von 182 Metern befindet. Ganz ohne Frage: Hier hat man den besten Überblick auf die Stadt und das grandiose Panorama der nahen Alpenkette vor sich. Und wenn dann sogar noch der Föhn mitmacht, dann sind sie wirklich zum Greifen nahe, die das halbe Jahr über schneebedeckten Gipfel der bayerischen und österreichischen Berge.

Ja, der Föhn, den habe ich vielleicht noch gar nicht genügend gewürdigt, wo er doch nicht nur das Lieblings-Lamento und die beste Gratis-Ausrede aller Münchner ist, wenn sie mal schlecht drauf sind ... dann ist garantiert der Föhn daran schuld. Dabei ist dieser warme, bei manchen Kopfschmerzen verursachende Fallwind von den Alpen schon vielfach in der Literatur abgehandelt worden, ja, vor Jahren gab es sogar einmal eine Anthologie, ausschließlich mit Texten über den Föhn. Versteckt in seinem Roman *Ein Wahnwitz von Liebe* huldigt auch Edwin Ortmann dem Föhn, der ein rechter Verzauberer sein kann, ein Verzauberer der Formen und Farben.

Und der Föhn, der Lungenstich nach Süden hinunter – wenn ich einatme, atmen meine Augen Venedig: Gondeln kommen gemächlich zum Eibsee heruntergezogen, die Rialtobrücke hängt luftig-verschnörkelt am Schneefernerhaus, der Markusplatz samt Dogenpalast kippt leicht nach Garmisch hinunter, und die Höllentalklamm, darin versinkt, wie auf blauen durchsichtigen Polstern, San Giorgio Maggiore. Es wird ein Tag, der sich gewaschen hat. Vaporetti ... Ramazotto. Geht hinaus, rufe ich, geht sofort hinaus!

Doch die Alpen rühren sich nicht. Sie bilden eine Kette und stehen an diesem Morgen in meinem Schlafzimmer herum. [...] Und so werfe ich mich in eine Rede hinein, lasse mich hinreißen von diesem Licht: Ich kenne eure blautannige Herzlichkeit, rufe ich, eure trügerische Friedfertigkeit, eure Vorspiegelungen! Aber ihr arbeitet auch mit dem Trick der Schönheit, mit dem grünen Feuer der Wünsche, mit dem Umjubeln von Smaragden, die sich später als billiger Straß entpuppen. Verlaßt das Zimmer. Packt den Kochel-, Walchen-, Chiemsee ein, rollt diese lächerlichen Schläuche namens Isar, Iller, Lech zusammen und schafft sie in ihr Spritzenhaus zurück, nach Messina meinetwegen. Nehmt den Bäumen, ich bitte euch, die Erleuchtung aus den Kronen, und gebt der Landschaft Raum und Tiefe zurück!
Aber nein, sagen die Alpen. Wo wir jetzt die Wolken gegessen haben, essen wir euch blaue Löcher in die Augen – damit ihr endlich zu sehen beginnt.

Von wo aus wird Lorenz von Westenrieder seine visionäre Schau auf ein München gemacht haben, wie er es sich für das Jahr 2080 vorgestellt hat? Der mehrfach in diesem Buch zu Wort gekommene Gelehrte des 18. Jahrhunderts hat nämlich nicht nur den allerersten Roman der bayerischen Literaturgeschichte geschrieben, sondern auch die erste Science-fiction-Dichtung. In seinem 1781 erschienenen *Traum in drey Nächten* sieht der Romanheld auf ein München, das damals in ziemlich weiter Zukunft lag. »Ich erkannte die Hauptstadt vermög der zween Thürmen, die sich in schweigender Majestät gegen die Wolken emporhuben«, heißt es dort, »ein prächtiges Werk! Aber weiter war mit alles fremd und unerkenntlich. Vergrößert war die Stadt mehr nicht, dann um die Hälfte.«

Wenn wir so über die Stadt schauen von unserem Drehrestaurant des Olympiaturms aus, stellen wir fest, daß die Frauenkirchtürme noch immer *das* markante Erkennungszeichen der Stadt sind. Aber daneben erheben sich doch einige Gebäude, die die Frauenkirche mittlerweile fast in den Schatten stellen. Ob das die Bürotürme von BMW beim Olympiagelände sind oder das Arabella-Hotel in Bogenhausen oder das Heizkraftwerk an der Isar. Am meisten aber hat sich Westenrieder wohl darin verschätzt, wie sehr die Stadt einmal wachsen würde. Er hielt sein kleines Residenz-München anscheinend bereits für eine Großstadt, die kaum mehr weiter expandieren könne. Doch München ist nicht um die Hälfte gewachsen, wie Westenrieder prophezeite, sondern, ich schätze mal, um das Zwanzigfache. Und dabei schreiben wir erst das Jahr 2000 und nicht, wie in Westenrieders Traum, 2080. Wie wird dann erst dieser Ballungsraum aussehen? Wird dann tatsächlich Wirklichkeit sein, was manche jetzt schon behaupten, daß nämlich München im Grunde von Augsburg und Ingolstadt bis Garmisch und Rosenheim reiche?

Der Münchner, der sich auch als Umlandbewohner noch als solcher empfinden mag, lebt gar nicht unbedingt in München, sondern in Dirnismaning oder Niederzwerghofen. Und alle Tage nimmt er die Fahrt in die Innenstadt auf sich, von wegen der Berufspendelei. Wer München nicht kennt, kennt zumindest die Staudurchsage im Verkehrsfunk: »A 9 München–Nürnberg: Zwischen Garching und Freimann zähfließender Verkehr.« Das sind all diejenigen, die in München arbeiten, aber auf »dem Land« leben. Die Journalistin Renate Just, früher wohnhaft in München, jetzt in der »Verwaltungsgemeinschaft Niederzwerghofen«, hat dieses tägliche »Auf nach München« in einem Text Ende der neunziger Jahre beschrieben:

Es gibt die fade Strecke, die ansehnliche Strecke und die Adrenalinstrecke. Die fade Bundesstraße ist einigermaßen schnell, wenn nicht zu viele Bulldogs oder Laster namens »Baumannn – Erfolg im Stall« unterwegs sind oder Lesezirkel-Daheim-Lieferanten. Oder BoFrost-Autos, die Tiefkühl-Fertigmenüs auf die Höfe bringen, wo sie die Rohstoffe herhaben. Die ansehnliche Strecke führt kurvig und aussichtsreich durch vergleichsweise adrettes Bauernland, braucht aber ihre Zeit, gutes Wetter und aufgeräumte Stimmung. Die Adrenalinstrecke schließlich, auch als B 12 namhaft, fordert alle zehn Jahre ungefähr 70 Tote, was einen überhaupt nicht wundert, wenn man im Rücken den AÖ-Audi zum Überholvorgang aufheulen hört. [...] Fischerhäuser, dichterer Verkehr, jetzt auch von Hallbergmoos und dem Flughafen. Die Isarauen, dschungelhaft wuchernd, von Schlingpflanzen verhangen und von allerlei Plastikmüll durchsetzt, sind die letzte Impression von Natur vor den städtischen Rändern. Daß man als Münchenbewohner schon immer eine spezielle Neigung hatte zur in die Stadt lappenden Landschaft, auch den nicht sonderlich pittoresken Brachen und Löchern, das war vielleicht schon ein Vorbote der späteren Sucht ins Freie. Am grünen kühlen Isardurchzug – allzeit ist es unten am Flaucher merklich frischer als oben am Baldeplatz – hängt wohl jeden Münchners Seele. In unseren Schultagen gab es auch noch das Oberwiesenfeld, gleich hinter den Westschwabinger Jugendstilburgen und dem *Löwenbräu am Nordbad*, das heute als *Romagna Antica*, mehr noch als *Rossini*, einen schallenden Ruf besitzt. Eine staubige, weite Brennessellandschaft, im Schneegestöber sibiriengleich. Und da ist heute noch die schöne Schafweide hinterm Nymphenburger Park, »An der Schloßmauer«, wo man die Züge rattern hört, und diese eigentümliche Subkultur der Schrebergartenterrains, die »Land in Sonne« heißen oder »In den Kirschen« – alles periphere Plätze von Zeitverlangsamung, Leere, Bedeutungslosigkeit mitten in der vollauf genutzten, ständig optimierten Urbanität. Weil man für's eigene Dasein immer auf der Suche nach solchen lückenartigen, luftlassenden Räumen war, deswegen ist man wohl heute ein Niederzwerghofener und kein Münchner mehr, aber im Grunde ist man ein Weder/Noch geworden.

München ist groß, ganz ohne Zweifel, ausdehnungsmäßig. Ist es aber auch eine große Stadt im Sinne von vital, aufregend, inspirierend? Ist München eine Stadt, die Literatur herausfordert? Ist München eine Literaturstadt?

Geht man rein nach Zahlen – Umsatz, Verlage mit Sitz in München, Autoren, wohnhaft im S-Bahn-Bereich (über 400 laut *Kürschners Literaturkalender*) –, steht München gut da. Sehr gut sogar. Zweitgrößte Verlagsstadt der Welt nach New York, heißt es. Und immer noch zieht sie an, saugt sie ein, die Stadt. Im Jahr des Regierungsumzuges nach Berlin zog der Berliner Ullstein Verlag nach München. Also doch heimliche Hauptstadt?

Aber was ist mit der Literatur selbst, mit jüngeren Autoren, die in dieser Stadt beheimatet sind, mit Büchern, die ihre Handlung hier ansiedeln? Vor zwei, drei Jahren sprach alle Medienwelt beispielsweise von Benjamin Lebert, einem damals 16jährigen Autor, der seinen ersten Roman *Crazy* veröffentlichte. Ein junger Hemingway tauche da auf, verloren manche Kritiker augenblicklich den Verstand, ein inszeniertes Medienphänomen, meinten dagegen andere. Immerhin füllte Benjamin Lebert damals mit einer Lesung aus seinem Roman, der unter anderem den Ausriß einer Internats-Clique in das Nachtleben Münchens beschreibt, spielend die Muffathalle auf der Museumsinsel mit ein paar hundert Teenies.

Ein ungleich vielschichtigerer Text als Leberts Pubertätsstory *Crazy* ist sicherlich Andreas Neumeisters 1990 erschienenes Buch *Salz im Blut*. Neumeister wird gern jener noch schnell vor der Jahrtausendwende vom deutschen Feuilleton ausgerufenen Pop-Generation beziehungsweise Pop-Literatur zugerechnet ... wobei allerdings keiner so recht definieren konnte und wollte, was Pop-Literatur eigentlich sein soll. Wenn das Fehlen eines linearen Erzählens, wenn der bewußte Verzicht auf jegliche Handlungselemente bereits »Pop« ist, dann mag Andreas Neumeister ja ein Pop-Literat sein. Sein *Salz im Blut* jedenfalls ist eine »radikalisierte Realienhandlung«, wie es in einer Besprechung der *Süddeutschen Zeitung* hieß, und was da an Realien angeboten wird, ist nicht weniger als Münchens Geschichte seit Anfang des Salzhandels. Wie ein Ethnograph durchstreift Neumeister die Stadt, gerät in die Außenbezirke, auf Gleisanlagen, in den U-Bahn-Untergrund. Die Trümmerjahre nach 1945 scheinen ihn dabei besonders inspiriert zu haben, denn auch der Autor versucht schreibend die Stadt noch einmal in ihre Trümmer zu zerlegen, in die Trümmer ihrer Textur. Neumeister, 1959 in Starnberg geboren, stammt ja genau aus dem Ort, an dem München nach 1945 wieder komplett neu aufgebaut werden sollte. Genau das tut Neumeister: Er baut München noch einmal und neu in seinem Buch auf. Und dabei ist er auf der Suche nach etwas ganz Bestimmtem.

Noch immer hat man das Herz von München nicht gefunden. Unverrichteter Dinge gab Expedition für Expedition die Suche wieder auf. Die Leber von München, klar, die Lunge von München, keine Frage, der Blinddarm von München, der Anus von München, die Milz von München, alles unübersehbar. Doch wo bloß versteckt sich das legendäre Herz, das pumpt? Immerhin soll die Frau, die den Spruch mit der Weltstadt und dem Herzen erfunden hat, geadelt worden sein. Die kastrierte Isar als Münchens Schlagader will ich gelten lassen. Aber einem Herzen entspringt sie nicht. Die Schlagader entspringt dem Halleranger am Karwendel, und sie fließt, weil es bergab geht. [...] Seit ich hier wohne, bin ich viel unterwegs in den Straßen der Stadt, aber auf meiner Suche bin ich noch nicht mal ansatzweise fündig geworden, keine blasse Fährte, nichts. Draußen, drinnen, mittags, nachts. Ja, es gibt viele schöne Stellen, es gibt auch viele interessante Stellen, aber bis jetzt konnte nirgends das Herz nachgewiesen werden. Diese Stadt bewegt sich offensichtlich ohne Herz. Hunderte von Schrittmachern stampfen mechanisch, aber weit und breit ist da kein Herz, das Schritt halten könnte. Verzweifelt müht sich München, Schritt zu halten und einen bewegten Eindruck dabei zu machen. Maximilianstraße hin und her mit angehaltnem Atem, der dann stockt. Leopoldstraße hinauf und wieder hinunter und hinüber auf die andere Straßenseite und dort hinauf und da wieder hinunter und anschließend heim mit dem Taxi, weil die U-Bahn schon schläft. Blut fließt nur in Nebenstraßen.

Salz im Blut erschien 1990. Mittlerweile bleibt wenigstens eine der Münchner S-Bahnen wach, die Flughafenlinie S 8, so daß sich die Nachtschwärmer nicht mehr gar so sehr in ein Provinznest versetzt vorkommen müssen. Übrigens findet man in Neumeisters Buch auch einen schönen Kommentar zu der Frage, ob München denn nun eine große Stadt – und man darf hinzufügen: große Literaturstadt – sei oder nicht. »Niemand glaubt mehr«, heißt es dort, »München sei die größte Stadt der Welt, bloß weil er keine andere kennt.« Helmut Krausser, der wohl derzeit bekannteste Autor seiner Generation, kennt außer München durchaus noch andere Städte; eine Zeitlang hat er zum Beispiel in Berlin gelebt ... die ewige Konkurrenzstadt zu München, auch und gerade in Sachen Literatur. Krausser allerdings kommt in seinem Tagebuch *Juni* zu einem erstaunlichen Urteil: »In Wahrheit ist die

Münchner Literaturwelt führend. [...] In 50 Jahren wird man von München '93 wie von Weimar 1800 sprechen.«

Doch wer sind dann bitteschön Goethe und Schiller, in diesem neuen Literaturolymp? Noch ist das Rennen offen. Ein Christoph Martin Wieland der neunziger Jahre könnte allerdings schon gefunden sein, Matthias Politycki. Sein Roman *Ein Mann von vierzig Jahren* mit dem spätpubertären Weiber»helden« Georg Schattschneider im Mittelpunkt spielt in München und ist ähnlich züchtig-frivol wie so manches von Wieland, der einigen seiner Zeitgenossen geradezu als pornographischer Autor galt. Maxim Biller ist vorstellbar in der Rolle eines Carl August Böttiger in diesem Münchner Weimar. Er ist der flotte Kolumnist einer laufenden chronique scandaleuse. Auch er ein vor allem in der Bar *Schumann's* gern gesehener Münchner Literaturstar.

Aber bleiben wir noch einen Augenblick bei Helmut Krausser. In seinen Büchern spielt München eine ganz wesentliche Rolle. Zwar 1964 in Esslingen am Neckar geboren, wuchs Krausser aber in Schwabing und später dann in Germering auf, einem Vorort im Westen Münchens. Während sich fast alle anderen Autoren ausschließlich dem Innenstadtbereich Münchens widmen – so ja auch in den meisten der hier vorgestellten Texten –, hat Krausser in verschiedenen Erzählungen sowie in seinem Tagebuchprojekt (ein Monat pro Jahr von Mai 1992 bis April 2003) sich der »Banlieue« Münchens angenommen. Und hier sind ja auch ganz eigenartige, geheimnisvolle Plätze zu finden, wie zum Beispiel das kleine Waldstück, das in der Erzählung *Wege des Brennens. Elektrische Herzen* in dem Band *Die Zerstörung der europäischen Städte* Schauplatz war für die Retsina-Bacchantenfeste einer Gruppe von Jugendlichen. Einen kleinen Tempel gibt es dort und das von den Jugendlichen so genannte »Amphitheater«. Fern der Stadtzivilisation saßen sie um ein offenes Feuer, »schwelgten in Höldereien [...], lamentierten über das nahe Ende der Jugend«. Und kamen dabei auch auf solche Idee wie die, sich den kleinen Finger abzuhacken, um dem Wehrdienst zu entgehen. Auf einem besonderen Stein, dem »Altar«, wurde diese Selbstverstümmelung vollzogen.

Krausser ist der *poète maudit* Münchens. Er kennt die Stadt von ihren dunkelsten Seiten ... und zwar ganz genau, weil aus persönlicher

Erfahrung. Er lebte eine Zeitlang ohne festen Wohnsitz unter den Pennern der Stadt. Sein Roman *Fette Welt*, ein ungeheuer expressives Stück Literatur, erzählt davon. Seine Helden sind Outlaws, Spielertypen und Kleinkriminelle, sie hängen herum in Lokalen, wo Backgammon und Schach gespielt wird, oder an Kiosken in Grünanlagen, wo das Bier aus der Flasche nicht viel kostet. Hagen Trinker ist so einer, er ist der »Held« aus Kraussers früher Romantrilogie *Schweine und Elefanten*, *Könige über dem Ozean* und *Fette Welt*. In kaum einem anderen literarischen Projekt dürfte das München der achtziger und neunziger Jahre dermaßen atmosphärisch und detailgenau festgehalten sein. Sehr oft findet er dabei die Stadt nach dem ›Absturz‹ in Katerstimmung vor, wie etwa in der Beschreibung eines anbrechenden Tages am Viktualienmarkt in *Schweine und Elefanten*:

Viktualienmarkt. Der erste Morgendämmer wächst herauf, in einem Blau, das tief und leicht ist und unhaltbar, das Grau des Tages verseucht den Himmel, die andächtige Stimmung kippt. Wachablösung. Die Sonne verpaßt uns einen Schatten aus zu eng gedruckten Worten.
Im zusammengekehrten Dreck der Gemüsestände liegt eine angefaulte rote Zwiebel von simpler Schönheit. Das Herz einer roten Zwiebel, an Sinn und Unsinn nicht zu überbieten. Noch ist es Nacht genug.
Im Weißbierkeller tierisches Gebrüll. Typen mit Schnurrbart und Löwenmähne beherrschen die Akustik. Gefärbte Frauen johlen erregt.
Manchmal tanzen verlorene Worte wie Fliegenschwärme, man muß nur springen, mit offenem Mund und zubeißen. Hier dagegen ist der Ort der abgetriebenen Sprache, des ganz lauten Schweigens. Selbst an den Spielautomaten stehen Bodygebildete, dickfingrige Schnaufer in Jogginghosen und Turnschuhen. Ordnungskräfte in Uniform setzen zu betrunkene Exemplare unsanft vor die Tür. Zwei alte Weiber, denen aderndurchzogene Riesenneuter aus dem Dirndl decolletieren – Verb, das »beinahe davonhüpfen« meint, aber grad so eben doch nicht – quetschen in der Mitte des Saales Akkordeon,

Blaskapellenersatz auf Stahlpodest, und Bierzeltstimmung herrscht rings umher, knallvoll das Kabuff um halb fünf morgens, sechzig Tische. Junge Männer mit Filzhüten und weißen Pullovern voller Kameradenautographen skandieren im Chor: *Wir scheißen auf die Bundeswehr, holla, holla.* Und ältere Männer mit leuchtenden Augen fragen, bei welcher Einheit die Gruppe gedient habe, Erinnerungen werden hervorgeholt, an die Zeit vor den Ehefrauen, dazwischen, rüde und angstlos, Rosis und Zenzis, mit bis zu zehn Maßkrügen, brüllen VORSICHT VORSICHT VORSICHT brüllen sich einen Weg durch die Leibermassen aus Sackschweiß und Gerülpstem – vielleicht gibts eine Prügelei, mit möglichst vielen Leichen? – aber irgendwann umarmen sich alle, verlorene Hoffnung, ich marschiere weiter zum Hauptbahnhof, da gibts einen Stand, der macht um halb fünf auf und um sechs wieder zu, überbrückt so die Zeit zwischen Weißbierkeller und Parkrandkiosk.

Mancher wäre da noch zu nennen aus der Generation der Mitte Dreißig- bis Mitte Vierzigjährigen, zu der ja auch Helmut Krausser gehört. Susanne Röckel etwa, die 1997 mit ihrem Roman *Eschenhain* in ein seltsames Traumland irgendwo zwischen Neufahrner Autobahndreieck und Franz-Josef-Strauß-Flughafen führte. Die Heldin ihres Romans, die es dann auch noch in die Innenstadt Münchens und in die Arme eines Kaufhausdetektivs verschlägt, wächst im verwunschenen Eschenhain auf, wo einst geisteskranke Menschen lebten, die sich unangenehm in die Erinnerung zurückmelden.

Friedrich Ani, unter anderem auch Drehbuchautor für die Krimiserie *Tatort*, sucht sich meist die eher kleinbürgerlichen Stadtviertel Münchens aus, um dort seine Mordgeschichten spielen zu lassen. Noch zu Zeiten von *Derrick* war es oft das Neureichenviertel Grünwald, wo man sich aus Eifersucht und Habgier umbrachte, Anis Kriminalroman von 1996 zum Beispiel hieß hingegen in programmatischer Weise *Killing Giesing*. Bewegend auch sein Monolog einer alten Frau, *Das geliebte süße Leben*, ein Leben, wie es sich genau in Giesing hätte abspielen können. Der Passauer Klaus Böldl lebt in München und erhielt hier für seinen Debütroman *Studie in Kristallbildung* den Tukan-

Preis der Stadt München, der jedes Jahr für die – laut einer Jury – interessanteste Neuerscheinung eines Münchner Autors oder einer Autorin vergeben wird (Krausser und Röckel waren auch schon unter den Prämiierten). Seit etlichen Jahren im Münchner Nordosten lebt Dagmar Leupold, die mit ihren Gedichtbänden und Romanen große Aufmerksamkeit erregte, allerdings ließ sie noch keinen ihrer größeren Erzähltexte in München spielen. Und Albert Ostermaier wäre zu nennen, Lyriker und Dramatiker, der es geschafft hat, fast so etwas zu werden wie der Hausautor des Bayerischen Staatsschauspiels. Schon mehrere seiner Stücke sind dort aufgeführt worden, ob auf der Bühne des Marstall oder im Cuvilliéstheater, zum Beispiel auch seine »Tollertopographie« *Zwischen den Feuern* – es geht um den Schriftsteller Ernst Toller, einen der Protagonisten der Münchner Novemberrevolution von 1918.

Von den eben Genannten ist allerdings nur einer auch wirklich ein gebürtiger Münchner, Albert Ostermaier. Es ist schon auffällig: die meisten Münchner Literatinnen und Literaten sind Zugezogene. Viele verlassen die Stadt nach einigen Jahren wieder und ziehen nicht selten – größte Konkurrentin, wie bereits gesagt – nach Berlin. Andere dagegen verschlägt es eher zufällig und ungewollt hierher ... und sie bleiben. Der 1927 im Riesengebirge geborene Erzähler Ernst Augustin ist ein solcher Fall. Augustin ist Facharzt für Neurologie und Psychiatrie und schon weit herumgekommen. Er arbeitete für US-Krankenhäuser in Pakistan und Afghanistan und auch an der Berliner Charité. Wie er München bei seiner Ankunft vor etlichen Jahren erlebte, beschreibt er in seinem Roman *Raumlicht*. Augustin ist, wie gesagt, geblieben, mittlerweile hat er etliche Romane veröffentlicht und ist mit dem Literaturpreis der Stadt München ausgezeichnet worden. »Ich fühle mich eingebürgert«, sagte er in seiner Dankesrede und gab noch einmal die Geschichte aus *Raumlicht* zum Besten. Ich glaube, sie ist ein gutes Schlußwort, und sie ist von einem Zugereisten, einem München-Verfallenen.

Aber München. Das gar nicht mehr so sehr leuchtet, eher etwas bösartig unter seinen Kuppeln sitzt. Bei Regen im Englischen Garten,

wenn das bayerische Wasser von den grünen Bäumen tropft, oder bei Sonnenschein in dieser ungeheuerlich klaren Föhnluft mit dem geradezu beängstigenden Fernblicken auf hundert Kilometer entfernt liegende blaue Bergspitzen. Überhaupt dieses ganze beängstigende Karussell in Weiß und Blau der an sich gemütlichen, dennoch völlig unverständlichen Leute in weißblauen Rautenmustern, die ununterbrochen Maßkrüge aus den Fenstern halten, und wie sie sprechen, völlig unverständlich dröhnend aus riesigen Hälsen. Welch ein Sprung. [...]
So fuhr ich meinen zu schweren Wagen mit meinem Gepäck über Kassel, Frankfurt, Stuttgart nach München, und war es nun die zufällige Wetterlage, die Kaltfront und das Tief im Norden bei Zustrom warmer Mittelmeerluft für den süddeutschen Raum, jedenfalls erinnere ich mich an die Nacht in Stuttgart, als ich im Wagen unter einem dichten Sommergebüsch lag, die warme Nacht und ein fernes Gewitter vor dem Autofenster, daß ich zum ersten Mal wieder richtig schlief. Und daß ich mich schon fast zu Hause fühlte, als ich am nächsten Tag in dieses München einfuhr, als ich über die dick eingewachsenen Plätze mit den Springbrunnen kam, dreiundachtzig, glaube ich, sind es, und durch die leuchtend dunkelgelben Straßen, an den Kirchen vorbei in leuchtendem mächtig dunklem Eidottergelb (zweihundertzwanzig). Und als es auch noch gerade an diesem Tage schön heiß war und der Asphalt kochte, und ich in einer verchromten Kolonnadenbar ein eiskaltes Kokoszitron trank, rief ich aus: Mein Gott, es ist wenigstens eine gewisse Art Indien, eine Weile könnte man es aushalten.

Quellennachweis und (auch weiterführendes) Literaturverzeichnis:

Autor und Verlag haben sich bemüht, die zuständigen Lizenzgeber ausfindig zu machen. Dies ist nicht in allen Fällen gelungen. Sofern noch nicht abgegoltene Ansprüche bestehen, werden die entsprechenden Lizenzgeber gebeten, sich mit dem Verlag in Verbindung zu setzen.

Achternbusch, Herbert: *Mixwix.* Köln 1990
Achternbusch, Herbert: *Das Ambacher Exil.* © Verlag Kiepenheuer & Witsch, Köln 1987
Althaus, Peter Paul: *Traumstadt und Umgebung.* Hrsg. v. Hans Althaus, Verlag Gerhard Winter © Hans Althaus
Amery, Carl: *Das Geheimnis der Krypta.* © Paul List Verlag, München 1990
Amery, Carl: *Die Große Deutsche Tour.* München 1986 © Carl Amery
Arbeo von Freising: *Vita vel passio S. Haimhrammi Martyris.* In: Pörnbacher, Hans / Hubensteiner, Benno (Hrsg.): *Bayerische Bibliothek, Bd. 1.* München 1978
Augustin, Ernst: *Die sieben Sachen des Sikh.* © Suhrkamp Verlag, Frankfurt a. M. 1997
Bächler, Wolfgang: *Quer durch München.* In: *Ausbrechen. Gedichte aus 30 Jahren.* © S. Fischer Verlag GmbH, Frankfurt a. M. 1976
Balde, Jakob: *Weihe an die seligste Jungfrau.* In: Schwab, Hans-Rüdiger (Hrsg.): *München. Dichter sehen eine Stadt.* Stuttgart 1990
Barten Elke/Zimmer, Peter: *Münchner Spaziergänge.* © W. Ludwig Buchverlag, München 1990
Bauer, Reinhard/Piper, Ernst: *München. Die Geschichte einer Stadt.* München 1993
Bauer, Richard (Hrsg.): *Die Geschichte der Stadt München.* München 1992
Baumgartner, Anton: *Des jungen Werthers Zuruf aus der Ewigkeit an die noch lebenden Menschen auf der Erde.* Karlsruhe 1785
Becher, Johannes R.: *Abschied.* In: *Abschied. Wieanders. Gesammelte Werke, Bd. 11.* © Aufbau-Verlag, Berlin und Weimar 1974
Ben-Chorin, Schalom: *Jugend an der Isar.* © Bleicher Verlag, Gerlingen 1980
Biller, Josef H./Rasp, Hans-Peter: *München. Kunst- und Kulturlexikon.* München 1994
Britting, Georg: *Solche, die in Schenken sitzen.* In: *Gedichte. 1940 bis 1964. Sämtliche Werke, Bd. 4.* München 1996 © Ingeborg Schuldt-Britting, Höhenmoos
Bucher, Anton von: *Bairische Sinnenlust.* Hrsg. v. Reinhard Wittmann. Reprint: München 1980
Conrad, Michael Georg: *Was die Isar rauscht.* In: Schwab, Hans-Rüdiger (Hrsg.): *München. Dichter sehen eine Stadt.* Stuttgart 1990
Christ, Lena: *Erinnerungen einer Überflüssigen.* In: *Sämtliche Werke, Bd. 1.* München 1990
Croissant-Rust, Anna: *Feierabend.* In: *Geschichten.* Hrsg. u. mit einem Nachwort v. Rolf Paulus und Bruno Hain. © Pfälzische Verlagsanstalt, Landau 1987
Die Weiße Rose. Ausstellungskatalog. Hrsg. v. der Stiftung Weiße Rose München e. V., München o. J.

Dietrich, Wolfgang: *Schlötelburgs Testament.* Gedicht. München 1985
Doderer, Heimito von: *Tagebücher 1920–1939, Bd. II* © Verlag C. H. Beck, München 1996
Eliot, T. S.: *Das wüste Land.* © Insel Verlag, Frankfurt a. M. 1962
Engelhard, Benjamin Mordechai: *Erinnerungen.* In: Bokovy, Douglas / Meining, Stefan (Hrsg.): *Versagte Heimat. Jüdisches Leben in Münchens Isarvorstadt 1914–1945.* © Verlag Dr. Peter Glas, München 1994
Etenhueber, Mathias: *Münchnerisches Wochenblatt in Versen.* München 1759 ff
Feuchtwanger, Lion: *Erfolg.* © Aufbau-Verlag GmbH, Berlin 1948
Frank, Leonhard: *Links wo das Herz ist.* © Aufbau-Verlag GmbH, Berlin 1967
Frisch, Max: *Death is so permanent.* In: *Jetzt ist Sehenszeit.* © Suhrkamp Verlag, Frankfurt a. M. 1998
George, Stefan: *Komm in den totgesagten park.* In: *Das Jahr der Seele. Sämtliche Werke, Bd. 4.* © J.G. Cotta'sche Buchhandlung Nachfolger GmbH, Stuttgart 1982
Goethe, Johann Wolfgang: *Ich wohne auch hier....In:* Schwab, Hans-Rüdiger (Hrsg.): *München. Dichter sehen eine Stadt.* Stuttgart 1990
Goepfert, Günter: *Das Schicksal der Lena Christ.* München 1989
Graf, Oskar Maria: *Das Leben meiner Mutter.* © Paul List Verlag, München 1994
Graf, Oskar Maria: *Wir sind Gefangene.* © Paul List Verlag, München 1994
Graf, Oskar Maria: *Oskar Maria Graf in seinen Briefen.* Hrsg. v. Gerhard Bauer und F. Pfanner. Süddeutscher Verlag, München 1984 © Paul List Verlag, München
Haecker, Theodor: *Tag- und Nachtbücher 1939–1945.* Hrsg. v. Hinrich Sülfken. © Haymon-Verlag, Innsbruck 1989
Hainhofer, Philipp: *Reisebschreibungen.* In: Pörnbacher, Hans / Hubensteiner, Benno (Hrsg.): *Bayerische Bibliothek, Bd. 2.* München 1986
Hamilton-Paterson, James: *Feldafing Diary.* © James Hamilton-Paterson
Hausenstein, Wilhelm: *Liebe zu München.* Prestel Verlag, München 1975 © Renée-Marie Parry Hausenstein und Kenneth Croose Parry, Gainesville, Florida.
Hebbel, Friedrich: *Reiseeindrücke.* In: *Sämmtliche Werke, Erste Abtl., Bd. 9.* Berlin 1913
Heine, Heinrich: *Reisebilder. Reise von München nach Genua.* In: *Werke, Bd. 2.* Frankfurt a. M. 1968
Heißerer, Dirk: *Wo die Geister wandern. Eine literarische Topographie der Schwabinger Boheme um 1900.* München 1993
Heyse, Paul: *Jugenderinnerungen und Bekenntnisse.* Berlin 1901. In: Mahr, Johannes (Hrsg.): *Die Krokodile. Ein Münchner Dichterkreis.* Stuttgart 1987
Hoefnagel, Georg: *Civitates orbis terrarum.* München 1588.In: Buttlar, Adrian von / Bierler-Rolly, Traudl (Hrsg.): *Der Münchner Hofgarten.* München 1988
Hofmiller, Josef: *Freising.* In: *Pilgerfahrten.* J. Hegner, Leipzig 1932 © Johannes Ulrich Till
Hofmiller, Josef: *Revolutionstagebuch 1918/19.* © Johannes Ulrich Till und mit freundlicher Genehmigung des Deutschen Literaturarchivs Marbach, Handschriftenabteilung

Hohoff, Curt: *Unter den Fischen. Erinnerungen an Männer, Mädchen und Bücher 1939–1939.* © Limes Verlag, Wiesbaden und München 1982
Holthusen, Hans Egon: *Kleines Kolleg über Schwabing.* In: Schwab, Hans-Rüdiger (Hrsg.): *München. Dichter sehen eine Stadt.* Stuttgart 1990.
Huch, Ricarda: *Autobiographische Schriften.* In: *Gesammelte Werke, Bd. 11.* Köln 1976.
Just, Renate: *Nach München.* In: Ettl, Hubert / Setzwein, Bernhard (Hrsg.): *München. Reise-Lesebuch.* Viechtach 1999 © Renate Just
Kolbenhoff, Walter: *Schellingstraße 48.* Frankfurt a. M. 1984 © Isolde Kolbenhoff
Krämer, Wolfgang: *Der Eremit von Gauting.* Speyer 1930.In: Feike, Herbert: *Chronik von Hallbergmoos.* Hallbergmoos 1980.
Krausser, Helmut: *Juni.* München 1994
Krausser, Helmut: *Schweine und Elefanten.* © Rowohlt Taschenbuch Verlag GmbH, Reinbek 1999
Kupfer-Koberwitz, Edgar: *Dachauer Tagebücher. Die Aufzeichnungen des Häftlings 24814.* © Kindler Verlag GmbH, München 1997
Lessing, Theodor: *Einmal und nie wieder.* © Bertelsmann Verlag, Gütersloh 1969
Lindner, Alois: *Abenteuerfahrten eines revolutionären Arbeiters.* In: Kapfer, Herbert / Reichert, Carl-Ludwig (Hrsg.): *Umsturz in München. Schriftsteller erzählen die Räterepublik.* © Weismann Verlag, München 1988
Ludwig I.: *In München.* In: Schwab, Hans-Rüdiger (Hrsg.): *München. Dichter sehen eine Stadt.* Stuttgart 1990
Ludwig I.: *Brief an Lola Montez.* In: Rauh, Reinholf / Seymour, Bruce: *Ludwig I. und Lola Montez. Der Briefwechsel.* München 1995
Mann, Thomas: *Tagebücher 1918–1921.* Hrsg. v. Peter de Mendelssohn. © S. Fischer Verlag GmbH, Frankfurt a. M. 1979
Mann, Thomas: *Gladius Dei.* In: *Frühe Erzählungen.* © S. Fischer Verlag GmbH, Frankfurt a. M. 1981
Neumeister, Andreas: *Salz im Blut.* © Suhrkamp Verlag, Frankfurt a. M. 1990
Nick, Dagmar: *Flucht.* In: *In den Ellipsen des Mondes.* Rimbaud-Verlag 1994 © Dagmar Nick
Niederle, Helmuth A.: *Europa erlesen: München.* Klagenfurt 1999
Nöhbauer, Hans F.: *Die Geschichte der Stadt und ihrer Bürger.* 2 Bde. München 1989 u. 1992
Ortmann, Edwin: *Ein Wahnwitz von Liebe – Roman in fünf Stimmen. Teil I: Föhnkonzert.* Klett-Cotta, 1988 © Edwin Ortmann
Otto von Freising: *Ottonis Episcopi Frisingensis et Rahewini Gesta Frederici seu rectius Cronica.* In: Hans Pörnbacher/Benno Hubensteiner (Hrsg): *Bayerische Bibliothek, Bd. 1.* München 1978
Panizza, Oskar: *Dialoge im Geiste Huttens.* München 1979
Piontek, Heinz: *Die mittleren Jahre.* Hamburg 1967 © Heinz Piontek
Pistorini, Baldassare: *Descrizione Compendiosa del Palagio Electorale di Monaco.* In: Buttlar, Adrian von / Bierler-Rolly, Traudl (Hrsg.): *Der Münchner Hofgarten.* München 1988

Polt, Gerhard/Müller, Hanns Christian: *Ein Sanierer.* (Textauszüge) In: *Da schau her.* © Haffmans Verlag AG, Zürich 1984

Prem, Heimrad: *Retrospektive und Werkverzeichnis.* Hrsg. v. Margarethe Jochimsen und Pia Dornbacher. © Prestel Verlag, München - New York 1995

Reinhardstöttner, Karl von: *Der churfürstlich-bayerische Hofpoet Mathias Etenhueber.* In: *Forschungen zur Kultur- und Literaturgeschichte Bayerns.* München/Leipzig 1893

Reventlow, Franziska von: *Herrn Dames Aufzeichnungen oder Begebenheiten aus einem merkwürdigen Stadtteil.* © Morgenbuch Verlag, Berlin 1990

Richter Toni (Hrsg.): *Die Gruppe 47 in Texten und Bildern.* © Verlag Kiepenheuer & Witsch, Köln 1997

Rilke, Rainer Maria: *Herbsttag.* In: *Sämtliche Werke, Bd. 1.* © Insel Verlag, Frankfurt a. M. 1976

Rosendorfer, Herbert: *Die Nacht der Amazonen.* © Verlag Kiepenheuer & Witsch, Köln 1989

Rost, Nico: *Goethe in Dachau. Ein Tagebuch.* © Verlag Volk & Welt, Berlin 1999

Rovan, Joseph: *Geschichten aus Dachau.* © Editions Julliard, Paris 1987

Ruederer, Josef: *München Bierheim und Isar-Athen.* In: *Werkausgabe, Bd. 5.* München 1987

Ruederer, Josef: *Das Erwachen. Münchner Roman bis zum Jahre 1848.* In: *Werkausgabe, Bd. 1.* München 1987

Schaefer, Oda: *Schwabing. Ein Lesebuch.* Hrsg. v. Oda Schaefer. Serie Piper 1985 © Eberhard Horst

Schmeller, Johann Andreas: *Lauter gemähte Wiesen für die Reaktion. Tagebücher.* Hrsg. v. Richard Bauer und Ursula Münchhoff. München 1990

Schmidt, Maximilian [gen. Waldschmidt]: *Meine Wanderung durch 70 Jahre.* In: Heißerer, Dirk: *Wellen, Wind und Dorfbanditen. Literarische Erkundungen am Starnberger See.* München 1995

Schneider, Richard Chaim: *ISAR 12 oder warum es egal ist, wo ich ein Mädchen küsse.* In: Lauterbach, Iris (Hrsg.): *Bürokratie und Kult. Das Parteizentrum der NSDAP am Königsplatz in München.* © Richard Chaim Schneider

Schuldt-Britting, Ingeborg: *Sankt-Anna-Platz 10. Erinnerungen an Georg Britting und seinen Münchner Freundeskreis.* München 1999

Stahleder, Helmuth: *Chronik der Stadt München.* München 1995

Thoma, Ludwig: *Agricola. Bauerngeschichten.* In: *Ausgewählte Werke, Bd. 1.* München 1992

Timm, Uwe: *Heißer Sommer.* © Verlag Kiepenheuer & Witsch, Köln 1985

Toller, Ernst: *Eine Jugend in Deutschland.* In: *Gesammelte Werke in fünf Bänden, Bd. 4.* © Carl Hanser Verlag, München-Wien 1996

Toller, Ernst: *Requiem den erschossenen Brüdern.* In: *Gesammelte Werke in fünf Bänden,* hrsg. v. John M. Spalek und Wolfgang Frühwald. © Carl Hanser Verlag, München-Wien 1996

Ude, Christian: *Chefsache.* © Piper Verlag GmbH, München 1985

Valentin, Karl: *Neues vom Starnberger See.* In: *Sämtliche Werke, Bd. 1.* © Piper Verlag GmbH, München 1985
Valentin, Karl: *Verstehst nix von der Politik.* In: *Sämtliche Werke, Bd. 4.* © Piper Verlag GmbH, München 1985
Weber, Albrecht (Hrsg.): *Handbuch der Literatur in Bayern. Vom Frühmittelalter bis zur Gegenwart.* Regensburg 1987
Weil, Grete: *Leb ich denn, wenn andere leben.* © Verlag Nagel & Kimche Ag, Zürich 1998
Westenrieder, Lorenz von: *Beschreibung der Haupt- und Residenzstadt München im gegenwärtigen Zustande.* München 1782. Reprint: München 1984
Westenrieder, Lorenz von: *Beschreibung des Wurm= oder Starenbergersees.* München 1784. Reprint: München 1977
Wühr, Paul: *Das falsche Buch.* © Carl Hanser Verlag, München-Wien 1983
Wühr, Paul: *Grüß Gott. Rede. Gedichte.* © Carl Hanser Verlag, München-Wien 1990

Ortsregister

Affenturm 15, 16
Allach 9, 11, 132
Alter Hof 15-17, 136
Alter Peter 11, 14, 61, 71, 132, 163
Altes Rathaus 14
Amalienstraße 96, 172, 180
Amerikahaus 52
Antikensammlung 50
Arcisstraße 51
Armeemuseum 18
Arnulfstraße 157
Asamkirche 136
Au 49, 153
Aubing 132
Augustenstraße 112
Augustinerbräu 32
Aumeister 35

Baaderstraße 118
Baldeplatz 110, 188
Bavaria 49, 105, 106
Bayerische Akademie der Schönen Künste 17
Bayerische Staatsbibliothek 54, 57
Bayerische Staatskanzlei 18
Berg am Laim 39
Biedersteiner Park 185
Birkeneck 43
Bogenhausen 11, 97, 145, 151
Briennerstraße 51, 53
Bürgerbräukeller 122
Burgstraße 15
Buttermelcherstraße 118

Chinesischer Turm 92
Cuvilliéstheater 17, 27, 168, 194

Dachau 16, 17, 129
Dachauer Straße 132
Destouchesstraße 90
Deutsches Museum 64

Englischer Garten 89, 91, 92, 154, 184, 194
Elisabethstraße 99
Ettstraße 121
Europaplatz 145

Feldherrnhalle 51, 54, 59, 103, 123, 125, 160
Flaucher 188
Floßmannstraße 165
Föhring 11
Franziskanerstraße 152
Frauenkirche 21, 22, 25-27, 31, 186
Fraunhoferstraße 118
Feilitzschplatz 184
Feilitzschstraße 97
Freimann 132
Friedenheimer Brücke 157
Friedensengel 67, 145
Fröttmaning 39
Fürstenried 64

Gärtnerplatz 50, 118
Gärtnerplatz-Theater 127
Gauting 42
Gebsattelstraße 152

Georg-Brauchle-Ring 176
Germering 191
Giesing 49, 183, 193
Glyptothek 50
Goetheinstitut 131
Grünwald 50, 171, 193

Haidhausen 49, 151
Haimhauserstraße 184
Hallbergmoos 42, 44
Hasenbergl 171
Hauptbahnhof 61-63, 157, 183, 193
Haus der Kunst 92
Herkomerplatz 71, 89
Herkulessaal 17
Herzog-Max-Straße 118
Herzogpark 89
Herzogstraße 96, 100
Heßstraße 68
Hofbräuhaus 136
Hofgarten 18, 19, 25, 27, 31, 56, 92, 106, 161
Holbeinstraße 89
Humboldtstraße 110

Isartor 14, 122, 155
Ismaning 9, 41
Ismaninger Straße 151

Jesuitenkolleg 27, 28

Kapuzinerstraße 110
Kardinal-Faulhaber-Straße 53
Karlsplatz s. Stachus
Karlstor 14
Karlstraße 51
Kaufingerstraße 14, 23
Kaulbachstraße 92, 96
Klenzestraße 118
Kobellstraße 110
Königsplatz 47, 49, 50, 52

Lechel s. Lehel
Lehel 31, 66, 150
Lenbachhaus 52, 62
Leopoldstraße 96, 171, 179, 184, 190
Literaturhaus 53, 54
Lorenzkirche 15
Ludwigsbrücke 7, 64, 123
Ludwigskirche 49
Ludwigstraße 52, 54, 163
Ludwigsvorstadt 50
Luisenstraße 19, 62
Luitpoldpark 158

Maria-Theresia-Straße 89
Marienplatz 10, 11, 13, 14, 16, 28, 30, 61, 65, 123, 157, 163, 167
Max-Joseph-Brücke 91
Max-Joseph-Platz 17, 161
Maximiliansbrücke 65, 71
Maximilianeum 67, 71, 89
Maximilianstraße 31, 166, 190
Maxvorstadt 50
Max-Weber-Platz 71, 145, 151
Menzing 132
Metzstraße 152
Michaelskirche 28, 32
Mibertshofen 183
Milchstraße 151
Möhlstraße 145, 148
Monacensia 89
Monopteros 92
Müllersches Volksbad 67
Münchener Freiheit 97, 99
Münzhof 17
Museumsinsel 189

Nationaltheater 17
Neuhauser Straße 27
Neuperlach 180
Neue Veste 17
Nymphenburger Park 188

Oberföhring 7, 42
Oberwiesenfeld 103, 176, 188
Odeonsplatz 17, 51, 54, 59, 103, 145, 161
Ohlmüllerstraße 117
Olympiapark 158
Olympiastadion 158, 176
Olympiaturm 183, 185, 186
Ostfriedhof 109, 115, 117

Perusastraße 123
Planegg 9
Prannerstraße 108
Praterinsel 67
Preysingstraße 153
Promenadeplatz 23, 58, 108
Propyläen 49, 50, 63
Poschingerstraße 70, 89

Rathaus 12, 13, 127
Reichenbachbrücke 117
Reichenbachstraße 118
Residenz 17, 27, 30, 56, 103, 106, 123, 160, 161
Residenzstraße 17, 124
Rindermarkt 61, 120
Rosenheimer Platz 152
Rosenheimer Straße 122

Salvatorplatz 54
Sankt-Anna-Platz 150
Sauerlach 9
Schellingstraße 95, 160
Schleißheimer Straße 136, 184
Schönfeldstraße 150
Schwabing 49, 67, 68, 132, 151, 166, 171, 174
Sendling 11, 105
Sendlinger Friedhof 24
Sendlinger Straße 136
Sendlinger Tor 184
Siegestor 49, 54, 95, 161

Stachus (eigtl. Karlsplatz) 32, 49, 183
Stadelheim 112
Steinsdorfstraße 65, 67
Steinstraße 152
Sterneckerbräu 122
St.-Ludwig-Kirche 54
St.-Martin-Platz 117

Tal 14
Thalkirchen 39
Theatinerkirche 53
Theatinerstraße 123, 163
Theresienhöhe 132
Theresienwiese 49, 105, 109
Thomas-Mann-Allee 91
Türkenstraße 95

Universität 54, 149, 175
Unterföhring 39

Viktualienmarkt 44, 162, 192

Wedekindplatz 89
Weihenstephan 37
Weißenburger Straße 153
Westenriederstraße 118
Wilhelmstraße 100
Wittelsbacherbrücke 110
Wörthstraße 152

Zeppelinstraße 152, 155
Zeughaus 58
Zweibrückenstraße 123

Personenregister

Achternbusch, Herbert 10, 13, 81, 174
Aicher, Otl 148
Albrecht V,. Herzog von Bayern 17, 132
Althaus, Peter Paul 97, 98
Amery, Carl 37, 44, 45, 105, 165
Andersch, Alfred 162
Ani, Friedrich 193
Arbeo, Bischof 38, 183
Arco-Valley, Graf Anton von 108, 114
Asam, Egid und Quirin 36
Auer, Reinhard 105, 109
Augustin, Ernst 194

Baader, Franz von 171
Bächler, Wolfgang 164, 183
Baerwald, Leo 119
Balde, Jakob 12
Barten, Elke 15
Baumgartner, Anton 23
Bebel, August 98
Becher, Johannes R. 103
Behnisch, Günter 176
Ben-Chorin, Schalom 119
Benedix, Peter 70
Bergengruen, Werner 159
Bernstein, Max 62
Bierbaum, Otto Julius 67
Bierbichler, Sepp 81
Biller, Maxim 52, 191
Blei, Franz 64, 129
Böll, Heinrich 100
Böldl, Klaus 193
Britting, Georg 150

Bruckmann, Hugo 63
Bruyn, Günter de 18
Bucher, Anton von 28
Buchheim, Lothar-Günther 84
Büchner, Georg 107
Bülow, Vicco von (Loriot) 75

Canetti, Elias 100
Christ, Lena 69, 70
Conrad, Michael Georg 65, 67
Corinth, Lovis 135
Cornelius, Peter von 49
Croissant-Rust, Anna 67, 69

Derleth, Ludwig 90
Dietl, Helmut 66
Dietrich, Wolfgang 13
Doderer, Heimito 129, 130
Dorst, Tankred 75
Drexler, Anton 122
Dulk, Hans 150

Ebers, Georg 83
Eisner, Kurt 9, 105, 107, 108, 119
Eliot, T.S. 19
Elisabeth (Sisi), Gem. d. östr. Kaisers Franz Joseph 75
Emmeram, hl. 38, 39
Ende, Michael 54
Engelhard, Benjamin Mordechai 118
Epp, Franz Xaver Ritter von 111
Etenhueber, Mathias 30, 33

Faßbinder, Rainer Werner 174
Feuchtwanger, Lion 10, 65, 123, 145

Fiehler, Karl 127
Fischer, Lothar 172
Föderl, Eustachius 32
Frank, Leonhard 95, 104
Friedrich Barbarossa, dt. Kaiser 7, 36, 40
Friedrich, Heinz 164
Fries, Fritz Rudolf 84
Frisch, Max 54, 159

Gärtner, Friedrich 54
Ganghofer, Jörg 36
Ganghofer, Ludwig 53
George, Stefan 90, 96
Goepfert, Günter 69
Goethe, Johann Wolfgang von 22, 35
Graf, Oskar Maria 40, 53, 77-79, 104, 105, 107, 114, 143, 168
Graf, Willi 148, 149
Grass, Günter 100
Gritschneder, Otto 121
Gudden, Bernhard 80
Guggenheimer, Walter Maria 164, 165

Haecker, Theodor 145, 146
Hainhofer, Philipp 28
Hallberg-Broich, Theodor Freiherr von 42-44
Hamilton-Paterson, James 84
Hamm-Brücher, Hildegard 160
Hanfstaengl 124
Hartung, Hugo 168
Haubenrisser, Georg von 13
Hausenstein, Wilhelm 157, 161
Hebbel, Friedrich 32
Heidegger, Martin 166
Heine, Heinrich 26, 27, 55
Heinrich der Löwe, Herzog von Sachsen und Bayern 7, 15
Heinrich IV., dt. Kaiser 40

Heißerer, Dirk 85
Herzl, Theodor 119
Hessel, Franz 92
Heß, Heinrich Maria von 49
Heym, Stefan 160
Heymel, Alfred Walter 95
Heyse, Paul 47
Higgins, Marguerite 139
Hindenburg, Paul von 127
Hitler, Adolf 10, 52, 64, 103, 111, 114, 121, 128, 136, 147, 154
Hoefnagel, Georg 17
Hoelzel, Adolf 135
Hoffmann, Johannes 111
Hofmiller, Josef 35, 36 40, 107
Holthusen, Hans Egon 171
Holzer, Jenny 53
Huber, Kurt 148, 149
Huch, Ricarda 109

Ickstatt, Fanny von 22
Impler, Johann 16

Jahreiß, Major von 109
Just, Renate 171, 187

Kästner, Erich 160, 162, 167
Kafka, Franz 16
Kahr, Gustav von 122
Kaiser, Georg 83
Karlstadt, Liesl (eigtl. Wellano, Elisabeth) 99, 152
Karl Theodor, Kurfürst von Bayern 27, 32, 42, 49, 92
Kastner, Wolfgang 51
Kaulbach, Fritz August von 63
Kaulbach, Wilhelm von 63
Kertész, Imre 84
Kirsch, Sarah 84
Klages, Ludwig 90, 93
Klemperer, Victor 137, 146

Klenze, Leo von 51, 54
Koempel, Bertha 84
Koempel, Franz 84
Köpf, Gerhard 164
Kolbenhoff, Walter 160, 161
Korbinian, hl. 37, 38
Krämer, Wolfgang 42
Kraus, Karl 31, 112
Krausser, Helmut 190, 192
Kronberger, Maxl 90
Krüger, Michael 75
Kupfer-Koberwitz, Edgar 137

Landauer, Gustav 112, 115, 119
Langen, Albert 93
Laßberg, Christine von 22
Lasso, Orlando di 16
Lebert, Benjamin 189
Lehmann, Julius Friedrich 63
Leibl, Wilhelm 135
Lembke, Robert 160
Lenbach, Franz 62
Lenz, Siegfried 18
Lessing, Theodor 71, 72
Leupold, Dagmar 194
Leviné, Eugen 110, 114, 119
Liebermann, Max 135
Liliencron, Detlev von 67
Lindner, Alois 108
Ludendorff, Erich 123
Ludwig, Alois 89
Ludwig I., König von Bayern 7, 27, 47, 50, 54, 56-58, 61, 62, 161
Ludwig II., König von Bayern 47, 62, 64, 79, 82
Ludwig III., König von Bayern 104
Ludwig der Bayer, dt. Kaiser 15
Luitpold, Prinzregent von Bayern 64, 67

Mann, Heinrich 110
Mann, Katia 70
Mann, Thomas 54, 70, 85, 89, 90, 145
Marc, Franz 135
Marut, Red (d.i. B. Traven) 112, 148
Max Emanuel, Kurfürst von Bayern 132
Maximilian I., Kurfürst von Bayern 12
Maximilian IV. Joseph, Kurfürst, später König Max I. von Bayern 26, 29, 44, 49
Maximilian II., König Max I. von Bayern 56, 71, 73
Mayr, Karl 121
Mendelssohn, Peter de 89
Miller, Oskar von 65
Minssen, Friedrich 164
Montez, Lola 56-58
Moor, Margriet de 84
Mozart, Wolfgang Amadeus 27
Mühsam, Erich 95, 114
Müller, Hanns Christian 180
Musil, Robert 27

Neumeister, Andreas 189
Neubig, Johann Baptist 12
Nick, Dagmar 160
Nicolai, Friedrich 28
Nietzsche, Friedrich 35
Nöhbauer, Hans F. 28
Nolde, Emil 135
Nonnosus, hl. 37

Obermeier, Siegfried 64
Ohnesorg, Benno 175
Olof, Carl 134
Orff, Carl 50
Ortmann, Edwin 185

Ossietzky, Carl von 143
Ostermaier, Albert 194
Otto, Bischof von Freising 40
Otto I., König von Bayern 47, 64
Otto V., Pfalzgraf, später Herzog Otto I. 7, 9, 132

Pallenberg, Max 128
Panizza, Oskar 67, 72
Paul, Jean 17, 141
Petersen, Elly 134
Piontek, Heinz 177
Pistorini, Baldassare 18
Politycki, Matthias 191
Polt, Gerhard 180
Poppe, Inge 100
Port, Kurt 148
Prem, Heimrad 172, 173
Pringsheim, Alfred 70
Prinz, Friedrich 64
Probst, Christoph 148, 149

Quaglio, Dominico 135

Rahewin, Kaplan 40
Reinhardstöttner, Karl von 33
Reventlow, Franziska Gräfin von 90, 92, 95, 99
Richter, Georg Martin 86
Richter, Hans Werner 162, 163, 165
Richter, Toni 164
Rilke, Rainer Maria 93, 134
Röckel, Susanne 193
Rosendorfer, Herbert 125
Rost, Nico 140
Rovan, Joseph 138
Ruederer, Josef 61, 65, 67

Schaefer, Oda 98
Scharnagl, Karl 127
Schleich d. Ä., Eduard 135
Schmeller, Johann Andreas 55, 56, 58
Schmidt, Maximilian (gen. Waldschmidt) 82
Schmorell, Alexander 148, 149
Schneider-Lengyel, Ilse 163, 164
Schneider, Richard Chaim 51
Schnell, Georg 44
Schnurre, Wolfgang 164
Schoeller, Winfried F. 140
Scholl, Hans 148, 149
Scholl, Sophie 148, 149
Schraudop, Johannes von 49
Schreiber, Ferdinand 145
Schuldt-Britting, Ingeborg 150
Schuler, Alfred 90
Schwanthaler, Franz 92
Schwartz, Christoph 28
Schwarz, Beppi 32
Seidel, Ina 83
Seidl, Emanuel von 32
Seidl, Gabriel von 32, 62
Sombart, Nicolaus 164
Sommer, Siegfried 98
Sorokin, Vladimir 84
Spitzweg, Carl 30, 135
Spengler, Tilman 76
Stein, Charlotte von 22
Strauß, Botho 18
Strauß, Franz Josef 62, 64
Strobel, Johann Baptist 24
Stuck, Franz von 63
Sturm, Helmut 172
Suchocki, Bogdan von 92
Süskind, Patrick 66
Sythoff, Albertus Willem 84

Taschner, Ignatius 135
Thoma, Emma Maria 129
Thoma, Ludwig 53, 107, 129, 132

Timm, Uwe 175
Timofej, Väterchen 177
Toller, Ernst 110, 114, 119, 194

Ude, Christian 13
Unold, Max 150

Vaculík, Ludvík 84
Valentin, Karl 76, 99, 152, 153, 168
Vieregg, Karl Theodor Graf von 83
Vogel, Hans-Jochen 97

Waldinger, Ernst 168
Walser, Martin 100
Weber, Christian 125
Wedekind, Frank 98

Weil, Edgar 127
Weil, Grete 127
Westenrieder, Lorenz von 23, 24, 28, 33, 75, 186
Wilhelm V., Herzog von Bayern 27
Wimmer, Thomas 158, 168
Wittmann, Reinhard 29
Wolfskehl, Karl 90, 93
Wolzogen, Ernst von 50
Wühr, Paul 52, 99, 179

Zaupser, Andreas Dominikus 28, 33
Zeemann, Dorothea 131
Zimmer, H P 172
Zimmer, Peter 15
Zola, Emil 65

Klett-Cotta
© J. G. Cotta'sche Buchhandlung Nachfolger GmbH, gegr. 1659,
Stuttgart 2001
Alle Rechte vorbehalten
Fotomechanische Wiedergabe nur mit Genehmigung des Verlags
Printed in Germany
Karten: Rudolf Hungreder, Leinfelden
Gestaltung: Finken & Bumiller, Stuttgart
Abbildungen auf dem Umschlag:
Oben: Wilhelm von Kobell (zugeschrieben),
Gesamtansicht nach Bernardo Bellotto gen. Canaletto
um 1805; Feder und Wasserfarben, Münchner Stadtmuseum
Unten: Blick aus dem Rathaus, münchenfoto, Heinz Gebhardt
Alle Rechte vorbehalten
Gesetzt aus der 9,5 Punkt Scala
Auf säure- und holzfreiem Werkdruckpapier
gedruckt und gebunden von Gutmann & Co., Talheim
ISBN 3-608-94190-8

Bildnachweis

münchenfoto Heinz Gebhardt: S. 8, 20, 48, 60, 170, 182
Birgit Prestel: S. 34
Münchner Stadtmuseum: S. 116
Stadtarchiv München: S. 144, 156
Bilderdienst Süddeutscher Verlag: S. 74, 88, 102, 130

Richard Miklin:
Wien
Literarische Spaziergänge durch Vergangenheit und Gegenwart
224 Seiten, zahlreiche Illustrationen, eine Karte, Lesebändchen, gebunden
ISBN 3-608-91992-9

In acht Spaziergängen erschließt sich die offene und manchmal versteckte Schönheit der einstigen »Reichshaupt- und Residenzstadt«, öffnen sich aber auch Einblicke in Abgründe und Schattenseiten der Stadt.

Michael Bienert:
Berlin
Wege durch den Text der Stadt
227 Seiten, gebunden, zahlreiche Illustrationen, eine Karte, Lesebändchen
ISBN 3-608-91967-8

Mit dem Buch in der Hand läßt sich die Literaturmetropole Berlin auf 10 mühelos nachzuvollziehenden Spaziergängen erwandern. Dabei kommen neben klassischen Autoren auch Schriftsteller der Gegenwart wie Christa Wolf, Oskar Pastior und Uwe Kolbe zu Wort.

Hartmut Binder:
Prag
Literarische Spaziergänge durch die Goldene Stadt
318 Seiten, Pappband,
20 Abbildungen, eine Karte, Lesebändchen
ISBN 3-608-93408-1

»Der Kafka-Spezialist Binder hat sein Füllhorn nicht nur ausgeschüttet, sondern den Inhalt auch zweckmäßig sortiert. Ein Stadtführer für Haupt- und Nebenwege im wörtlichen Sinn, für bisher Unkundige und für Kenner.«
Neue Zürcher Zeitung

Irene Ferchl:
Stuttgart
Literarische Wegmarken in der Bücherstadt
240 Seiten, gebunden, zahlreiche Abbildungen, 2 Karten, Lesebändchen,
ISBN 3-608-94267-X

»...so entsteht nicht nur eine Stuttgarter Literaturgeschichte, es entsteht auch ein Bild von Stuttgart, das demjenigen, das wir heute sehen, eine reizvolle, neugierig und manchmal melancholisch machende historische Tiefe verleiht.«
Julia Schröder / Stuttgarter Zeitung

Maria Marginter / Fyodor Gawrilow:
St. Petersburg – Weiße Nächte, dunkle Tage
Literarische Spaziergänge
173 Seiten, gebunden, Fotos von Wiktor Wasiljew, zwei Karten,
Lesebändchen, ISBN 3-608-91920-1

»Maria Marginter hat ein Buch fürs Nachtkästchen geschrieben, sei es für das zu Hause oder im russischen Hotelzimmer. Zurückgelehnt liest man gerne von ihren Spaziergängen durch St. Petersburg, läßt sich von ihr über den Newskij-Prospekt führen, das Leben hinter den Fassaden am Heumarkt schildern und kommt mit den Porträts der Achmatowa oder zahlreichen Literaturzitaten den Geistesgrößen der westlichsten Stadt Rußlands näher.«
Frankfurter Allgemeine Zeitung

Klett-Cotta

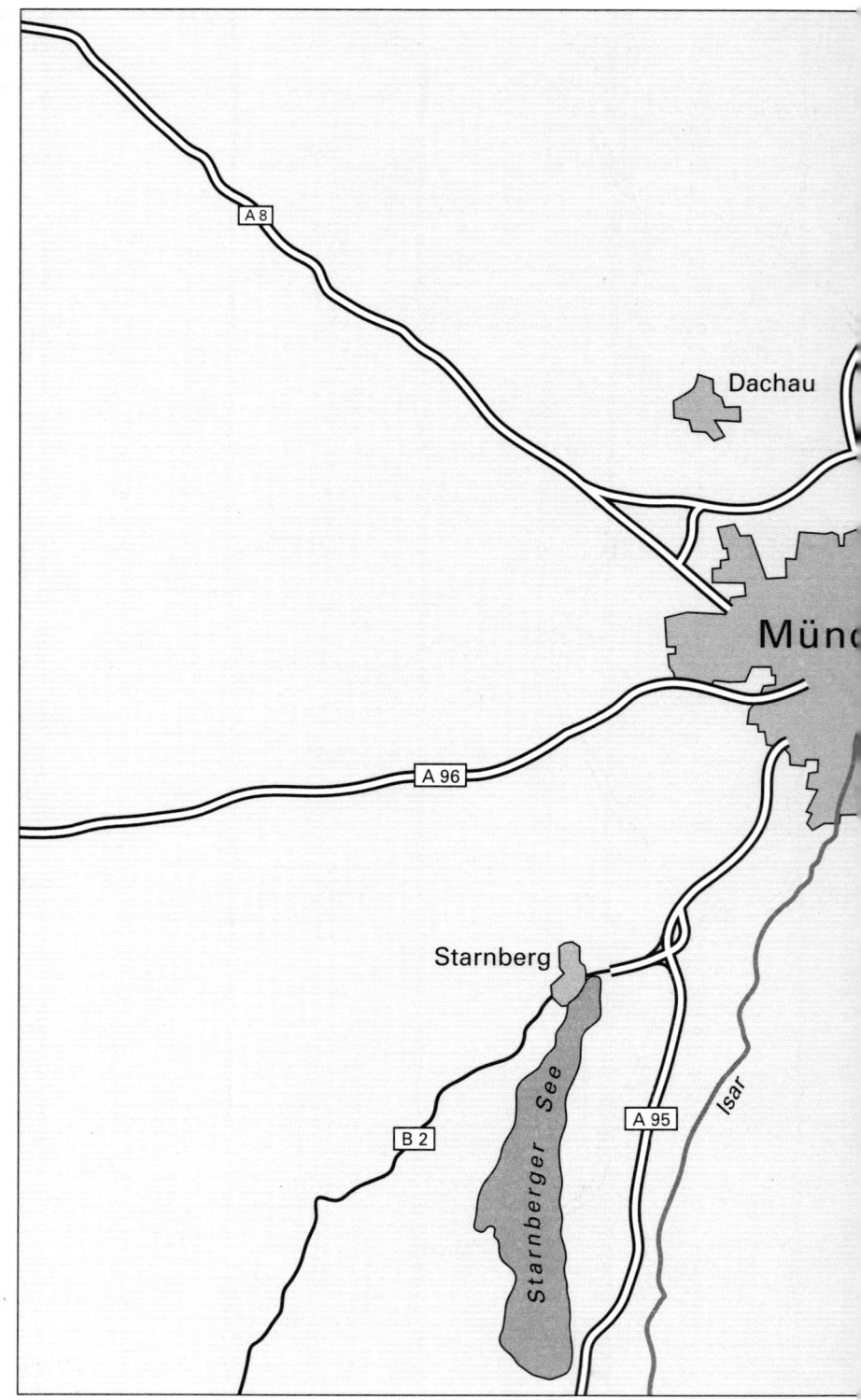